한국인의 99%가
헷갈려하는
동음이의어

한국인의 99%가
헷갈려하는

동음이의어

송호순 지음

PACE
MAKER

악화(惡貨)가 양화(良貨)를
구축(構築 or 驅逐)한다?

몇 해 전, 모 대학에서 한자 특강을 진행할 때 일입니다.

'구축(構築)'이라는 한자어는 '얽을 구'에 '쌓을 축'으로 '진지(陣地)를 구축하다.' '방어선을 구축하다.'처럼 '어떤 시설물을 얽어서(構) 쌓아(築) 만든다.'라는 뜻이고, 더 나아가 '체계(體系)의 기초를 닦아 세운다.'라는 의미로 쓰이는 단어라고 설명할 때 수업을 듣던 한 학생이 "악화가 양화를 구축한다!"라는 문장을 큰 소리로 외쳤던 적이 있었습니다. 그래서 백여명 되는 수강생들에게 물었습니다. "구축(構築)말고도 '몰 구(驅)'에 '쫓을 축(逐)'을 쓰는 '구축(驅逐)'이라는 단어도 있는데, 소위 '그레셤의 법칙'이라고도 불리는 '악화가 양화를 구축한다.'에서 구축은 構築을 쓸까요, 驅逐을 쓸까요?"

두세 명 외에는 잘 모르는 것 같았습니다. 그래서 욕을 먹든 말든 시청률이 높게 나오는 막장 드라마가 작품성 있는 드라마보다 더 자주 방송되는 일, 기업의 과도한 마케팅으로 질 낮은 상품이 좋아 보이게 둔갑하여 정말 좋은 상품보다 잘 팔리는 일 등을 예를 들어 부연 설명했습니다. 오늘날 정보 부족이나 선택 오류 등으로 인해 동종 정책이나 상품

중에서 더 나쁜 것(악화)이 더 좋은 것(양화)을 압도하는 현상이라고 이야기해도 긴가민가하는 학생들이 훨씬 많았습니다. 답답한 마음에 제가 칠판에 'drive out'이라고 쓰고 나니 그제야 학생들이 이구동성(異口同聲)으로 "몰 구(驅), 쫓을 축(逐)!"이라고 대답하는 것이었습니다.

'악화가 양화를 몰아낸다.'라고 하면 될 것을 왜 어려운 단어를 써서 번역했을까요? 가뜩이나 어려운 경제 용어를 더 어렵게 만든 게 아닌가 하고 생각할 수도 있지만, 파생어인 '구축함(驅逐艦)'이 적군의 배를 '몰아 쫓아내는 싸움배'라면 훨씬 이해하기가 쉽습니다. 더욱이 '구축(驅逐)'은『조선왕조실록』에서 600여 회나 넘게 나오는 빈도수가 높은 단어입니다.

이런 설명에도 집중을 잘하지 못하는 학생들에게 "구충제(驅蟲劑)에서 '구'는 어떤 한자를 쓸까요?"라고 질문하니까 마침내 호기심이 발동했는지 수업 집중력이 높아졌습니다. 개념이 있기에 말이 있습니다. 기생충(寄生蟲)을 몸 밖으로 몰아(驅)내는 약제(藥劑)가 '구충제'입니다. 생각해 보면 기생충이 몸속에서 죽게 되면 사람 몸도 해를 입지 않겠습니까? 구보(驅步)라든가 선구자(先驅者)도 '몰 구'를 씁니다. 이러한 어휘를 다양하게 구사(驅使)할 줄 알아야 합니다. 말이나 단어를 이해하지 못한다는 것은 개념이 없다는 것을 뜻합니다.

이렇게 '구축'이라는 단어의 실명은 마쳤지만 요즈음 학생들에겐 한자어보다는 영어가 더 친숙한 언어가 되었구나 하는 씁쓸한 기억이 아직도 개운치 않은 뒷맛으로 남아 있습니다.

우리는 밤하늘에 흩어져 있는 수많은 별 사이에 선을 긋고 '백조자리'
니 '오리온자리'니 '전갈자리'니 이름 붙여 별자리를 구분합니다만, 기실
(其實) 별들은 백조나 전갈하고는 아무 상관관계가 없습니다. 그러나 선
을 긋고 연결한 별자리를 아는 사람은 오리온자리를 찾고 나서 바로 동
쪽 아래에 무지하게 빛나는 시리우스라는 별을 쉽게 찾을 수 있습니다.
별자리를 모르는 사람에게는 밤하늘에 빛나는 '별'은 '별'로 보일 뿐이지
만, 별자리를 잘 아는 사람에게는 별을 보면서 과학적 지식을 넘어 문학
적 상상력과 창조적인 사유(思惟)로 이어지는 힘을 갖게 합니다.

뜬금없이 왜 별자리 이야기를 하냐고 생각할지 모르겠지만, 이는 한
자 교육의 부재로 인해 요즈음 대학생들이 조금 까다로운 단어 뜻은 이
해하지 못하는 현실을 빗대어 본 말입니다. 우리말의 70%가 넘는 어휘
들이 한자어로 구성되어 있음에도 한자의 정확한 뜻을 모르고 단어나
문장으로 지식 체계를 쌓아 나가다 보니 개념을 혼동해 부자연스러운
표현을 자주 사용합니다.

예를 들어 '상징(象徵)'이라는 단어 뜻을 알기 위해 국어사전을 찾아봅
시다. '추상적인 사물이나 관념 또는 사상을 구체적인 사물로 나타내는
일. 또는 그 사물.'이라고 나옵니다. 그런데 이 뜻풀이에도 모르는 단어
들이 나온다면 '추상적' '관념' '사상' '구체적' 같은 단어들을 또 찾아봐야
합니다. 이런 식으로 찾다 보면 사전을 다 뒤져도 머릿속에 명쾌하게 들
어오질 않습니다. 이런 악순환을 끊으려면 사전 바깥의 뭔가가 필요합
니다. 바로 한자력(漢字力) 입니다.

상(象)은 코끼리 모양을 본뜬 글자이니 코끼리 상[상아(象牙: -, 어금니 아)], 꼴 상[상징(象徵: -, 밝힐 징)], 본뜰 상[상형(象形: -, 모양 형)]!

징(徵)은 거북이 배딱지에 가늘고(微) 곧게(壬) 갈라진 금을 보고 점을 친 글자이니 조짐 징[징조(徵兆: -, 조짐 조)], 부를 징[징집(徵集: -, 모을 집)], 거둘 징[징수(徵收: -, 거둘 수)], 밝힐 징[상징(象徵: 꼴 상, -)]!

상징(象徵)은 꼴(象)로 불러 밝히는(徵) 것입니다. 그런데 "상징이 뭐냐? symbol이다. 그러면 symbol은 뭐냐? 상징이다."처럼 다람쥐 쳇바퀴 도는 방식으로는 창조적인 사유의 세계로 다가설 수 없습니다.

출판사의 요청으로 20여 년 넘게 한자를 강의하면서 정리해 놓은 '음(音)은 같지만 뜻이 다른 단어'들을 본래 뜻풀이로 용례와 함께 출간합니다. 지면(紙面)상의 이유로 평소 준비해 놓은 원고(原稿) 중 요즈음 전혀 쓰지 않는 고어(古語)들은 생략했습니다. 모쪼록 한자력을 바탕으로 무한한 창조의 세계에서 소요유(逍遙遊)하기를 두 손 모아 기원(祈願)합니다.

송호순

7

봉인의 미학

목차

단어는 소리와 뜻으로 이루어져 있습니다. 그런데 단어의 소리는 같지만 뜻이 다른 단어들이 있습니다. 이를 동음이의어(同音異意語)[같을 동, 소리 음, 다를 이, 뜻 의, 말씀 어]라고 합니다. 물론 정확한 한자어를 몰라도 문장 안에서 그 뜻을 어렴풋이 이해할 수는 있습니다. 그렇지만 한자를 정확하게 알면 그 뜻이 더 명확하게 머릿속에 다가와 생각하는 힘을 기를 수 있습니다.

예를 들어 장(長)은 수염과 머리카락이 길게 자란 나이 드신 어른의 모습을 본뜬 글자로 '길다'라는 뜻의 한자입니다. 장발(長髮)[-, 터럭 발]은 '긴 머리카락'입니다. 그런데 많은 세월을 거치면서, 장고(長考)[-, 생각할 고), 장수(長壽)[-, 목숨 수]에서는 '오랫동안'의 뜻으로, 장남(長男)[-, 사내 남]은 '맏이'로, 장점(長點)[-, 점 점]은 '낫다'로, 교장(校長)[학교 교, -]은 '어른'으로, 성장(成長)[이룰 성, -]이나 조장(助長)[도울 조, -]은 '잘 자라다'의 뜻으로 쓰입니다.

이런 것을 두고 학술 용어로 전의(轉意)되었다고 하는데 '의미가 확대되었다'라고 보면 됩니다. 더 나아가 '長(긴 장)'은 이것말고도 15가지가 넘는 뜻이 있습니다. 물론 한자 사전에 나오는 모든 뜻을 익힐 필요는 없습니다만 최소한의 의미는 알아두는 것이 좋습니다. 그래서 대표 훈음 '긴 장'에 '오랠/맏이/나을/어른/자랄 장' 정도는 바로 말할 수 있어야 합니다.

이번엔 漢(은하수 한)과 韓(한국 한)을 살펴봅시다.

漢(한)을 '한수 한'이라고 말하는 분들이 많습니다. 저도 중학교 시절에 '한수 한'이라고 외웠습니다. 또 어떤 분들은 '중국나라이름 한'이라고 하는 분들도 있습니다. 하지만 요즈음 서울을 가로지르는 '한강'을 '한수'라던가, 중국을 '한나라'라고 표기하는 사람은 거의 없습니다.

'漢(한)'은 氵〔水('물 수'의 변형)〕에 堇〔堇('진흙 근'의 변형)〕이 합쳐진 글자로 본래 '은하수(銀河水)'를 뜻합니다. 즉 '은빛 강물(氵)처럼 흐르는 밤하늘의 진흙(堇) 알갱이같이 많은 별 무리'를 말합니다. 그러니까 '한강'은 서울을 동서로 '은하수처럼 흐르는 강'입니다. '한수'라고 하는 것보다 훨씬 운치가 있지 않습니까?

제주도의 한라산(漢拏山)〔-, 붙잡을 라, 뫼 산〕은 '은하수를 잡아당길 수 있을 만한 산'입니다. 서울의 옛 이름 한양(漢陽)〔-, 볕 양〕은 '한강의 북녘 햇볕이 잘 드는 땅'입니다. 옛날에는 은하수와 같은 뜻으로 '은한(銀漢)'이라는 단어를 더 많이 사용했습니다. 옛시조에서 '은한'이라고 하면 '은하수가 흐르는 깊은 밤'을 의미합니다.

여기에서 의미가 확대되어 '밤하늘에 셀 수 없는 별'처럼 많은 길거리의 보통 사람들을 가리키어 '사나이'의 뜻으로도 쓰입니다. 거한(巨漢)은 '몸집이 큰 사람'입니다. 문외한(門外漢)은 '전문적인 지식이 없는 사람'입니다. 이밖에도 치한(癡漢), 무뢰한(無賴漢), 냉혈한(冷血漢), 호색한(好色

漢) 등에서 '한(漢)'은 '사나이 한'입니다.

그다음이 중국에서 유방(劉邦)이라는 사람이 세운 나라의 이름이 '한(漢)(BC 206~AD 220)'이니 '나라이름 한'입니다. 중국 역사에서 한나라의 비중이 워낙 크기 때문에 한자 사전에서 '한(漢)'을 찾아보면 풀이 대부분을 차지하고 있습니다. 그렇다고 해서 이 글자의 대표 훈음을 '중국나라이름 한'이라고 하는 것은 어휘력을 늘려나가는 데 별반 도움이 되질 않습니다.

漢(한)은 '은하수/한강/사나이/나라이름 한'의 순서로 알아두는 것이 좋습니다.

이처럼 한자의 본래 뜻을 대표 훈음으로 정해 놓고 단어가 나올 때마다 무슨 의미로 쓰였는지를 곰곰이 생각하다 보면 자연스레 독해력이 향상되고, 다른 사람에게 말로 설명할 수 있는 실력을 갖추게 됩니다.

韓(한)은 𩵋[軦(해돋을 간)의 생략]에 韋(다룬가죽 위)가 합쳐진 글자입니다. '해 돋는(𩵋) 쪽에 나라 잘 지키는(韋)' 대한민국(大韓民國)을 가리킵니다. 이 글자 또한 '나라이름 한'이라고 하면 대화 중에 漢(한)과 얼른 구별되질 않습니다. 지금 지구상에 韓(한)을 쓰는 나라는 우리나라밖에 없으니 '한국 한'이라고 해도 별반 무리는 없습니다.

몇 해 전 제가 강의를 마치려던 참에 어려서부터 외국에서 오랫동안 살다 온 한 학생에게 "북한산은 북한 어디에 있는 산이에요?"라는 질문을 받은 적이 있습니다. 다른 학생들 입가에선 웃음이 터졌지만 그 친구는 심각하고 진지한 표정이었습니다. 그래서 "북한산(北漢山)'의 '한'은 '한

강 한'을 쓰고, 남한(南韓), 북한(北韓) 할 때 '한'은 '한국 한'을 씁니다. 북한산은 한강 북쪽에 자리 잡은 산입니다."라고 간단히 답해주니 바로 고개를 끄덕였습니다. 이때 제가 만일 漢과 韓을 '나라이름 한' 이라고 하고 글자를 장황하게 설명하려 했다면 수업 시간을 제대로 지키지 못해 학생들 시간을 빼앗을 게 뻔해 보였습니다. 그렇지만 훈음(訓音)을 잘 터득하고 있던 그 학생 덕택에 몇 마디 문장으로 시간 낭비 없이 수업을 마무리할 수 있었습니다, 우스갯소리로 들릴지 모르겠습니다만 이렇듯 한자를 통해 어휘의 정확한 개념을 아는 것이 학습의 기초이고 사고력(思考力)을 증진시키는 비결입니다.

모쪼록 여기 동음이의어들을 확실히 이해해 많은 분들이 한자어의 숨은 뜻을 익히는 재미와 함께 자기 주도적으로 스스로 알아나가는 즐거움을 누리길 소망합니다.

어오으맘으의어

가격 價格 〔값 가, 격식/이를 격〕

값(價)이 얼마에 이름(格). 물건이 지니고 있는 가치를 돈으로 나타낸 것

*새 옷을 저렴한 **가격**으로 샀다.*

*농산물의 유통 경로가 줄어들면서 소비자 **가격**이 내렸다.*

가격 加擊 〔더할 가, 칠 격〕

공격(攻擊)을 가(加)함

*상대방의 급소를 **가격**했다.*

*그는 강도의 몸을 **가격**해 붙잡혀 있던 가족들을 구했다.*

가공 加工 〔더할 가, 장인 공〕

인공(人工)을 더함(加)

*이 옷은 **가공**을 한 건가요?*

*그 보석은 정교하게 **가공**되었다.*

가공 架空 〔시렁/건너지를 가, 빌 공〕

공중(空中)에 건너지름(架). 이유나 근거가 없이 거짓이나 상상으로 꾸며 냄

*영화나 소설에 등장하는 주인공은 작가가 만들어 낸 **가공** 인물인 경우가 많다.*

* 시렁은 시골집에 방이나 마루 벽에 두 개의 긴 나무를 가로질러 선반처럼 만든 것을 말합니다. 여기에 여러 물건을 얹어 놓은 모양을 본 적 있을 거예요. 그러니까 시렁을 허공(虛空)에 매달 수는 없는 것이죠.

가공 可恐 〔옳을/가히 가, 두려워할 공〕

가히(可) 두려워할(恐) 만함

핵무기의 **가공**할 파괴력은 모두를 두려움에 떨게 만들었다.
언론의 위력은 **가공**할 만하다.

가구 家口 〔집 가, 입 구〕

집안(家) 식구(食口)

농사를 짓는 **가구**가 해마다 줄고 있다.
이 집에는 다섯 **가구**가 세 들어 살고 있다.

가구 家具 〔집 가, 갖출 구〕

집안(家) 살림에 쓰이는 각종 기구(器具)

신혼집에 새 **가구**가 들어왔다.
그 집에는 비싸고 화려한 **가구**가 많았다.

가사 家事 〔집 가, 일 사〕

집안(家) 살림에 관한 일(事). 집안일

아빠는 엄마와 **가사**를 분업하신다.
맞벌이에 관계없이 여성이 남성보다 **가사** 노동에 참여하는 시간이 더 많다.

가사 歌詞 〔노래 가, 말씀 사〕

노래(歌)에 붙이기 위해 지은 글(詞)

유행가 **가사**를 외우는 일은 생각보다 어렵다.
좋은 **가사**를 써 줄 테니 멋지게 곡을 만들어 보아라.

가사 假死 〔거짓 가, 죽을 사〕

죽은(死) 것 같이 보이는(假) 상태

가사 상태에 가까울 만큼 폭행을 당한 뒤 밤중에 버려졌다.

거미는 가사 상태를 위장하면서 다리를 뻗쳐 벌레를 잡고 놓지 않는다.

가사 袈裟 〔가사 가, 가사 사〕

스님들이 입는 옷(袈=裟). 장삼에, 왼쪽 어깨에서 오른쪽 겨드랑이 밑으로 걸치는 법복

큰 스님의 가사와 바리때를 물려받다.

스님은 바랑 속에서 가사를 꺼내 어깨에 드리웠다.

가설 假說 〔거짓/임시 가, 말씀 설〕

어떤 사실의 원인을 설명하거나 어떤 이론 체계를 가정적(假定的)으로 설정한 명제(說)

가설을 세워 검증하다.

과학자는 자신의 추정을 뒷받침하는 몇 가지 가설을 제시했다.

가설 假設 〔거짓/임시 가, 베풀/설치할 설〕

임시로(假) 설치(設置)함

사람들은 학교 운동장에 포장을 둘러쳐서 극장을 가설하였다.

오늘은 야외 가설무대에서 음악회가 있다.

가설 架設 〔시렁/건너지를 가, 베풀/설치할 설〕

공중에 가로질러(架) 설치(設置)함

통신병이 가설한 전선 가닥이 마치 거미줄처럼 어지럽게 엉켜 있다.

가장 家長 〔집 가, 긴/어른 장〕

집안(家)의 어른(長)

한 집안의 가장 노릇 하기가 그리 쉬운 게 아니다.

가장 假裝 〔거짓 가, 꾸밀 장〕

태도를 거짓으로(假) 꾸밈(裝)

어색한 느낌을 잊으려는 듯 쾌활함을 가장하여 말했다.
그는 우연을 가장하여 나에게 접근했다.

가정 家庭 〔집 가, 뜰 정〕

한 가족(家)이 생활하는 공간(庭)

너는 이제 한 가정의 가장으로 책임감을 지녀야 한다.
선생은 나라와 겨레를 위하여 일하느라고 가정을 돌볼 사이가 없었다.

가정 假定 〔거짓/임시 가, 정할 정〕

임시로(假) 정함(定)

그의 의식 속에는 만약이라는 가정이 항상 존재한다.
이것은 어디까지나 하나의 가정에 불과하다.

간사 幹事 〔줄기 간, 일 사〕

중심(幹)이 되는 일(事)을 맡아 처리하는 사람

모임의 간사로 뽑혔다.
자세한 사항은 간사에게 문의하도록 하세요.

간사 奸邪 〔간사할 간, 간사할 사〕

성질이 간교(奸巧)하고 행실이 바르지 못함(邪)

그는 간사하게 간에 붙었다 쓸개에 붙었다 한다.

사람의 마음처럼 간사한 것이 없다더니, 정말 그렇군요.

간주 看做 〔볼 간, 지을/여길 주〕

그와 같다고 보거나(看) 그렇다고 여김(做)

오늘날 과학은 의심할 바 없는 진리로 간주되고 있다.

시험 중에 휴대 전화를 보는 것은 부정행위로 간주되니 꺼 놓으세요.

간주 間奏 〔사이 간, 아뢸/연주할 주〕

악곡 사이(間)에 어떤 기분을 나타내기 위하여 연주(演奏)하는 부분

대부분 노래의 1절과 2절 사이에 간주가 있다.

감사 監査 〔볼 감, 조사할 사〕

감독(監督)하고 검사(檢査)함

감사관은 회계 장부를 감사해 부정을 밝혀낸다.

국회는 국정을 감사하거나 특정한 국정 사안을 조사할 권한이 있다.

감사 監事 〔볼 감, 조사할 사〕

감독(監督)하고 감시(監視)하는 일. 또는 그런 사람

감사는 그 회사가 부실한 것으로 판정하였다.

그녀는 2년 전부터 우리 회사 감사로 근무하고 있다.

감사 感謝 〔느낄 감, 사례할 사〕

고맙게 여겨(感) 사례(謝禮)함. 고마움

바쁘실 텐데 나와 주서서 **감사**합니다.
진심으로 뜨거운 **감사**를 드립니다.

감상 感想 〔느낄 감, 생각 상〕

마음에 느끼어(感) 일어나는 생각(想)

일기에 하루의 **감상**을 적는 시간은 자신을 되돌아보는 시간이기도 하다.
객지에서 얻은 **감상**을 쓰는 것이 기행문이다.

감상 鑑賞 〔거울/살펴볼 감, 상줄/즐길 상〕

예술 작품을 음미하여(鑑) 이해하고 즐김(賞)

오랜만에 화랑에 가서 미술 작품들을 **감상**하며 시간을 보냈다.

감상 感傷 〔느낄 감, 상처/다칠 상〕

마음이 아픈(傷) 느낌(感)을 받음. 하찮은 일에도 쉽게 슬픔을 느끼는 마음

때때로 **감상**에 빠져서 아무 말 없이 천장만 바라보기도 하였다.
돌아가신 어머니에 대한 **감상**의 눈물이 흘러내렸다.

감수 甘受 〔달 감, 받을 수〕

책망이나 고통, 모욕 따위를 군말 없이 달게(甘) 받음(受)

많은 고통을 **감수**한 결과 오늘의 성공을 이루었다.
자전거를 배울 때 여러 번 넘어지는 건 **감수**를 해야 해.

감수 減收 〔덜 감, 거둘 수〕

수입(收入)이 줄어듦(減)

가뭄 때문에 올해 농사는 작년에 비해 상당한 **감수**가 예상된다.
긴 겨울 가뭄으로 올해 작황은 **감수**가 불가피하다.

감수 監修 〔볼 감, 닦을 수〕

책을 편찬하고 수정(修正)하는 일을 감독(監督)하는 일

이 책은 저명한 학자의 **감수**를 받았다.
우리 선생님은 그 출판사의 백과사전을 **감수**하는 일도 맡고 계신다.

* **감수성**(感受性)(느낄 감. 받을 수. 성질 성): 외부의 자극을 받아(受) 느낌(感)을 일으키는 성질
(性質)

감정 感情 〔느낄 감, 뜻 정〕

느끼어(感) 일어나는 심정(心情)

복받치는 **감정**을 억누르다.
음악은 사람의 **감정**을 순화한다.

감정 鑑定 〔거울/살펴볼 감, 정할 정〕

사물의 값어치, 좋고 나쁨, 진짜와 가짜 등을 살펴서(鑑) 판정(判定)함

고미술품의 **감정**을 의뢰하다.
검찰은 증거품으로 압수한 테이프의 진위 여부를 가리기 위해 국립 과
학 수사 연구소에 **감정**을 의뢰했다.

감축 減縮 〔덜 감, 줄일 축〕

덜고(減) 줄여서(縮) 적게 함

기업들의 인원 **감축**으로 서민들에게 어두운 그림자를 드리웠다.

양국은 무기 **감축**에 관한 협정을 체결하였다.

감축 感祝 〔느낄 감, 빌 축〕

기쁜 일을 감사(感謝)하고 축하(祝賀)함

왜병들을 무찌르셨다니 국가와 민생을 위하여 **감축**할 일이나이다.

전하, 중전마마의 왕자 아기씨 생산을 **감축**드리옵니다.

강도 强度 〔굳셀 강, 법도/정도 도〕

굳센(强) 정도(程度)

부동산 정책의 규제 **강도**를 조정해 시장을 안정시켜야 한다.

감독은 선수들에게 **강도** 높은 훈련을 시켰다.

강도 强盜 〔굳셀 강, 훔칠 도〕

강제적(强制的) 수단으로 남의 금품을 빼앗는(盜) 일. 또는 그러한 사람

거의 동시에 뒤쪽에서 "도둑이야!" "**강도**!" 소리가 한꺼번에 터졌다.

강변 江邊 〔강 강, 가 변〕

강(江)의 가장자리(邊)에 닿아 있는 땅

우리는 강바람을 맞으며 **강변**을 거닐었다.

파리의 센 **강변**을 거닐다 보면 사랑에 빠진 연인들을 만나게 된다.

강변 強辯 〔강할/억지로 강, 말잘할 변〕

이치에 닿지 아니한 것을 억지로(強) 주장하거나 말을 둘러댐(辯)

　모두를 위한 일이었다고 **강변**해 봐야 믿어 줄 사람은 아무도 없다.
　그는 말도 안 되는 논리로 자기 행동의 타당성을 **강변**했다.

강점 強占 〔강할/억지로 강, 점칠/차지할 점〕

강제(強制)로 빼앗아 차지함(占)

　남의 나라를 **강점**하다.
　삼일 운동은 일제의 **강점**과 수탈에 육탄으로 맞선 우리 민족의 항거이다.

강점 強點 〔강할 강, 점 점〕

남보다 우세하거나 더 뛰어난(強) 점(點)

　선거란 민주주의 사회의 가장 큰 **강점**이자 가장 취약한 약점이다.

강판 鋼板 〔강철 강, 널빤지 판〕

강철(鋼)로 만든 널빤지(板)

　강판으로 무를 갈아 냉모밀에 곁들였다.
　거대한 기계가 **강판**을 설계 모양대로 찍어 내고 있었다.

강판 降板 〔내릴 강, 널빤지 판〕

야구에서 투수가 투수판(板)을 내려오는(降) 일 ↔ 등판(登板)

　그 투수는 5회에 5점을 내주고 **강판**당했다.
　그는 투구 도중 팔 통증을 느껴 자진해서 **강판**했다.

강화 强化 〔강할 강, 될 화〕

모자라는 점을 보완하여 더 튼튼하게(强) 함(化)

국제 경쟁력을 강화하다.

정부는 중소기업에 대한 금융 지원 확대와 기술 개발 및 경영 지원 강화를 약속했다.

강화 講和 〔풀이할/화해할 강, 화할 화〕

싸움을 그치고 화해하여(講) 평화(平和)롭게 됨

두 나라가 전쟁을 종식하고 강화하기로 하였다.

미국은 독일과의 강화 조건으로 14가지를 제시하였다.

개명 改名 〔고칠 개, 이름 명〕

이름(名)을 고침(改)

아이의 이름을 바꾸려고 하는데 개명 절차가 복잡한가요?

우리는 단순한 친목 단체였던 '한마음회'를 '한마음 장학 재단'이라고 개명하고 장학 사업을 시작하였다.

개명 開明 〔열 개, 밝을 명〕

문을 열어(開) 밝게(明) 함. 지혜가 계발되고 문화가 발달함

세상이 많이 개명했다지만 노동을 천시하는 풍조는 여전한 것 같다.

교육의 기회를 제대로 얻지 못했던 우리가 개명될 수 있었던 것은 야학을 통해서였다.

개선 改善〔고칠 개, 착할/좋을 선〕

고쳐서(改) 좋게(善) 함

근무 여건이 개선되어 일하기가 편해졌다.

여러 차례 개선을 요구했지만 도서관의 대출 방식은 바뀌지 않고 있다.

개선 凱旋〔즐길 개, 돌 선〕

승리의 기쁨(凱)을 안고 돌아옴(旋)

혁혁한 전과를 세우고 열렬한 환영을 받으며 개선하다.

적을 물리치고 개선 장군이 되어 돌아왔다.

개전 開戰〔열 개, 싸움 전〕

전쟁(戰爭)을 시작함(開) ↔ 종전(終戰)

왜 싸움이 벌어졌으며 그것이 어떻게 끝났는가 하는 개전과 종전에 대해서는 거의 관심이 없다.

개전 改悛〔고칠 개, 고칠/뉘우칠 전〕

마음을 바르게 고치어(改) 잘못을 뉘우침(悛)

죄인에게 개전의 기회를 주다.

법원은 그의 죄질이 무겁고 개전의 정이 없다고 판단하였다.

개정 改正〔고칠 개, 바를 정〕

고치어(改) 바르게(正) 함

헌법을 개정하고 악법의 개정에 힘쓰고 있다.

개정 改定 〔고칠 개, 정할 정〕

한번 정했던 것을 고치어(改) 다시 정함(定)

대회 날짜를 개정하다.

택시 요금을 10% 인상하여 개정하다.

개정 改訂 〔고칠 개, 바로잡을 정〕

잘못된 내용을 고치어(改) 바로잡음(訂)

책의 일부 내용을 개정하여 출간하다.

이 책은 오자(誤字)가 많은데도 개정이 이루어지지 않고 있다.

개정 開廷 〔열 개, 조정/법정 정〕

법정(法廷)을 열어(開) 재판을 시작함

판사가 개정을 선언하자 소란스럽던 법정이 조용해졌다.

재판장이 개정을 선포한다.

개조 改造 〔고칠 개, 지을 조〕

고치어(改) 다시 만듦(造)

요즘은 주택을 개조하여 원룸으로 만드는 것이 유행이다.

실천은 실제를 바람직하게 개조하기 위한 의도적인 활동이다.

개조 開祖 〔열 개, 할아비/조상 조〕

한 종파를 새로 열어(開) 그 원조(元祖)가 되는 사람

그는 국학의 개조로 후세의 존경을 받고 있다.

대각 국사 의천은 한국 천태종의 개조이다.

개폐 開閉 〔열 개, 닫을 폐〕

열거나(開) 닫음(閉)

이 출입문은 *개폐*가 자동으로 이루어진다.

개폐 改廢 〔고칠 개, 폐할 폐〕

고치거나(改) 아주 없앰(廢)

법률의 *개폐*는 민주적인 원칙 아래 이루어져야 한다.

진정한 개혁은 반민주 법률과 제도의 개폐, 그리고 과거 청산에 있다.

개표 開票 〔열 개, 표/쪽지 표〕

투표함을 열어(開) 투표(投票)의 결과를 점검하는 일

첫 번째 투표함을 개표하자마자 당선자의 윤곽이 드러났다.

박수와 환호성은 개표 방송이 끝난 12일 새벽까지 이어졌다.

개표 改票 〔고칠 개, 표/쪽지 표〕

차표나 입장권(票) 따위를 입구에서 개찰(改札)하는 일

개표 업무의 자동화로 역무원들의 부담이 줄어들었다.

버스 출발 시간 10분을 남기고 개표가 시작되었다.

거부 拒否 〔막을 거, 아닐 부〕

남의 제의나 요구 등을 물리치고 (拒) 동의하지 않음(否)

거부 의사를 표명하다.

우리는 적에게 항복하기를 거부한 채 끝까지 싸웠다.

거부 巨富 〔클 거, 부자 부〕

아주 대단한(巨) 부자(富者)

　그는 애초에 빈털터리였으나, 근면과 검소로 **거부**가 되었다.
　내가 아는 **거부** 중에는 자수성가(自手成家)한 사람이 많다.

건조 建造 〔세울 건, 지을 조〕

배나 건물 따위를 세워서(建) 만듦(造)

　그 회사는 선박을 육상에서 만드는 새로운 **건조** 공법을 개발했다.

건조 乾燥 〔하늘/마를 건, 마를 조〕

습기나 물기가 없이 마른(乾=燥) 상태

　건조한 날씨에는 산불을 조심해야 한다.
　건조는 세탁의 마지막 과정이다.

검사 檢事 〔검사할 검, 일 사〕

사건(事件)을 수사하고 공소를 제기하는 등 검찰권(檢察權)을 행사하는 사법관

　그는 **검사** 출신의 변호사이다.
　이 증거는 재판 당시 재판부와 **검사**, 변호인 모두 확인했다.

검사 檢査 〔검사할 검, 조사할 사〕

살피어 검토(檢討)하고 조사(調査)함

　철저한 **검사**를 통해 제품의 불량률을 줄였다.
　아버지가 고등학교를 다닐 때는 두발(頭髮) **검사**가 매우 심했다고 한다.

격조 格調 〔격식 격, 고를 조〕

격식(格式)과 운치에 어울리는(調) 가락. 사람의 품격과 취향

서울시는 이곳이 **격조** 높은 문화 공간이 될 것으로 전망한다.

격조 隔阻 〔사이뜰 격, 막힐 조〕

멀리 떨어져 있어(隔) 오랫동안 서로 소식이 막힘(阻)

우리 그동안 참으로 **격조**했습니다.

그 사람과는 오랫동안 **격조**하여 연락처도 알지 못한다.

결정 決定 〔결정/결단할 결, 정할 정〕

결단(決斷)을 내려 확정(確定)함

결국에는 모든 것을 처음 계획대로 처리하기로 **결정**하였다.

결정 結晶 〔맺을 결, 맑을 정〕

일정한 형체(晶)를 맺거나(結) 이룸. '노력의 결과로 얻어진 훌륭한 보람'을 비유하여 이르는 말

이 작품은 화가의 오랜 노력으로 이루어 낸 피와 땀의 **결정**이다.

다이아몬드는 **결정**이 매우 단단하다.

결사 結社 〔맺을 결, 모일/단체 사〕

단체(社)를 결성(結成)함

모든 국민은 언론, 출판의 자유와 집회, **결사**의 자유를 갖는다.

나라를 빼앗기게 되자 전국에서 독립을 위한 비밀 **결사**가 조직되었다.

결사 決死 〔결정할 결, 죽을 사〕

죽기(死)를 각오하고 있는 힘을 다할 것을 결심(決心)함

그들은 적의 침공에 결사 항전했다.

환경 단체들이 핵폐기물 처리장 건설을 결사 반대하고 나섰다.

경각 頃刻 〔잠깐 경, 새길 각〕

아주 짧은(頃) 시간(刻)

목숨이 경각을 다투는데, 천만금이 있은들 무엇하리오.

경각 警覺 〔경계할 경, 깨달을 각〕

정신을 바짝 차리고(警) 깨어 있음(覺)

성범죄에 대한 사회적 경각이 시급하다.

검사의 용기 있는 행위는 부정을 일삼는 사람들에게 경각이 되었다.

경계 境界 〔지경 경, 지경 계〕

지역(地域)이 갈라지는 한계(限界)

학교 뒤는 따로 경계가 없이 그대로 산이었다.

꿈과 현실의 경계가 얼른 금이 그어지지 않았다.

경계 警戒 〔경계할 경, 경계할 계〕

범죄나 사고 등 좋지 않은 일이 일어나지 않도록 미리 마음을 가다듬어 조심함(警=戒)

겨울철에는 특히 교통사고 예방을 위한 경계를 게을리해서는 안 된다.

경기 景氣〔볕 경, 기운 기〕

밝은(景) 기운(氣運). 경제 활동이 활발하여 돈이 잘 도는 일

현 정부의 경기 부양책은 비교적 성공적이었다고 할 수 있다.

경기가 회복되어 수출이 활기를 띠고 있다.

경기 競技〔다툴 경, 재주 기〕

일정한 규칙 아래 기량(技倆)과 기술을 서로 겨루는(競) 일

개막식 때 경기에 참가하는 모든 선수들이 모여 선전(善戰)을 다짐했다.

규칙을 잘 지켜야만 흥미진진한 경기를 펼칠 수 있다.

경기 驚氣〔놀랄 경, 기운 기〕

놀란(驚) 기색(氣色)

돌 무렵 경기를 일으키다 숨이 멎은 적이 있다.

이제 겨우 돌을 넘은 아이가 경기 들린 듯 하루 종일 울어 대기만 했다.

경기 京畿〔서울 경, 경기 기〕

서울(京)을 중심으로 한 가까운 주변의 땅(畿)

경기 강원 지역에는 어제 비가 많이 내렸다.

그는 경기 도지사(道知事)를 역임한 정치인이다.

경도 傾倒〔기울 경, 넘어질 도〕

기울어(傾) 넘어짐(倒)으로 어떤 일에 열중하여 온 정신을 쏟음. 또는 어떤 인물이나 사상 따위에 마음을 기울여 열중함

특정 이념에 대한 맹목적인 경도는 지양(止揚)되어야 한다.

어느 특정한 사관(史觀)에 경도되면 부작용이 커질 수 있다.

경도 硬度〔굳을 경, 법도/정도 도〕

단단하거나 굳은(硬) 정도(程度)

다이아몬드의 경도는 10으로, 지구상에서 가장 단단한 물질이다.
치즈의 경도에 따라서 연질(軟質) 치즈와 경질(硬質) 치즈로 나누어진다.

경도 經度〔날줄/지날 경, 법도/정도 도〕

지구상의 위치를 나타내는 세로 경선(經線). 한 지점의 경도는 그 지점을 지
나는 자오선과 런던 그리니치 천문대를 지나는 본초 자오선이 이루는 각도
(角度)임 ↔ 위도(緯度)

위치를 위도와 경도로 표시하다.

경도 輕度〔가벼울 경, 법도/정도 도〕

가벼운(輕) 정도(程度)

경도의 화상(火傷)이라니 불행 중 다행이다.
경도한 부상(負傷)을 입었을 뿐이니 그리 걱정하지 마시오.

경로 經路〔지날 경, 길 로〕

지나는(經) 길(路)

그곳으로 가는 데는 여러 가지 경로가 있다.
방역 당국은 전염병 감염 경로를 추적하는 중이다.

경로 敬老〔공경할 경, 늙을 로〕

노인(老人)을 공경(恭敬)함

어버이날에 베푼 경로 잔치에 많은 할아버지, 할머니들이 참석하였다.

경륜 經綸 〔지날/다스릴 경, 벼리/다스릴 륜〕

일을 잘 다스림(經=綸)

그의 말은 모두 오랜 인생 경륜에서 우러나오는 것이다.

경륜 競輪 〔다툴 경, 바퀴 륜〕

경기용 자전거(輪)를 이용한 경주(競走). 가장 빨리 달릴 것이라고 예상하는 자전거에 돈을 걸어 내기를 하는 오락.

그는 경륜과 경마(競馬)에 돈을 걸었다가 집을 날렸다.

레저세는 경륜, 경마 따위에서 발생하는 수익에 매기는 세금이다.

경보 警報 〔놀랄 경, 알릴 보〕

위험이 닥칠 때 경계(警戒)하라고 알리는(報) 일

며칠 전 경보가 울리고 현재까지 해상에는 폭풍 경보가 발효 중이다.

경보 競步 〔다툴 경, 걸음 보〕

일정한 거리를 걸어서(步) 빠르기를 겨루는 경기(競起)

육상 경보 대회가 시민 체육 종목으로 채택되어 관심을 끌고 있다.

경보 선수들의 걸음 속도는 일반 사람들의 달리기 속도와 비등하다.

경비 經費 〔지날 경, 쓸 비〕

어떠한 일을 하는 데 드는(經) 비용(費用)

그 상가를 운영하는 데는 경비가 많이 든다.

정부는 소모성 경비 가운데 일부를 철도 사업에 우선 사용할 방침이다.

경비 警備 〔경계할 경, 갖출 비〕

경계(警戒)하고 대비(對備)함

가끔 경비가 없는 틈을 타 도둑이 낮에도 침입하곤 했다.
이 건물은 경비가 허술해서 침입하기 쉬워 보인다.

경사 傾斜 〔기울 경, 비낄 사〕

기울어지고(傾) 비스듬한(斜) 정도나 상태

그 산은 경사가 급해서 오르기가 힘들다.
이 길은 완만한 경사를 이루며 언덕 밑으로 이어져 있다.

경사 慶事 〔경사 경, 일 사〕

매우 즐겁고 기쁜(慶) 일(事)

얼씨구, 경사 났네, 경사 났어.
아들이 대학에 합격한 일은 우리 집안의 경사이다.

경상 經常 〔지날 경, 항상/늘 상〕

늘(常) 일정한 상태를 지속하여(經) 변함이 없는 일 ↔ 임시(臨時)

상품 수지의 흑자 규모가 전월보다 두 배 이상 늘어나며 경상 흑자를 내
는 데 크게 기여했다.
외국인 근로자의 본국 송금과 해외 유학생에 대한 송금이 급격히 늘어
나면서 경상 이전 수지의 적자 폭이 갈수록 커지고 있다.

경상 輕傷〔가벼울 경, 다칠/상처 상〕

가벼운(輕) 상처(傷處) ↔ 중상(重傷)

총알이 비켜나가 다행히 **경상**만을 입었다.

이번 사고로 사망 2명, 중상 5명, **경상** 30명의 사상자가 났다.

경선 競選〔다툴 경, 가릴 선〕

여러 명의 후보가 경쟁(競爭)하는 선거(選擧)

그는 대통령 후보 **경선**에 나섰다.

경선 經線〔날줄/지날 경, 줄 선〕

지구의 양극을 세로(經)로 연결한 가상의 선(線) ↔ 위선(緯線)

위도를 나타내는 선을 위선, 경도를 나타내는 선을 **경선**이라고 한다.
경선은 지구의 남북 양극을 연결하여 지구 표면을 세로로 지나도록 그
은 가상 선으로 본초 자오선과 함께 경도를 표시하는 기준이다.

경시 輕視〔가벼울 경, 볼 시〕

가볍게(輕) 봄(視). 대수롭지 않게 여김 ↔ 중시(重視)

현대 사회는 생명의 가치를 **경시**하는 풍조가 만연하고 있다.
자신의 의견과 다르다고 해서 남의 의견을 함부로 **경시**하면 안 된다.

경시 競試〔다툴 경, 시험 시〕

한 분야의 특기자들이 한곳에 모여 치르는(競) 시험(試驗)

그는 도내 수학 **경시**대회에서 1등을 했다.

경연 競演 〔다툴 경, 펼 연〕

개인이나 단체가 모여서 연기(演技)를 겨룸(競)

그녀는 노래 **경연** 대회에서 당당히 금상을 탔다.

연극제에는 여러 나라에서 참가한 10개의 극단이 열띤 **경연**을 벌인다.

경연 經筵 〔지날/경서 경, 대자리 연〕

임금 앞에서 경서(經書)를 강론하던 자리(筵)

세종 대왕께서는 낮에는 정사를 보살피고 밤마다 **경연**을 열어 신하들을 독려했다.

경유 經由 〔지날 경, 말미암을 유〕

거쳐(經) 말미암음(由). 거쳐 지나감

우리는 하와이를 **경유**해서 알래스카에 도착했다.

버스가 정류장을 **경유**하지 않고 지나가 버렸다.

경유 輕油 〔가벼울 경, 기름 유〕

콜타르를 증류할 때, 맨 처음 얻는 가장 가벼운(輕) 기름(油) ↔ 중유(重油)

나는 최근 휘발유 차량에서 **경유** 차량으로 바꾸었다.

석유 정제 시 생산되는 가공품으로는 휘발유, 등유, **경유** 등이 있다.

경주 競走 〔다툴 경, 달릴 주〕

빨리 달리기(走)를 겨루는(競) 일

그는 100미터 달리기 **경주**에서 우승했다.

경주 傾注 〔기울 경, 물댈 주〕

기울여(傾) 붓거나 쏟음(注). 힘이나 정신을 한곳에만 기울임

좋은 결과를 거둘 수 있도록 그 일에 최선의 노력이 *경주*되어야 한다.

이것은 그분이 심혈을 *경주*해서 만든 세상에 하나뿐인 도자기입니다.

경향 京鄕 〔서울 경, 시골 향〕

서울(京)과 시골(鄕)

그 집 술은 맛이 좋기로 *경향*에 이름이 나 있다.

이번 일에 *경향* 각지에 흩어져 있는 동문(同門)들의 도움이 절실합니다.

경향 傾向 〔기울 경, 향할 향〕

어느 방향(方向)으로 기울어(傾) 쏠림

내년도 입시 *경향*을 파악하다.

평균 혼인 연령이 과거에 비해 높아지는 *경향*을 보인다.

계기 契機 〔맺을 계, 기계/기회 기〕

어떤 일이 일어나는(契) 근거나 기회(機會)

때로 인간은 실패를 도약의 *계기*로 만들어 성장하기도 한다.

계기 計器 〔셀 계, 그릇 기〕

길이, 면적, 무게, 양이나 온도, 시간, 강도 따위를 재는(計) 기구(器具)

비행기가 *계기* 고장으로 항로를 이탈하였다.

이번 시간에는 물체의 속도와 위치를 *계기*로 정확히 측정해 봅시다.

고가 古家〔옛 고, 집 가〕

지은 지 오래된(古) 집(家). 고옥(古屋). 구옥(舊屋)

이 마을에는 지은 지 100년이 넘는 **고가**가 몇 채 있다.

그 여인은 허물어지고 있던 **고가**의 대청마루에서 그림자처럼 내려왔다.

고가 高價〔높을 고, 값 가〕

높은(高) 가격(價格). 비싼 값

김 화백의 그림이 **고가**로 팔렸다.

부동산으로 엄청난 돈을 번 박 사장은 **고가**의 골동품을 사들였다.

고가 高架〔높을 고, 시렁/건너지를 가〕

땅 위에 높다랗게(高) 건너지름(架)

지하철 **고가** 선로를 받치는 교각이 무너지는 사고가 일어났다.

이 교차로에서 직진하려면 **고가**로 올라가야 한다.

고도 古都〔옛 고, 도읍 도〕

옛(古) 도읍(都)

신라의 **고도** 경주는 한국을 방문하는 외국인이 가장 선호하는 관광 도시로 자리를 잡았다.

일본의 **고도**인 교토에는 신사가 많다.

고도 高度〔높을 고, 법도/정도 도〕

높이(高)의 정도(程度)

현재 이 비행기는 **고도** 5,000미터 상공을 비행하고 있습니다.

고도로 발달한 현대 의학의 덕택으로 많은 병이 정복되었다.

고도 孤島〔외로울 고, 섬 도〕

육지에서 멀리 떨어진 외딴(孤) 섬(島)

주변을 둘러보니 바다 외에는 아무것도 찾아볼 수 없는 절해의 고도였다.

고문 古文〔옛 고, 글월 문〕

옛(古) 글(文) ↔ 현대문(現代文)

그는 고문에 능통한 학자이다.

보내준 성서가 옛글로 된 것이어서 고문 공부에 도움이 컸다.

고문 拷問〔때릴 고, 물을 문〕

피의자를 때리며(拷) 신문(訊問)함

그는 투옥 중에 고문을 심하게 당했다.

인간의 존엄성과 육체를 파괴하는 고문은 이 땅에서 사라져야 한다.

고문 顧問〔돌아볼 고, 물을 문〕

어떤 분야에 전문적인 지식이나 경험을 가지고 자문(諮問)에 응하여(顧) 의견을 말하는 직책. 또는 그 직책에 있는 사람

최 교수는 신설된 위원회의 고문으로 추대되었다.

고사 故事〔연고/옛 고, 일 사〕

옛날(故)에 있었던 일(事)

이번 경우와 유사한 고사를 하나 들려주지.

고사성어(--成語)에는 인간 삶의 지혜와 교훈이 담겨 있다..

고사 枯死 〔마를 고, 죽을 사〕

나무나 풀 따위가 말라(枯) 죽음(死)

환경 오염에 따른 나무들의 고사가 심각하다.

공해(公害)로 인하여 이 지역 수목들이 고사의 위기를 맞고 있다.

고사 考査 〔상고할 고, 조사할/살필 사〕

자세하게 생각하고(考) 알뜰하게 살펴봄(査). 학교에서 학생의 성적을 시험함. 또는 그 시험

기말 고사를 앞두고 열심히 공부했다.

고사 固辭 〔굳을 고, 사양할 사〕

굳이(固) 사양(辭讓)함

출마하라는 주위의 권유를 끝내 고사했다.

수차례의 고사 끝에 그 제의를 받아들이게 되었다.

고사 告祀 〔알릴 고, 제사 사〕

계획하는 일이나 집안이 잘되도록 섬기는 신에게 음식을 차려 놓고 그런 뜻을 알리어(告) 비는 제사(祭祀)

고사를 지내고 접시에 편육과 고사떡을 담아서 먹었다.

마을 사람들은 커다란 돼지머리를 상에 올리고 고사를 지냈다.

고소 告訴 〔알릴 고, 하소연할 소〕

알려서(告) 하소연함(訴). 수사 기관에 범죄 사실을 신고하여 법적 처리를 요구함

피해 당사자가 협박을 당했다고 고소했다.

김 기자는 허위 사실을 유포한 혐의로 고소를 당했다.

고소 苦笑 〔쓸 고, 웃음 소〕

쓴(苦) 웃음(笑)

잘못한 사람이 도리어 화를 내는 것을 보고 고소를 금할 수 없었다.

스스로 고소를 지으면서도 나는 쓸데없이 말을 장황하게 늘어놓았다.

고소 高所 〔높을 고, 바/곳 소〕

높은(高) 곳(所)

그는 지붕에만 올라가도 오금이 저려 꼼짝 못 하는 고소 공포증 환자이다.

고소 古巢 〔예 고, 새집 소〕

옛(古) 둥우리(巢)로 낡은 옛집을 이르는 말

우리 고향에는 고소가 남아 있지 않다.

남녀노소 구별 없이 고소에서 뛰쳐나와 세상 모두와 함께 즐겁고 새롭게 되살아날 것이다. (『기미독립선언서』)

고시 告示 〔알릴 고, 보일 시〕

행정 기관이 일반 국민들에게 널리 알리기(告) 위해 글로 써서 게시(揭示) 함

이 지역은 택지개발 예정지구로 고시되어 있다.

정부는 추곡 수매 가격을 고시했다.

고시 考試 〔상고할/살필 고, 시험 시〕

시험(試驗) 성적을 살펴서(考) 등수를 매기는 일. 어떤 자격이나 면허를 주기 위해 시행하는 시험

그녀는 중학교, 고등학교를 내리 검정고시로 대학에 진학했다.

친구는 검정고시를 준비하겠다면서 학교에 자퇴서를 냈다.

고시 高試 〔높을 고, 시험 시〕

고등 고시(高等考試)의 준말. 행정 고급 공무원 또는 법관, 검사, 변호사의 자격을 검정하기 위하여 실시하던 자격 시험

그는 사법, 행정, 외무 고시를 모두 합격한 당대의 천재였다.
우리 학교는 고시 합격자를 많이 배출하는 것으로 유명하다.

고전 古典 〔옛 고, 법/책 전〕

고대(古代)의 전적(典籍). 시대를 대표할 만한 가치를 지닌 문예 작품

청소년기에는 학교 공부 외에도 고전을 많이 읽는 것이 좋다.

고전 苦戰 〔쓸 고, 싸움 전〕

몹시 고생(苦生)스럽고 힘든 싸움(戰)

이번 경기는 선수들의 부상으로 고전을 면치 못했다.

고지 告知 〔알릴 고, 알 지〕

어떤 사실을 관계자에게 알려서(告) 알게(知) 함

학교 측은 학생들에게 이번 학기 등록금을 10% 올릴 것이라고 고지했다.
현행 형사소송법은 피의자에 대한 진술거부권의 고지를 명문화하고 있다.

고지 高地 〔높을 고, 땅 지〕

높은(高) 땅(地). 이루고자 하는 목표 또는 그 수준에 이른 단계

이 식물은 고지에서도 잘 자란다.
이번 승리로 우리 팀이 우승할 수 있는 유리한 고지를 점령하게 되었다.

공기 空氣 〔빌/하늘 공, 기운 기〕

하늘(空)에 가득한 대기(大氣)

비가 오고 난 후 공기가 깨끗해졌다.
저편에서 큰소리가 나자 일순간 공기가 험악해졌다.

공기 空器 〔빌 공, 그릇 기〕

아무것도 담겨 있지 않은 빈(空) 그릇(器)

얼마나 굶주렸던지 그는 밥 세 공기를 단숨에 먹어 치웠다.

공기 公器 〔공평할/여러 공, 그릇 기〕

공공(公共)의 물건(器). 여러 사람에게 영향을 미치는 공공성을 띤 기관

신문이 사회의 공기로서 제 역할을 다해야 진정한 언론 매체이다.
사립 학교도 공기인데 개인 회사처럼 운영하는 것은 바람직하지 않다.

공기 工期 〔장인 공, 기약할/기간 기〕

공사(工事)하는 기간(期間)

건설사 직원들은 공기 단축을 위해 새벽부터 밤늦게까지 열심히 일했다.
무리한 공기 단축으로 결국 사고가 발생했다.

공동 共同 〔함께 공, 같을 동〕

두 사람 이상이 함께(共) 같이함(同)

두 팀이 공동 선두에 올라섰다.
환경 문제는 정부와 민간이 공동으로 해결해야 할 문제이다.

공동 空洞 〔빌 공, 마을/골짜기 동〕

아무것도 없이 텅 빈(空) 골짜기(洞). 물체에 생기는 구멍

사람도, 집도 없어진 **공동**의 한가운데는 음산한 어둠만이 있었다.
여름 휴가철이면 업무 지구는 거의 **공동** 상태로 바뀐다.

공론 公論 〔공평할/여러 공, 논할 론〕

사회 여러(公) 사람들의 여론(輿論) ↔ 사론(私論)

신문의 사설과 논평은 **공론** 형성의 수단이다.

공론 空論 〔빌 공, 논할 론〕

실제와 동떨어진 쓸데없는(空) 의론(議論)

당대 지식인들의 시국에 관한 토론은 거의 **공론**에 지나지 않았다.
탁상공론(卓上--)만 하지 말고 실질적인 타개책을 찾아봅시다.

공리 公利 〔공평할/여러 공, 이로울 리〕

공공(公共)의 이익(利益) ↔ 사리(私利)

공직에 있는 사람일수록 사리사욕을 버리고 **공리**와 공익을 먼저 생각
하여야 한다.

공리 公理 〔공평할/여러 공, 다스릴/이치 리〕

널리 여러(公) 사람에게 통용되는 도리(道理). 자명한 이치(理致)

이 **공리**야말로 누구도 무너뜨릴 수 없고, 변경할 수도 없는 철칙이다.
수학은 **공리**를 가정하여 올바른 결론을 끌어내는 과학의 한 분야이다.

공리 空理 〔빌 공, 다스릴/이치 리〕

실제와는 동떨어진 쓸데없는(空) 이론(理論)

　공리공론(--空論)만을 일삼는 정쟁(政爭)은 근절되어야 한다.
　조선 중기에 성리학의 **공리**를 비판하는 실학이 등장하였다.

공리 功利 〔공로 공, 이로울 리〕

공명(功名)과 이익(利益). 다른 목적을 실현하는 데 도움이 되는 것

　평등의 개념이 고려되면 엄격한 의미에서의 **공리주의**는 더 이상 유지
　될 수 없다.

* 공리주의(功利主義): 쾌락·행복·이익 따위를 가치의 기준, 도덕의 기초 또는 인생의 지
　상 목표로 삼는 학설. 실리주의(實利主義)

공명 公明 〔공평할/여러 공, 밝을 명〕

사사로움이 없이 공정(公正)하고 숨김없이 명백(明白)히 함

　언론은 무엇보다 정직하고 **공명**하여야 한다.
　민주주의는 **공명**정대(--正大)한 선거에서 출발한다.

공명 共鳴 〔함께 공, 울 명〕

함께(共) 울림(鳴). 남의 사상이나 의견 따위에 동감함

　바이올린 연주는 주위의 소리들과 **공명**해서 웅장한 느낌이 들었다.

공명 功名 〔공로 공, 이름 명〕

공로(功勞)를 세워 이름(名)을 널리 알림

　부귀와 **공명**을 좇아 살아온 10년 세월이 헛되구나.
　그는 **공명**심에 사로잡혀 어처구니없는 일을 저질렀다.

공모 公募 〔공평할/여러 공, 모을 모〕

일반에게 널리 공개(公開)하여 모집(募集)함

저축에 얽힌 여러분의 생활 체험 수기를 공모합니다.

공모 共謀 〔함께 공, 꾀할 모〕

함께(共) 일을 꾸밈(謀). 공동모의(共同謀議)의 준말

두 사람은 범행을 공모했다.

현재 검찰은 김 회장이 정치권과 공모를 했는지 여부를 조사 중이다.

공복 公僕 〔공평할/여러 공, 종 복〕

국민 대중(公)을 위한 봉사자(僕). 공무원(公務員)

그는 투철한 공복 의식을 가진 공무원이다.

정치인은 무엇보다도 국민의 공복이라는 사명감이 있어야 한다.

공복 空腹 〔빌 공, 배 복〕

아무것도 먹지 않고 비어 있는(空) 배(腹). 빈속

이 약은 식전 공복에 드세요.

늦은 아침의 공복인데도 아침 식사를 놓친 것이 그리 아쉽지 않았다.

공사 工事 〔장인 공, 일 사〕

토목이나 건축 등(工)에 관한 일(事)

공사 중 통행에 불편을 드려 죄송합니다.

그 아파트는 한창 공사가 진행되고 있다.

공사 公私 〔공평할/여러 공, 사사로울 사〕

공적인(公) 일과 사사로운(私) 일

공사를 엄격히 구분하다.
공직자들은 공사가 분명해야 한다.

공사 公事 〔공평할/여러 공, 일 사〕

공공(公共)에 관계되는 일(事) ↔ 사사(私事)

김 국장은 탈상 때까지 모든 공사에서 손을 뗐다.
매사에 공사를 우선시하다 보니 가정에 소홀해졌다.

공사 公使 〔공평할/여러 공, 하여금/부릴 사〕

국가(公)를 대표하여 파견되는 외교 사절(使節)

홍 대사가 출장 중이라 공사가 이번 일을 담당하기로 했다.
남산 밑에 자리 잡은 일본 공사의 관저는 정원이 넓기로 소문나 있었다.

공사 公社 〔공평할/여러 공, 모일/회사 사〕

국가적 사업을 수행하기 위하여 설립된 공공(公共) 기업체(社)

한국토지주택공사가 공유지 활용 방안을 마련해 사업을 진행한다.
많은 사람들이 철도 공사의 민영화에 반대하고 있다.

공사 空士 〔빌/하늘 공, 선비 사〕

공군 사관 학교(空軍士官學校)의 준말. 공군에서 공군 장교를 양성하기 위하여 설립한 4년제 정규 군사학교

민철이는 조종사가 되기 위해 공사에 진학했다.
그녀는 공사를 수석으로 졸업했다.

공수 攻守 [칠 공, 지킬 수]

공격(攻擊)과 수비(守備)

우리나라 축구 대표 팀은 **공수** 전환이 무척 빠르다.

공수 空輸 [빌/하늘 공, 보낼/나를 수]

항공 수송(航空輸送)의 준말. 항공기를 이용하여 사람이나 예술품, 우편물이나 짐 따위를 옮기는 일

이번 전시회를 위해 유명 화가의 진품 그림을 **공수**해 왔다.

전쟁 초기에 적의 주요 시설을 공격하는 **공수** 부대의 역할이 중요하다.

공약 公約 [공평할/여러 공, 묶을 약]

사회 공중(公衆)에 대한 약속(約束)

이번 **공약**은 인기만을 의식한 비현실적인 정책이라는 비판이 나온다.

공약 空約 [빌 공, 묶을 약]

헛된(空) 약속(約束)

선거 때마다 후보들은 국민들에게 많은 것을 공약(公約)하지만 선거가 끝나면 무위로 돌아가 말 그대로 **공약**이 되는 경우가 많다.

공유 公有 [공평할/여러 공, 있을 유]

국가 또는 공공(公共) 단체의 소유(所有) ↔ 사유(私有)

지방 자치 단체에 대한 **공유** 재산 현황을 조사하였다.

사유 재산 제도를 폐지하고 모든 생산 수단을 사회 전체의 **공유**로 한다.

공유 共有 〔함께 공, 있을 유〕

공동(共同)으로 소유(所有)함

> 정보의 **공유**는 정보화 시대에 있어서 매우 중요한 것이다.
> **공유** 경제는 공유 소비를 기본으로 자원 활용을 극대화한다.

공전 公轉 〔공평할/공변될 공, 구를 전〕

한 천체가 다른 천체(公)의 둘레를 주기적으로 도는(轉) 일 ↔ 자전(自轉)

> 계절의 변화는 지구의 **공전**으로 인해 생긴다.
> 달이 자전하는 주기는 달이 지구의 둘레를 **공전**하는 주기와 같다.

* 공변(公邊)되다: 행동이나 일 처리가 사사롭거나 한쪽으로 치우치지 않고 공평하다.

공전 空轉 〔빌 공, 구를 전〕

헛(空)도는(轉) 일. 일이나 행동이 헛되이 진행됨

> 두 나라 간의 협상이 계속 **공전**하다가 결국 전쟁이 터지고 말았다.
> 야당과 여당의 정치적 공방이 계속됨에 따라 이번 국회 본회의는 **공전**
> 을 면하기가 어려울 것으로 보인다.

공전 空前 〔빌 공, 앞 전〕

비교할 만한 것이 전(前)에는 없었음(空)

> 오페라의 초연은 **공전**의 대성공을 거두었다.
> 그 가수의 노래는 **공전**의 히트작이다.

* 공전절후(––絕後)(–, –, 끊을 절, 뒤 후): 이전(以前)에도 없었고 이후(以後)에도 끊어져 없을
(絕) 것임. 전무후무(前無後無)

공정 公正 〔공평할/여러 공, 바를 정〕

공평(公平)하고 올바름(正)

　뉴스 보도는 사실적이고도 공정하며 편견이 없어야 한다.

　재판관은 법과 양심에 따라 자신의 판결에 최대한 공정을 기해야 한다.

공정 工程 〔장인 공, 길/정도 정〕

작업(工)이 되어 가는 정도(程度)

　건물 신축 공사(工事)가 90%의 공정을 보이고 있다.

　공장 생산품의 불량률을 낮추려면 모든 공정을 자동화해야 한다.

공중 公衆 〔공평할/여러 공, 무리 중〕

사회의 여러(公) 사람들(衆). 일반 사람들

　여론은 공중의 의견이다.

　국가의 정책 결정에는 특권층보다는 공중이 먼저 고려되어야 한다.

공중 空中 〔빌/하늘 공, 가운데 중〕

하늘(空)의 한가운데(中). 하늘과 땅 사이의 빈 곳

　새는 공중을 마음껏 날아다닌다.

　거대한 불기둥이 소리를 내며 공중으로 치솟아 올랐다.

공포 公布 〔공평할/여러 공, 베/펼 포〕

공개적(公開的)으로 널리(布) 알림

　그 법률은 공포한 날로부터 20일이 경과 후 효력이 발생한다.

공포 恐怖 〔두려워할 공, 두려워할 포〕

무서워 두려워함(恐=怖)

우리를 나온 맹수가 주위 사람들을 **공포**의 도가니에 몰아넣었다.

공포 空砲 〔빌 공, 대포 포〕

위협하려고 공중(空中)에 대고 쏘는 총(砲)

무장 군인들은 미친 듯이 **공포**를 쏘아 댔다.

강도들은 경찰들이 쏜 **공포**에도 위협을 느끼지 않았다.

공해 公害 〔공평할/여러 공, 해칠 해〕

산업 활동이나 교통량의 증가 등으로 말미암아 공중(公衆)의 건강이나 생활 환경에 미치는 여러 가지 해(害)

각종 **공해** 때문에 많은 자연 생물이 멸종 위기를 맞고 있다.

공해 公海 〔공평할/여러 공, 바다 해〕

어느 나라의 주권에도 달리지 않아(公) 모든 나라가 공동으로 사용할 수 있는 바다(海)

해양 생물자원을 보호하기 위해서 국가 간에 **공해** 어업을 제한한다.

과거 過去 〔지날 과, 갈 거〕

지나(過)감(去). 지난날

과거에 연연하지 말고 현재에 충실하도록 해.

역사는 단순히 **과거**라는 뜻도 갖고 있지만 기록이라는 뜻도 있다.

과거 科擧 〔과목 과, 들 거〕

관리를 뽑을(擧) 때 실시하던 시험(科)

조선 시대에는 **과거**를 통하여 훌륭한 인재가 많이 배출되었다.

과당 過當 〔지날/지나칠 과, 마땅할 당〕

적당(適當)한 정도를 지나침(當)

여행사들의 **과당** 경쟁으로 여행 가격이 파격적으로 낮아졌다.
기업들 사이의 지나친 경쟁의식은 자칫 **과당** 경쟁을 부를 수 있다.

과당 果糖 〔과일 과, 엿/사탕 당〕

꿀이나 단 과일(果) 속에 들어 있는 당분(糖分)

수박에는 **과당**이 많아 맛이 좋다.
이것은 자연 **과당**이라 몸에 해롭지 않습니다.

과실 過失 〔지날/허물 과, 잃을 실〕

부주의로 저지른 잘못(過)이나 실수(失手)

자신의 **과실**을 인정했다.
교통사고는 대부분 사고 당사자 양쪽의 **과실**로 일어난다.

과실 果實 〔과일 과, 열매 실〕

과수에서 생기는 열매(果=實)

이 사과 주스는 100% 사과즙으로만 만든 **과실** 음료이다.
발달한 농업 기술 덕에 제철이 아닌 **과실**도 언제든지 먹을 수 있다.

과장 課/科長 〔매길 과/과목 과, 긴/어른 장〕

과(課/科)의 책임자(長)

　산부인과 **과장**은 응급 상황에서도 냉정을 잃지 않았다.

*관공서나 회사에서는 課(매길 과)를 쓰고, 대학이나 병원에서는 科(과목 과)를 씁니다.

과장 誇張 〔자랑할 과, 베풀/펼 장〕

사실보다 지나치게 부풀려(張) 자랑함(誇)

　그 사람은 평소에도 **과장**이 좀 심해요.

과정 過程 〔지날 과, 길/정도 정〕

일이 되어 가는(過) 정도(程度)나 경로

　모든 일은 결과만큼 **과정**도 중요하다.
　자본주의의 성장 **과정**에서 일정한 패턴은 존재하지 않는다.

과정 課程 〔매길 과, 길/정도 정〕

과업(課業)의 정도(程度). 학년의 정도에 따른 과목. 교과 과목

　최고 경영자 **과정**을 수료하다.
　용성이는 한자를 단기간에 정복하기 위해 속성 한자 **과정**을 밟고 있다.

관례 慣例 〔버릇 관, 법식 례〕

이전부터 내려와서 습관(習慣)처럼 되어 버린 일(例)

　서로 의견이 일치되지 않으니 **관례**대로 합시다.
　그런 안건은 보통 간부 회의에서 처리하는 것이 **관례**이다.

관례 冠禮〔갓 관, 예도 례〕

아이가 어른이 되었다는 의미로 갓(冠)을 쓰고 올리던 예식(禮式)

> **관례**를 치른 여러분은 이제부터 어른답게 행동해야 합니다.

> 그에게는 열다섯에 **관례**와 혼례를 겸하여 취한 한 살 많은 아내가 있었다.

* 관혼상제(冠婚喪祭)(~, 혼인할 혼, 죽을 상, 제사 제): 관례(冠禮), 혼례(婚禮), 상례(喪禮), 제례(祭禮)를 아울러 이르는 말

관리 管理〔대롱/맡을 관, 다스릴 리〕

일을 맡아(管) 처리(處理)함

> 그 회사는 고객 **관리**에 언제나 최선을 다한다.

> 금리 자유화에 따라 통화 **관리** 방식이 과거와는 많이 달라졌다.

관리 官吏〔벼슬 관, 아전/벼슬아치 리〕

관직(官職)에 있는 사람(吏)

> 양국의 고위 **관리**들이 모여 정책을 협의했다.

> 청렴결백한 **관리**라면 누가 감히 손가락질하며 흉을 볼 수 있단 말인가.

관용 官用〔벼슬/관청 관, 쓸 용〕

관청(官廳)에서 사용(使用)함

> 그들은 **관용** 차량으로 이동했다.

> 공직자인 그녀는 **관용** 여권으로 미국에 다녀왔다.

관용 慣用 〔버릇 관, 쓸 용〕

습관적(習慣的)으로 늘 씀(用)

외국어를 공부할 때는 **관용** 표현들을 익히는 것이 참 어렵다.
시인은 시적 표현에서 **관용화**가 된 것, 관습적인 것을 철저히 배제했다.

관용 寬容 〔너그러울 관, 얼굴/담을 용〕

너그럽게(寬) 받아들이고 용서(容恕)함

상사는 때에 따라 부하의 잘못을 **관용**할 줄도 알아야 한다.
변호인은 피고의 어려운 집안 사정을 설명하며 판사에게 **관용**을 호소했다.

관장 管掌 〔대롱/맡을 관, 손바닥/맡을 장〕

일을 맡아서(掌) 관리(管理)함

김 팀장은 오랫동안 은행 내의 대출 업무를 **관장**해 오고 있다.
뇌에서 언어를 **관장**하는 부분은 좌반구에 위치한다.

관장 館長 〔집 관, 긴/어른 장〕

도서관, 박물관, 전시관 따위와 같이 관(館)자가 붙은 기관의 최고 책임자(長)

관장님은 오늘 도서관을 개관하지 말라고 지시했다.
새로운 **관장**이 3월 1일자로 우리 미술관의 책임자로 부임하였다.

관장 灌腸 〔물댈 관, 창자 장〕

약물을 항문으로 넣어서 직장이나 대장(大腸)에 들어가게(灌) 하는 일

아기가 한참 동안 변을 보지 않아 **관장**이 필요하다.
병상에 누워 계신 아버지가 불편하신 거 같아 **관장**을 해 드렸다.

ㄱ
ㄴ
ㄷ
ㄹ
ㅁ
ㅂ
ㅅ
ㅇ
ㅈ
ㅊ
ㅋ
ㅌ
ㅍ
ㅎ

괴수 怪獸 〔기이할 괴, 짐승 수〕

괴상(怪狀)하게 생긴 짐승(獸)

머리는 사자 같고 몸은 뱀 같은 **괴수**가 나타났다.

요즘에는 **괴수**가 등장하는 영화들이 선풍적인 인기를 끌고 있다.

괴수 魁首 〔우두머리 괴, 머리 수〕

못된 짓을 하는 무리나 집단의 우두(魁)머리(首)

그는 힘이 세고 지략이 뛰어나 도적 무리의 **괴수**가 되었다.

교감 校監 〔학교 교, 볼 감〕

학교장을 보좌하여 교무(校務)를 감독(監督)하는 직책. 또는 그런 사람

그녀는 평교사 생활 12년 만에 **교감**으로 승진하였다.

사회 선생님이 결근하는 바람에 **교감** 선생님이 그 수업을 대신 맡았다.

교감 交感 〔사귈/서로 교, 느낄 감〕

서로(交) 접촉하여 따라 움직이는 느낌(感)

우리는 대화를 통해 정서적 **교감**을 나누었다.

시인은 자연과 **교감**하며 물아일체(物我一體)를 보여 주는 시를 많이 썼다.

교단 敎團 〔가르칠 교, 모일/단체 단〕

같은 교의(敎義)를 믿는 사람들끼리 모여서 만든 종교 단체(團體)

바야흐로 **교단**마다 대표를 뽑는 선거철이 다가왔다.

종교의 목적은 탈속적이지만 **교단**의 운영에는 역시 돈이 필요하다.

교단 教壇 〔가르칠 교, 제단 단〕

교실(敎室)에서 선생님이 강의할 때 올라서는 단(壇)

　수업이 끝나자 선생님께서 **교단**을 내려오셨다.
　교단을 떠난 지 오래건만 아직도 학생들 얼굴이 눈앞에 어른거린다.

교사 敎師 〔가르칠 교, 스승 사〕

일정한 자격을 가지고 학생을 가르치는(敎) 스승(師)

　친구는 **교사**의 길을 걷겠다며 교대에 지원했다.

교사 校舍 〔학교 교, 집 사〕

학교(學校)의 건물(舍)

　교사가 증축되고 두 개의 학급이 증설되었다.
　지난달 우리 학교의 신축 **교사**가 완공되었다.

교사 敎唆 〔가르칠 교, 부추길 사〕

나쁜 짓을 하도록 남에게 가르쳐 주거나(敎) 부추김(唆)

　그는 부하들에게 폭력을 **교사**한 혐의로 검거되었다.
　이번 살인 사건은 실제 범행을 **교사**한 주범은 밝혀내지 못했다.

교수 敎授 〔가르칠 교, 줄 수〕

학문을 가르쳐(敎) 줌(授). 대학에서 전문 학술을 가르치고 연구하는 사람

　교수 아래로 부교수, 조교수, 전임 강사가 있다.
　그 **교수**는 충실한 강의 능력으로 인기가 많다.

師(스승 사)와 士(선비 사) VS. 事(일 사)와 使(하여금/부릴 사)

'스승'은 '자기를 가르쳐서 인도하는 사람'입니다. 당연히 선생님인 교사(教師)는 '스승'의 뜻입니다. 그런데 의사(醫師)나 약사(藥師)도 '師(스승 사)'를 씁니다. 이는 전문 분야의 직업 이름으로 '전문가(專門家)'의 뜻이 있습니다. '師'는 '스승/전문가 사'로 이해하면 좋습니다. 그런데 변호사(辯護士)나 변리사(辨理士), 공인회계사(公認會計士), 석·박사(碩·博士)는 '士(선비 사)'를 씁니다. 이때는 특정한 자격이 있는 사람(士)의 뜻입니다.

물론 의사나 약사도 자격이 있어야 하지만 우리나라는 예로부터 '군사부일체(君師父一體)'라 하여 '임금과 스승과 아버지는 하나다.'라는 의식이 뇌리(腦裏)에 박혀 있어 '스승 사(師)'를 훨씬 더 선호하는 경향이 뚜렷합니다. 오죽하면 '네일 아티스트(nail artist)'를 '조미사(爪(손톱 조), 美(아름다울 미), 師(스승/전문가 사): 손톱(爪)을 아름답게(美) 가꾸어 주는 전문가(師))'라고 번역해서 쓰겠습니까? 그렇다고 '선비 사(士)'가 나쁜 쪽으로 쓰인다는 말은 전혀 아닙니다. 현대에는 직종이 다양하게 분화되고 있어서 '스승 사'냐 '선비 사'냐를 엄밀하게 구분하는 것은 거의 불가능합니다. 단지 관용적인 표현으로 이해하는 것이 좋습니다.

참고로 판사(判事)나 검사(檢事), 도지사(道知事)는 '재판(裁判)에 관련된 일(事), 또는 그런 일을 하는 사람' '검찰권(檢察權)을 행사하는 일(事)을 하는 사람' '도(道)의 일(事)을 맡아(知: 알/맡을 지) 하는 광역 자치 단체장'으로 분명하게 事(일 사)를 씁니다.

덧붙여 '나라를 대표하여 다른 나라에 파견되어 외교를 맡아보는 최고(大) 직급의 사신(使臣)'인 '대사(大使)'는 '使(하여금/부릴 사)'를 씁니다.

교수 絞首 〔목맬 교, 머리 수〕

사형수의 머리(首)를 매어(絞) 죽임. 교살(絞殺)

살인을 저지른 범인은 마침내 **교수**형에 처해졌다.

내일 있을 처형을 위해 **교수**대를 세우는 망치 소리가 요란하다.

교정 校庭 〔학교 교, 뜰 정〕

학교(學校)의 마당(庭)이나 운동장

수업 종료를 알리는 종이 세 번씩 **교정**에 울려 퍼졌다.

영희는 교실 창문에서 **교정**을 물끄러미 바라보며 생각에 잠겼다.

교정 校訂 〔학교/교정할 교, 바로잡을 정〕

남의 문장 또는 출판물의 잘못된 글자나 글귀 따위를 고쳐서(校) 바로잡음(訂)

박 주간은 책을 출간하기 전 다섯 차례에 걸쳐 꼼꼼하게 **교정**을 보았다.

교정 矯正 〔바로잡을 정, 바를 정〕

틀어지거나 삐뚤어진 것을 바르게(矯) 바로잡음(正). 좋지 않은 버릇이나 결점 따위를 바로잡아 고침

범죄인 갱생을 위한 **교정** 프로그램을 실시했다.

치아의 배열이나 교합이 좋지 않은 경우 **교정** 치료가 필요하다.

구도 求道 〔구할 구, 길 도〕

진리나 종교적인 깨달음의 경지(道)를 구함(求)

그는 평생 산속에서 속세와 연을 끊고 **구도**에 정진하였다.

구도 構圖 〔얽을 구, 그림 도〕

그림(圖)에서 모양, 색깔, 위치 따위의 짜임새(構)

구도를 잡으려면 가로와 세로의 비율을 잘 맞추어야 한다.

이 분야는 세 기업이 시장을 분할하는 구도를 유지하고 있다.

구상 構想 〔얽을 구, 생각 상〕

앞으로 이루려는 일에 대하여 그 일의 내용이나 규모, 실현 방법 따위를 어떻게 정할 것인지 얽어(構) 이리저리 생각함(想)

그 프로젝트는 구상 단계일 뿐 아직 구체화되지는 않았다.

구상 具象 〔갖출 구, 코끼리/모양 상〕

사물, 특히 예술 작품에서 직접 경험하거나 알 수 있도록 일정한 모양(象)을 갖춤(具)

출품작은 모두 구상 미술 계열의 작품으로 정확한 데생력이 돋보인다.

그의 작품들은 구상에서 추상으로 넘어가는 과정을 보여 준다.

구상 球狀 〔공 구, 모양 상〕

공(球)처럼 둥근 모양(狀)

비눗방울이나 액체 속의 기포가 구상인 것은 힘이 액면에 작용해서이다.

공처럼 둥근 모양의 세균을 구상균(--菌)이라고 한다.

구상 求償 〔구할 구, 갚을 상〕

채무 따위를 갚을(償) 것을 요구(要求)함

구상권이란 대신 채무를 변제해 준 자가 채무자에게 반환을 청구할 수 있는 권리를 말한다.

구속 拘束 〔잡을 구, 묶을 속〕

붙잡아(拘) 묶어(束) 둠

범인이 검찰에 **구속**되었다.

우리는 아무런 **구속**이 없는 자유로운 분위기에서 일하고 싶다.

구속 球速 〔공 구, 빠를 속〕

야구에서 투수가 던지는 공(球)의 속도(速度)

저 투수는 **구속**이 매우 빠르다.

구속이 빠르다고 해서 최고의 투수가 되는 건 아니다.

구속 救贖 〔구원할 구, 속바칠/죄면제받을 속〕

예수가 십자가에 못 박혀 인류의 죄를 대속(代贖)함으로써 인류를 구원(救援)함

기독교에서는 '우리는 예수님의 피로 **구속**받았다.'고 믿는다.

그 신학자는 예수님의 **구속** 사역(使役)은 완전한 것으로 인간의 노력은 전혀 필요없다고 주장하였다.

* 대속(代贖)은 '남의 죄를 대신(代身) 갚는다(贖)'는 뜻으로 '남의 죄나 고통을 대신하여 자기가 당하다'는 의미입니다. 기독교에서 '예수가 십자가에 흘린 피로 만민의 죄를 대신 씻어 구원한 일'을 말합니다.

구애 求愛 〔구할 구, 사랑 애〕

이성에게 사랑(愛)을 구함(求)

그녀는 뭇 남성의 **구애**를 뿌리쳤다.

구애의 행동은 동물들의 자연스러운 본능이다.

구애 拘碍 〔잡을 구, 막을 애〕

거리끼거나(拘) 얽매임(碍)

그는 생활에 아무런 **구애** 없이 지내고 있다.
작은 일에 **구애**되어 큰일을 그르치지 않도록 하십시오.

구인 求人 〔구할 구, 사람 인〕

일할 사람(人)을 구함(求)

신문에 일할 사람을 찾는 **구인** 광고를 냈다.
김 사장은 궁여지책으로 직업소개소에 **구인**을 의뢰했다.

구인 拘引 〔잡을 구, 끌 인〕

사람을 강제로 잡아서(拘) 끌고(引) 감

범인은 검찰에 **구인**되어 취조를 받고 있다.
그는 법원의 명령에 따라 **구인**되었다.

구조 構造 〔얽을/짤 구, 지을 조〕

부분이나 요소가 어떤 전체를 짜(構) 이룸(造)

길이가 짧고 **구조**가 단순한 문장은 이해하기가 쉽다.
현대인들은 사회의 견고한 **구조** 속에 갇혀 살고 있다.

구조 救助 〔구원할 구, 도울 조〕

어려운 처지에 빠진 사람을 구원(救援)하여 도와줌(助)

그는 신고를 받고 출동한 경찰에 **구조**되었다.

구축 構築 〔얽을 구, 쌓을 축〕

어떤 시설물을 얽어서(構) 쌓아(築) 만듦

수자원을 효율적으로 이용하기 위해서는 댐의 **구축**이 필수적이다.

두 나라에 우선 필요한 것은 자유로운 경제 교류 체제의 **구축**이다.

구축 驅逐 〔몰 구, 쫓을 축〕

어떤 세력 따위를 몰아서(驅) 쫓아냄(逐)

'악화(惡貨)가 양화(良貨)를 **구축**한다(Bad money drives out good money).'라는 그 레샴의 법칙은 나쁜 돈이 좋은 돈을 유통 영역에서 몰아낸다는 뜻으로 지금은 애초의 화폐론적 영역을 벗어나서 정치, 경제, 사회, 문화 등 온 갖 담론에 나오는 유명한 명제이다.

애초에 **구축함**(--艦)은 방어를 위해 만들어졌으나 이제는 공격의 기능도 갖춘 중요한 전력(戰力)이 되었다.

구호 口號 〔입 구, 부르짖을 호〕

입(口)으로 부르짖음(號). 대중 집회나 시위 등에서 어떤 요구나 주장 따위를 나타내는 짤막한 호소

시위대는 **구호**를 외치며 거리로 달려 나왔다.

우리의 요구 사항이 한갓 **구호**에 그쳐서는 안 된다.

구호 救護 〔구원할 구, 보호할 호〕

재해나 재난 따위로 어려움에 처한 사람을 도와(救) 보호(保護)함. 병자나 부 상자를 간호하거나 치료함

기아에 허덕이는 난민을 **구호**하기 위해 식량을 마련했다.

그는 그녀의 정성 어린 **구호** 덕택에 곧 건강을 회복하였다.

국장 局長〔판 국, 긴/어른 장〕

기관이나 조직에서 한 국(局)을 맡은 수장(首長)

> 보도국 기자들은 **국장**과의 면담을 요청했으나 끝내 무산되었다.
> 러시아에서는 350km를 걸어서 우편물을 배달한 우체**국장**이 화제이다.

국장 國葬〔나라 국, 장사지낼 장〕

나라(國)에 큰 공로가 있는 사람이 죽었을 때 국비로 지내는 장례(葬禮)

> 백범 김구 선생의 장례는 전 국민의 애도 속에 **국장**으로 엄숙하게 치러졌다.
> 장례식 현장을 취재한 기자의 느낌으로는 가족장(家族葬)도 **국장** 아닌 노동자장 같은 느낌이 강하게 들었다.

귀중 貴重〔귀할 귀, 무거울 중〕

매우 귀하고(貴) 소중(所重)함

> 깨끗한 자연은 너무나 **귀중**해서 다른 무엇과도 바꿀 수 없다.
> 일하는 데는 무엇보다도 인화(人和)가 **귀중**하다.

귀중 貴中〔귀할 귀, 가운데 중〕

편지나 물품 등을 보낼 때 받는 쪽의 기관이나 단체 이름 아래나 가운데(中) 쓰는 높임말(貴)

> 학술원 **귀중**
> 국사 편찬 위원회 **귀중**

* 편지를 비롯한 우편 등에서 귀하(貴下)는 상대방을 높여서 이름 다음에 붙여 사용하는 호칭이고, 귀중(貴中)은 단체나 기관(회사)을 높여 사용하는 말이다.

극단極端 〔다할 극, 바를/끝 단〕

맨(極) 끄트머리(端). 중용을 벗어나 한쪽으로 치우치는 일

절망의 **극단**에 이르러 비로소 그는 희망의 의미를 알게 되었다.

그는 **극단**의 상황에서도 평정심을 잃지 않았다.

극단劇團 〔연극 극, 모일 단〕

연극(演劇)의 상연을 목적으로 결성된 단체(團體)

새 **극단**의 창단으로 연극계가 활기를 띠었다.

유랑 **극단**은 전국을 방랑하면서 공연을 했다.

근간近間 〔가까울 근, 사이 간〕

가까운(近) 시일의 장래(間). 요사이, 요즈음

근간에 잘 지내고 있는지 궁금하다.

근간의 통계에 따르면 대한민국의 노인 빈곤율은 44% 정도이다.

근간根幹 〔뿌리 근, 줄기 간〕

뿌리(根)와 줄기(幹). 사물의 바탕이나 중심이 되는 부분

담합은 시장 경제의 **근간**을 무너뜨리는 반자본주의적 행위이다.

과학과 기술은 물질문명의 **근간**이며 부를 창출하는 원천이기도 하다.

근간近刊 〔가까울 근, 책펴낼 간〕

최근(最近)에 출판된 간행물(刊行物). 머지않아 곧 출간함

그 책 뒷면에는 **근간** 서적을 홍보하고 있다.

작가 지망생인 최 씨는 **근간** 서적들을 통해 소설계 동향을 파악한다.

금고 今古 〔이제 금, 옛 고〕

지금(今)과 옛날(古)을 아울러 이르는 말. 금석(今昔). 고금(古今)

유물을 통해 금고의 변화를 살펴볼 수 있다.

금고 金庫 〔쇠 금, 곳집 고〕

돈이나 귀중품 따위를 안전하게 보관하는 데 쓰이는 쇠(金)로 만든 상자(庫).
국가나 공공 단체의 현금 출납 기관

도둑들은 금고를 부수고 현금과 수표를 모두 털어 달아났다.

그는 건물을 매입하기 위해 새마을 금고에 5억 원의 대부를 신청하였다.

금고 禁錮 〔금할 금, 가둘 고〕

외부 출입을 금지(禁止)하고 교도소에 가두어(錮) 두기만 하는 형벌

현역 국회의원은 일반 형사 사건으로 금고 이상의 형이 확정되면 의원
직을 상실한다.

금수 禁輸 〔금할 금, 보낼 수〕

수입(輸入)이나 수출(輸出)을 못함

경제 제재 조치의 하나로 석유 자원의 금수 조치가 내려졌다.

우리 정부는 광우병 위험 지역에서 생산된 쇠고기를 금수하고 있다.

금수 錦繡 〔비단 금, 수놓을 수〕

비단(錦)에 수놓은(繡) 듯. 수놓은 비단

자연의 경관에 관한 한 우리나라는 언제나 금수강산이었다.

* 금수강산(--江山): 비단에 수를 놓은 것처럼 아름다운 산천이라는 뜻으로, 우리나라의
산천을 비유적으로 이르는 말. 삼천리금수강산

금수 禽獸 〔날짐승 금, 길짐승 수〕

날짐승(禽)과 길짐승(獸)

남의 은혜를 저버리는 사람은 **금수**만도 못하다.

사람이 **금수**와 다른 점은 윤리를 안다는 것이다.

금주 今週 〔이제 금, 주일 주〕

이번(今) 주일(週日)

아무리 늦어도 **금주** 안에는 작업이 완료되어야 합니다.

금주 禁酒 〔금할 금, 술 주〕

술(酒)을 못 마시게 함(禁). 술을 끊음

그는 간이 나빠져 **금주**를 결심했다.

금주보다 금연(禁煙)이 더 어려운 법이다.

급수 級數 〔등급 급, 셈 수〕

등급(等級)에 따라 매긴 수(數)

그는 나보다 바둑 **급수**가 낮다.

민호는 이번 중국어 시험에서 저번보다 더 높은 **급수**를 땄다.

급수 給水 〔줄 급, 물 수〕

물(水)을 공급(供給)함

높은 지대일수록 **급수** 사정이 나쁘다.

오랜 가뭄으로 남부 지방 일대에는 **급수** 제한 조치가 내려졌다.

기간 期間 〔기약할/기간 기, 사이 간〕

어느 일정한 시기(時期)에서 다른 시기까지의 사이(間)

그는 시험 **기간**에는 거의 잠을 자지 않는다.

기간 基幹 〔터 기, 줄기 간〕

바탕(基)이 되고 줄기(幹)가 되는 것. 어떤 조직이나 체계를 이룬 것 가운데 중심이 되는 것

국가 **기간** 산업에 대한 정부의 특별융자가 시행되었다.

기관 器官 〔그릇 기, 벼슬 관〕

그릇(器)같이 일정한 기능을 하는 감관(感官). 일정한 모양과 생리 기능을 가지고 있는 생물체의 부분

우리 몸에는 다섯 가지 감각 **기관**이 존재한다.

기관 機關 〔기계/틀 기, 빗장 관〕

기계(機械) 장치(關). 사회생활의 영역에서 일정한 역할과 목적을 위하여 설치한 기구나 조직

비행기가 **기관** 고장을 일으켜 추락했다는 소식이 들려왔다.

여론 조사 **기관**에서는 서울 지역의 학부모를 대상으로 전화를 돌렸다.

기관지 機關紙/誌 〔기계/틀 기, 빗장 관, 종이/기록할 지〕

기관(機關)에서 펴내는 신문(紙)이나 잡지(雜誌)

그 신문은 마치 정부 **기관지**처럼 항상 정부의 편만 든다

쓰임이 다양한 機(기)

機(기)는 木(나무 목)과 幾(몇 기)가 합쳐진 글자로 대표 훈음이 '기계/베틀 기'이
지만 쓰임이 워낙 다양해서 꼭 알고 있어야 할 글자입니다.

'기계 기'로 쓰일 때

　기밀(機密)[빽빽할/숨길 밀]: 중요 기관(機關)의 비밀(秘密)

　기무(機務)[힘쓸/일 무]: 기밀(機密)한 정무(政務). 밖으로 드러나지 않게 비밀을 지
　　　　　　　　　　켜야 할 중요한 일

'기틀 기'로 쓰일 때

　동기(動機)[움직일 동]: 움직임(動)의 기틀(機)

　유기(有機)[있을 유]: 생명을 가지며 생활 기능이나 생활력의 기틀(機)을 가지고
　　　　　　　　　있는(有) 일

'때 기'로 쓰일 때

　위기(危機)[위태할 위]: 위험(危險)한 때(機)나 고비

'기회 기'로 쓰일 때

　기회(機會)[모일 회]: 어떤 계기(契機)가 모여(會) 무슨 일을 하기에 알맞은 때

　계기(契機)[맺을 계]: 어떤 일이 일어나는(契) 근거나 기회(機會)

　대기(待機)[기다릴 대]: 때나 기회(機會)를 기다림(待)

　투기(投機)[던질 투]: 기회(機會)를 틈타 큰 이익을 얻고자 투자(投資)하는 일

　시기(時機)[때 시]: 어떤 일을 하는 데 가장 알맞은 때(時)나 기회(機會)

　전기(轉機)[구를 전]: 전환점(轉換點)이 되는 기회(機會)나 시기

'기민할 기'로 쓰일 때

　기민(機敏)[재빠를 민]: 기지(機智) 있고 동작이 재빠름(敏)

　기지(機智)[지혜/슬기 지]: 상황에 따라 기민(機敏)하게 움직이는 슬기(智)

　기선(機先)[먼저 선]: 기민(機敏)하게 먼저(先) 날쌔게 나서서 차지함

이처럼 機(기)는 '기계/기틀/때/기회/기민할 기' 정도 알아 두는 것이 좋습니다.

기관지 氣管支 〔기운 기, 대롱 관, 지탱할/갈릴 지〕

대롱(管) 모양에서 두 갈래로 갈라져(支) 허파에 이르는 기도(氣道)의 한 부분

나는 **기관지**가 약해서 감기만 걸리면 기침이 심했다.

기관지로 액체 따위가 흡입되면 기침을 하게 된다.

기도 祈禱 〔빌 기, 빌 도〕

인간보다 능력이 뛰어나다고 생각하는 어떠한 절대적 존재에게 빎(祈=禱)

기도의 대상은 종교마다 다르다.

기도 企圖 〔꾀할 기, 그림/꾀할 도〕

어떤 일을 꾀하여(企) 도모(圖謀)함

항공기 납치 **기도**가 미수에 그쳤다.

그녀의 자살 **기도**는 무위로 돌아갔다.

기도 氣道 〔기운 기, 길 도〕

호흡할 때 공기(空氣)가 지나가는 길(道)

연기로 **기도**가 막혀서 숨을 쉴 수가 없다.

뜨거운 공기가 **기도**의 중간에서 딱 멈추는 기분이었다.

기민 機敏 〔기계/기민할 기, 재빠를 민〕

기지(機智) 있고 동작이 재빠름(敏)

이 젊은 전사는 **기민**하고 매우 용감했다.

그는 우둔한 외모와는 달리 놀랄 만큼 **기민**했고 상황 판단도 정확했다.

기민 饑/飢民〔주릴 기, 백성 민〕

굶주린(饑/飢) 백성(民)

전쟁이 끝나자 수천의 *기민*이 모여들었다.
김 부자는 자기의 전 재산을 털어 *기민*을 먹여 살리는 데 썼다.

기사 技士〔재주 기, 선비 사〕

어떤 분야에 기술(技術)이 뛰어난 사람(士)

항공 산업 *기사*의 전망은 밝은 편이다.
이 학과 학생들은 재학 중에 건설 안전 산업 *기사* 자격증에 도전한다.

기사 騎士〔말탈 기, 선비/병사 사〕

말을 탄(騎) 무사(武士). 중세 유럽의 무인

백마 탄 *기사*를 꿈꾸는 일은 이제 그만두렴.
오토바이를 타고 들판을 달리니 마치 옛날의 *기사*라도 된 기분이었다.

기사 棋士〔바둑 기, 선비 사〕

바둑(棋)이나 장기를 잘 두는 사람(士)

그녀는 여자 프로 바둑 *기사*이다.
오늘은 프로 *기사*인 김세돌 9단의 지도 대국이 있을 예정이다.

기사 記事〔기록할 기, 일 사〕

사실(事實)을 기록(記錄)함. 신문이나 잡지 등에 어떤 사실을 실어 알리는 글.
또는 기록된 사실

오늘 신문에 시위 현장을 취재한 *기사*가 났다.

기상 氣象 〔기운 기, 코끼리/모양 상〕

비·눈·바람·구름·기온·기압 등 대기(大氣) 중에서 일어나는 물리적인 현상(現象)

지구 온난화로 인한 **기상** 재해가 매년 늘어나고 있다.

기상 상태가 나빠서 출발 예정인 비행기가 모두 결항되었다.

기상 氣像 〔기운 기, 형상 상〕

기개(氣槪)나 마음씨가 드러난 형상(形像)

우리 국군의 늠름한 **기상**을 보니 마음이 흐뭇합니다.

기상 起床 〔일어날 기, 평상 상〕

잠자리(床)에서 일어남(起)

하루일과는 새벽 6시 **기상**으로 시작된다

기상하는 시간이 일정하지 않은 것은 건강에 좋지 않습니다. .

기상 幾上 〔기계 기, 위 상〕

비행기(飛行機) 위(上). 또는 비행기 안

기상에서 내려다본 서울은 뿌연 안개에 잠겨 있었다.

지속되는 **기상** 생활이 승무원의 건강을 위협한다.

기수 旗手 〔깃발 기, 손/능한사람 수〕

군대나 단체 따위의 행렬 또는 행진 시 앞에서 깃발(旗)을 드는 사람(手). '어떤 단체 활동의 대표로서 앞장서는 사람'을 비유하여 이르는 말

우리 선수단이 **기수**를 앞세우고 입장하였다.

그는 우리나라 영화계를 이끌고 갈 차세대 **기수**로 주목받고 있다.

기수 騎手 〔말탈 기, 손/능한사람 수〕

말을 타는(騎) 사람(手)

> 말과 **기수**는 완전히 혼연일체(渾然一體)가 되어 달렸다.
> 그 **기수**는 낙마 사고로 다리를 다쳤다.

기수 機首 〔기계 기, 머리 수〕

항공기(航空機)의 앞머리(首)

> 남쪽으로 올라오던 비행기가 갑자기 **기수**를 동쪽으로 돌렸다.
> 그는 항공기의 **기수** 방향, 고도, 속도 등을 조절하며 착륙을 시도하였다.

기술 技術 〔재주 기, 재주 술〕

사물을 잘 다룰 수 있는 재주(技=術)나 방법

> **기술**이 좋은 정비사는 차를 금세 고쳤다.
> 오늘날에는 통신 **기술**의 발달로 전 세계가 이어져 있다.

기술 記述 〔기록할 기, 지을 술〕

기록(記錄)하거나 문장을 지음(述)

> 이 역사책은 사료에 대한 철저한 해석과 객관적인 **기술**로 유명하다.
> 그는 역사책에 민족의 영웅이라고 **기술**되어 있다.

기우 寄寓 〔부칠/맡길 기, 붙어살 우〕

남의 집에서 몸을 맡겨(寄) 묵음(寓)

> 아직 서울 친구 집에 **기우**하고 있을 때의 일이다.

기우 杞憂 〔나라이름 기, 근심 우〕

옛날 중국 기(杞)나라에 살던 어떤 사람의 근심(憂)으로 만일 하늘이 무너지고 땅이 꺼지면 어쩌나 걱정하다가 큰 병이 들었다는 데서 유래한 말. 앞일에 대해 쓸데없는 걱정을 함. 또는 그 걱정

　여행을 떠날 때 비가 오면 어쩌나 하고 걱정했는데 괜한 기우였네.

　혹시 일이 잘못되지나 않을까 하는 걱정은 기우였다.

기우 祈雨 〔빌 기, 비 우〕

가물 때에 비(雨)가 오기를 빎(祈)

　기우제(--祭)를 지냈지만 가뭄은 계속되었다.

기원 紀元 〔벼리/실마리 기, 으뜸 원〕

새로운 출발이 되는 실마리(紀)의 으뜸(元). 연대(年代)를 계산하는 데 기준이 되는 해

　기원후 2세기 무렵 고구려는 고대 국가 체제가 확립되었다.

기원 起源 〔일어날 기, 근원 원〕

사물이 생기기 시작한(起) 근원(根源)

　인류는 아프리카에서 기원한다고 한다.

　민주 정치의 기원은 고대 그리스에서 출발한다.

기원 祈願 〔빌 기, 바랄 원〕

소원(所願)이 이루어지기를 빎(祈)

　우리의 기원대로만 된다면 얼마나 좋겠니?

　새해에도 더욱더 건강하시기를 기원합니다.

기원 棋院 〔바둑 기, 집 원〕

바둑(棋)을 즐기는 사람에게 시설과 장소를 빌려주고 돈을 받는 곳(院)

*기원*에 가서 바둑이나 두자.
한국의 프로 바둑 기사들이 모두 모여 한국 *기원*을 조직했다.

기적 汽笛 〔물끓는김 기, 피리 적〕

기차나 배 따위에서 증기(蒸氣)를 내뿜는 힘으로 경적(警笛) 소리를 내는 장치. 또는 그 소리

역 구내 쪽에서 기관차의 긴 *기적* 소리가 두 번 울렸다.
어린 시절 고향 포구에서 듣던 갈매기 울음소리와 *기적* 소리가 그립다.

기적 奇蹟 〔기이할 기, 자취 적〕

상식으로는 생각할 수 없는 기이(奇異)한 일(蹟). 신(神)에 의하여 행해졌다고 믿어지는 불가사의한 현상

*기적*이 일어나지 않는 한 전력상으로는 우리가 이기기 힘들다.
천 길 낭떠러지에서 굴러떨어지고도 부러진 데 하나 없는 것은 엄청난 *기적*이었다.

기지 基地 〔터 기, 땅 지〕

군대나 탐험대 활동의 기점(基點)이 되는 근거지(根據地)

그들의 공격 목표는 미사일 *기지*였다.
독립 운동가들은 간도 등지에 독립의 기틀을 다질 *기지*를 마련했다.

기지 機智 〔기계/기민할 기, 지혜/슬기 지〕

상황에 따라 기민(機敏)하게 움직이는 슬기(智)

버스 운전기사는 위급 상황에 **기지**를 발휘해서 사고를 모면했다.

사람이 위급한 상황에 처하게 되면 평소에는 생각하기 어려운 **기지**와 용기가 생기기 마련이다.

기호 記號 〔기록할 기, 부호 호〕

어떠한 뜻을 기록(紀錄)하기 위하여 쓰이는 부호(符號), 문자, 표지 따위를 통틀어 이르는 말

기호를 사용하여 도표화하다.

컴퓨터에는 알아보기 쉽게 만든 많은 **기호**가 사용된다.

기호 嗜好 〔즐길 기, 좋을 호〕

어떤 사물을 즐기고(嗜) 좋아함(好)

사람들은 각자의 **기호**에 따라 물건을 선택한다.

그 회사는 대중의 **기호**에 맞추어 상품을 개발하였다.

기호 畿湖 〔경기 기, 호수 호〕

경기도(京畿道)와 충청도의 호서(湖西) 지방을 아울러 이르는 말

조선 때 **기호** 지역 선비들이 이룬 성리학(性理學)의 학파를 '**기호**학파'라고 부른다.

기호학파는 조선 시대 선조 이후에 이이(李珥)를 시조(始祖)로 하여 이루어진 학파로 현실 정치에 많은 관심을 가졌다.

낙관 樂觀 〔즐거울 락, 볼 관〕

인생이나 사물을 밝고 희망적인(樂) 것으로 봄(觀) ↔ 비관(悲觀)

*회담 결과에 대해 **낙관**한다.*

*한국의 통일 문제에 대해서 지나친 **낙관**은 금물이다.*

낙관 落款 〔떨어질 락, 항목 관〕

글씨나 그림을 다 완성한 뒤에 연월일, 장소, 이름 따위를 적어 넣음. 붓으로 쓰는 것을 '락(落)'이라 하고 이름을 '관(款)'이라 함

*이 그림은 **낙관**이 없어서 누구의 것인지 알 수가 없다.*

내사 來社 〔올 래, 모일/회사 사〕

어떤 회사(會社)에 찾아옴(來)

*직접 **내사**하시면 견본품도 드리고 더욱 자세한 설명도 해 드립니다.*

내사 內査 〔안 내, 조사할 사〕

조직체 내(內)에서 자체적으로 하는 조사(調査). 겉으로 드러나지 아니하게 몰래 조사함

*정보기관의 **내사**를 받고 있다.*

*자체적으로 **내사**한 결과 그 소문은 근거가 없음이 판명되었다.*

노정 路程 〔길 로, 길/일정 정〕

여행의 경로(經路)와 일정(日程)

그는 험난한 노정이 담긴 방대한 여행 기록을 남겼다.

지금부터의 노정은 이전보다 훨씬 힘들 것이오.

노정 露呈 〔이슬/드러낼 로, 드릴/보일 정〕

겉으로 다 드러내어(露) 보여줌(呈)

이와 같은 분류에는 갖가지 한계가 노정되어 있다.

그의 주장은 여러 가지 논리적 모순을 노정하고 있다.

노후 老後 〔늙을 로, 뒤 후〕

늙은(老) 뒤(後)

노후 생활을 위해 연금에 가입했다.

아버지는 노후에 고향에서 여생을 즐기고 싶다고 하셨다.

노후 老朽 〔늙을 로, 썩을 후〕

오래되거나(老) 낡아서(朽) 쓸모가 없음. 노폐(老廢)

시설이 노후되어 시급히 교체해야 한다.

항만 시설의 노후로 하루에 처리될 수 있는 화물의 양은 매우 적다.

녹음 錄音 〔기록할 록, 소리 음〕

소리(音)를 재생할 수 있도록 기계로 기록(記錄)하는 일

녹음이 잘 되어 소리가 선명하게 들렸다.

녹음 綠陰 〔푸를 록, 그늘 음〕

푸른(綠) 잎이 우거진 나무의 그늘(陰)

교무실 창밖으로 녹음이 우거져 실내가 조금은 어두웠다.
온갖 새가 유월의 녹음 속에서 재잘거렸다.

녹화 錄畵 〔기록할 록, 그림 화〕

재생을 목적으로 카메라로 찍은 화상(畵像)을 필름 따위에 기록(記錄)함

비디오카메라로 친구 결혼식이 생생하게 녹화되었다.
그날의 경기는 오늘 저녁 9시에 녹화 중계된다.

녹화 綠化 〔푸를 록, 될 화〕

나무를 심어 산이나 들을 푸르게(綠) 함(化)

정부에서는 적극적인 산림녹화 정책을 펴기로 했다.
우리 회사는 수익금의 일부를 산림의 녹화와 보호를 위해 사용합니다.

농담 弄談 〔희롱할 롱, 말씀 담〕

희롱(戱弄)하는 말. 실없이 하는 우스갯소리 ↔ 진담(眞談)

지금은 우리가 이렇게 농담이나 하고 있을 때가 아니다.

농담 濃淡 〔짙을 농, 묽을 담〕

빛깔이나 맛 따위의 짙고(濃) 엷은(淡) 정도

하늘빛의 농담은 오른쪽과 왼쪽이 뚜렷이 달랐다.
그녀는 색의 농담을 적절하게 조절하여 입체감 있는 그림을 그렸다.

다과 多寡 〔많을 다, 적을 과〕

수량이 많고(多) 적음(寡)

전투의 승패는 병력의 **다과**만으로 좌우되는 게 아니야!

재산의 **다과**나 지위의 고하를 가지고 인간의 품격을 따질 수 없다.

다과 茶菓 〔차 다, 과자 과〕

'차(茶)'와 '과자(菓子)'

손님이 오셨으니 우선 간단한 **다과**라도 내오너라.

회의장 뒤쪽에 간단한 **다과**가 준비되어 있습니다.

단상 壇上 〔제단 단, 위 상〕

연단(演壇)이나 교단(敎壇)의 위(上) ↔ 단하(壇下)

이제까지 묵묵히 서 있던 교장이 **단상**으로 올라갔다.

단상에 오른 연사는 연설문을 꺼내어 읽기 시작했다.

단상 斷想 〔끊을 단, 생각 상〕

때에 따라 떠오르는 단편(斷片)적인 생각. 또는 그것을 적은 글

그는 가끔씩 적은 **단상**들을 모아 책으로 냈다.

저의 글은 그때그때 스쳐 가는 생각을 적어 놓은 **단상**에 불과합니다.

단서 但書 〔다만 단, 글 서〕

본문 다음에 덧붙여, 본문의 내용에 대한 조건이나 예외 등을 밝혀 적은 글(書). 대개 '단(但)' 또는 '다만'이라는 말을 먼저 씀

그는 약속하면서 '꼭'이라는 **단서**를 붙였다.

우리 극단은 임시라는 **단서**가 붙긴 했지만 공연 허가를 받았다.

단서 端緒 〔바를/끝 단, 실마리 서〕

끄트머리(端)나 실마리(緒)로 어떤 사건이나 문제를 푸는 일의 첫 부분

경찰은 사건의 **단서**를 찾으려고 현장을 샅샅이 조사했다.

단식 單式 〔홑 단, 법 식〕

단순(單純)한 형식(形式)이나 방식(方式) ↔ 복식(複式)

그녀는 테니스 여자 **단식**에서 우승하였다.

이번 대회에 처음 출전했지만 남자 **단식** 4강에 오르는 기염을 토했다.

단식 斷食 〔끊을 단, 먹을 식〕

식사(食事)를 끊음(斷). 일정 기간 음식물을 먹지 않음

건강하게 다이어트를 하려면 **단식**보다는 소식(小食)을 하는 것이 좋다.

단신 單身 〔홑 단, 몸 신〕

혼자(單)의 몸(身). 홀몸

비로소 나는 **단신**으로 적진 깊숙이 와 있다는 걸 깨달았다.

아버지는 6·25 때 **단신**으로 월남했기에 나에게는 가까운 친척이 없다.

단신 短身 〔짧을 단, 몸 신〕

작은(短) 키의 몸(身) ↔ 장신(長身)

그는 **단신**이지만 장신 선수들을 제치고 올해의 최우수 선수로 뽑혔다.

168cm의 **단신** 선수가 도전장을 던져 팬들의 이목을 집중시켰다.

단신 短信 〔짧을 단, 믿을/편지 신〕

짤막한(短) 서신(書信)이나 짤막하게 전하는 뉴스

지금부터 스포츠 **단신**을 전하겠습니다.

단정 端整 〔바를 단, 가지런할 정〕

단아(端雅)하고 가지런함(整). 깨끗이 정돈(整頓)이 잘 되어 있는 모양

교실이 **단정**하게 정돈되어 있다.

그 의사는 흰 가운을 **단정**하게 입고 있었다.

단정 斷定 〔끊을 단, 정할 정〕

자르듯이(斷) 분명한 태도로 결정(決定)함

재판이 끝나기 전까지는 누구도 그가 유죄라고 **단정** 지을 수 없다.

단지 團地 〔둥글/모일 단, 땅 지〕

주택이나 공장 등 같은 종류의 건물이나 시설들을 집단(集團)적으로 조성한 일정 지역(地域)

단지 내에 상가가 잘되어 있어서 멀리 시장까지 갈 필요가 없다.

정부는 간척지에 첨단 과학 **단지**를 조성한다는 계획을 발표하였다.

단지 但只 〔다만 단, 다만 지〕

다만(但=只)

> 우리는 **단지** 집이 가깝다는 이유 하나만으로 친구가 되었다.
> 난 **단지** 농담을 했을 뿐인데 그녀가 크게 화를 내었다.

단편 斷片 〔끊을 단, 조각 편〕

여럿으로 쪼개져 끊어진(斷) 조각(片)으로 전체 가운데 한 부분

> 유적지에서 도자기의 **단편**이 발굴되었다.
> 지식의 **단편**만을 전달하는 교육은 쓸모없는 것이다.

단편 短篇 〔짧을 단, 책 편〕

짧은(短) 편폭(篇幅)의 글. 단편소설(短篇小說)의 준말

> 그는 그동안 썼던 **단편** 소설을 책으로 묶어 내기로 했다.

답사 答辭 〔대답 답, 말씀 사〕

회답(回答)하여 하는 말(辭)

> 재학생 대표의 송사에 이어 졸업생 대표의 **답사**가 있겠습니다.
> 축의금 전달에 이어 그는 **답사**를 했고 우리는 만세 삼창까지 해줬다.

답사 踏査 〔밟을 답, 조사할 사〕

실지로 현장에 가서(踏) 보고 조사(調査)함

> 어제 그들은 현장 **답사**를 다녀왔다.
> 우리는 작업에 착수하기 전에 **답사**를 통해 현지의 실태를 조사했다.

답지 答紙 〔대답할 답, 종이 지〕

답(答)을 쓴 종이(紙). 답안지(答案紙)

영희는 제일 먼저 **답지**를 제출하고 가벼이 시험장을 빠져나왔다.

답지 遝至 〔모일 답, 이를 지〕

한군데로 모여(遝) 다다름(至)

수재민 돕기 행사에 각계의 성금이 **답지**하고 있다.

이재민들은 산더미같이 **답지**한 위문품들을 보며 따뜻한 동포애를 느꼈다.

당도 當到 〔마땅할/이 당, 이를 도〕

이(當)곳에 다다름(到)

우리는 오후가 되어서야 목적지에 **당도**했다.

명절이라 그런지 그들은 8시간 만에야 고향에 **당도**할 수 있었다.

당도 糖度 〔엿 당, 법도/정도 도〕

음식물에 들어 있는 단(糖)맛의 정도(程度)

이 사과는 **당도**가 높고 과즙이 많다.

과일 통조림 제품에는 **당도** 등을 표기하게 되어 있다.

대가 大家 〔큰 대, 집/사람 가〕

학문, 기술 등이 뛰어나 크게(大) 권위를 이룬 사람(家)

이번 사진전은 세계적인 **대가**의 작품들을 전시한다.

그 당시의 천문, 지리, 역학, 의술의 **대가**들이 한자리에 다 모인 것이다.

대가 代價〔대신할 대, 값 가〕

물건을 대신(代身)하는 값(價)으로 치르는 돈. 어떤 일을 함으로써 생기는 희생이나 손해, 또는 그것으로 하여 얻어진 결과

노동의 **대가**로 임금을 받다.

이상을 실현하기 위해서는 그만큼의 **대가**를 치러야 하는 법이다.

대기 大氣〔큰 대, 기운 기〕

지구 둘레를 크게(大) 싸고 있는 기체(氣體)

나무는 **대기** 중에 있는 오염 물질을 흡수해 공기를 깨끗하게 한다.

이른 봄 서울의 **대기**는 황사 때문에 색깔이 누렇다.

대기 待機〔기다릴 대, 기계/기회 기〕

때나 기회(機會)를 기다림(待)

현재 전 대대 병력이 출동 **대기** 중에 있다.

그 항공사는 탑승객의 공항 **대기** 시간을 줄이기 위해 노력한다.

대기 大器〔큰 대, 그릇 기〕

큰(大) 그릇(器). 큰일을 할 만한 뛰어난 인재

이 소년은 미완의 **대기**지만 가능성이 크다.

그녀는 오랜 기다림 끝에 **대기**만성형 스타로 우뚝 섰다.

* 대기만성(大器晚成)〔-, -, 늦을 만, 이룰 성〕: '크게 될 사람은 성공이 늦음'을 비유하여 이르는 말

대비 對比 〔대할 대, 견줄 비〕

서로 맞대어(對) 비교(比較)함

여러 문제집을 **대비**한 다음에 알맞은 것을 사자.

소비자 물가가 전년 **대비** 큰 폭으로 상승했다.

대비 對備 〔대할 대, 갖출 비〕

앞으로 있을 어떤 일에 대응(對應)하여 준비(準備)함. 또는 그런 준비

우리는 만일의 사태에 **대비**해야 한다.

태풍의 피해를 줄이기 위해서는 민관이 협력하는 **대비**가 필요하다.

대사 大事 〔큰 대, 일 사〕

큰(大) 일(事) ↔ 소사(小事)

혼인은 인륜대사(人倫--)라 소홀히 할 수 없는 일이다.

막내의 **대사**까지 치르고 나면 이 큰 집에 우리 내외만 남겠네요.

대사 大使 〔큰 대, 하여금/부릴 사〕

나라를 대표하여 다른 나라에 파견되어 외교를 맡아보는 최고(大) 직급의 사신(使臣)

대통령의 취임식에는 외교 사절과 각국의 **대사**가 참석하였다.

그는 지난 3년 동안 필리핀 마닐라에서 **대사**로 근무하였다.

대사 大師 〔큰 대, 스승 사〕

'고승(高僧)'을 스승(師)으로 높이어 일컫는 말

대사께서는 어느 절로 가시는지요?

서산 **대사**는 임금께 네 번 절하고 하직을 고했다.

대사 臺詞 〔대/무대 대, 말씀 사〕

배우가 무대(舞臺) 위에서 하는 말(詞)

무대에서 **대사**를 까먹은 배우처럼 동작이 어색했다.

이 영화의 초반부는 **대사**가 거의 없다.

대사 代謝 〔대신할 대, 쏠/물러날 사〕

새것이 들어오는 대신(代身)에 헌 것이 물러남(謝). 물질대사(物質代謝)의 준말

체내에 신진**대사**가 활발하게 이루어져야 건강한 몸이라 할 수 있다.

* 신진대사(新陳代謝)(새로울 신, 늘어놓을/묵을 진.-,-): 새(新)것이 생겨나고 오래 묵은(陳) 것이
  그 대신(代身)에 물러남(謝)

* 陳(①늘어놓을/②묵을 진) ①진술(陳述)(늘어놓을 진, 지을 술): 자세히 늘어놓아(陳) 말함(述) /
  진열대(陳列臺)(늘어놓을 진, 벌일 렬, 대 대): 물건을 늘어놓거나(陳) 벌여(列) 놓도록 만든 대
  (臺) ②진부(陳腐)(묵을 진, 썩을 부): 오래 묵어(陳) 낡은(腐) 것

대상 大賞 〔큰 대, 상줄 상〕

여러 가지 상 가운데 가장 큰(大) 상(賞)

그 가수는 가요제에서 영예의 **대상**을 수상했다.

부족한 저에게 이런 **대상**을 주셔서 몸 둘 바를 모르겠습니다.

대상 對象 〔대답할/대할 대, 코끼리/꼴 상〕

대면(對面)하고 있는 형상(形象). 행위의 상대(相對) 또는 목표가 되는 것

진실로 사랑하는 **대상**을 찾기는 쉽지 않다.

법무부는 살인강도 등 흉악범은 가석방 **대상**에서 제외했다고 밝혔다.

대상 大商 〔큰 대, 장사 상〕

사업 규모가 큰(大) 상인(商人). 장사를 크게 하는 사람

 그의 아버지는 시내에서 점포를 열 개나 갖고 있는 **대상**이다.

 한곳에 모인 **대상**들은 서로의 정보를 교환하였다.

대장 隊長 〔무리 대, 어른 장〕

한 부대(部隊)를 지휘하는 우두머리(長)

 탐험대 **대장**은 지친 대원들을 격려하며 앞장서서 나아갔다.

대장 大將 〔큰 대, 장수 장〕

① 국군의 계급 중 중장(中將)의 위(大), 원수(元帥)의 아래인 장군(將軍) ② 그 방면에 능하거나 즐기는 사람

 국방부 장관은 각 군의 **대장**급 장성을 긴급히 호출했다.

 인철이는 우리 학교에서 제일 빠른 달리기 **대장**이야.

대장 臺帳 〔대 대, 장부 장〕

근거나 밑받침(臺)이 되도록 어떤 사항을 기록한 장부(帳簿)

 책상 위에 출납 **대장**이 펼쳐져 있었다.

 사무실에 있던 문서 **대장** 목록을 포함해 상당량의 서류를 압수해 갔다.

대장 大腸 〔큰 대, 창자 장〕

큰(大) 창자(腸)

 아버지는 **대장** 내 조직 검사는 하고 싶지 않다고 하셨다.

 내일 **대장** 내시경 검사가 있어서 지금은 아무것도 못 먹어.

대치 代置〔대신할 대, 둘 치〕

다른 것으로 대신(代身)하여 놓아둠(置)

영상 매체의 발달로 읽는 문화에서 보는 문화로의 **대치**가 일어났다.

신체의 중요한 기능을 인공적인 장비로 **대치**할 정도로 발달했다.

대치 對峙〔대답할/대할 대, 우뚝솟을 치〕

서로 마주 대하여(對) 버팀(峙). 대립(對立)

방어벽을 사이에 두고 양 진영이 **대치**하고 있다.

서로 다른 임금 인상안을 놓고 노사는 사흘째 **대치**를 계속하고 있다.

도로 道路〔길 도, 길 로〕

사람이나 차 등이 잘 다닐 수 있도록 만들어 놓은 넓은 길(道=路)

교통사고로 시내로 통하는 **도로**가 막혔다.

도로 徒勞〔무리/헛될 도, 수고로울 로〕

헛된(徒) 노고(勞苦). 헛된 수고

우리의 노력이 **도로**에 그칠까 걱정이다.

그는 최선을 다했지만 **도로**에 그치고 말았다.

도장 道場〔길 도, 마당 장〕

무예(道)를 닦는 곳(場)

그의 **도장**에는 태권도를 배우려는 학생들로 항상 만원이다.

그는 체력 단련을 위해 검도 **도장**에 다닌다.

도장 塗裝 〔바를 도, 꾸밀 장〕

도료(塗料)를 칠하고 장식(裝飾)함

　하늘색 페인트로 벽을 **도장**했다.

　중금속에 노출될 위험이 있는 **도장** 작업은 기계가 수행한다.

도장 圖章 〔그림 도, 글/도장 장〕

그림(圖)이나 글(章)을 새겨 서류에 찍어 증거로 삼는 물건

　그는 **도장**과 통장을 가지고 은행으로 갔다.

　사장은 서랍에서 꺼낸 **도장**을 서류에 찍었다.

도착 到着 〔이를 도, 붙을/이를 착〕

목적한 곳에 이름(到=着)

　그 비행기는 **도착** 예정 시간에서 두 시간이나 지연되고 있다.

　경찰이 조금만 빨리 **도착**했더라면 도둑을 잡을 수 있었을 것이다.

도착 倒錯 〔넘어질 도, 섞일 착〕

넘어져(倒) 거꾸로 됨(錯)

　그는 **도착**되고 일그러진 심리 상태를 보여주고는 했다.

　그 영화는 성적(性的)인 **도착**을 미화시켜 사회적으로 물의를 일으켰다.

도청 道廳 〔길 도, 관청 청〕

도(道)의 행정을 맡아보는 지방 관청(官廳)

　시위대는 **도청**을 점령한 채 농성을 계속하였다.

도청 盜聽 〔훔칠 도, 들을 청〕

몰래 훔쳐(盜) 듣거나(聽) 녹음하는 일

그는 정보원들에게 주요 인사의 전화를 도청하라고 밀명했다.

독자 獨子 〔홀로 독, 아들 자〕

다른 자식이 없이 단 하나뿐인(獨) 아들(子). 외아들

그는 독자로 자라서 형제간의 우애가 무엇인지 잘 몰랐다.

아버지는 손이 귀한 집안의 5대 독자셨다.

독자 獨自 〔홀로 독, 스스로 자〕

자기(自己) 혼자(獨). 남에게 기대지 않고 스스로. 다른 것과는 구별되는 그 자체만의 특유함

국제 정치 무대에서 독자 노선을 걷기 시작했다.

우리나라도 비행기를 독자 생산할 능력을 갖고 있다.

독자 讀者 〔읽을 독, 놈/사람 자〕

책, 신문, 잡지 따위의 출판물을 읽는(讀) 사람(者)

독자와 작가가 만나는 모임이 열렸다.

독주 毒酒 〔독 독, 술 주〕

매우 독한(毒) 술(酒). 독약(毒藥)을 탄 술

빈속에 독주를 마셔 대니 몸이 견딜 수가 있나?

그는 독주를 마신 후 피를 토하며 쓰러졌다.

독주 獨走〔홀로 독, 달릴 주〕

혼자서(獨) 뜀(走)

마라톤은 처음부터 끝까지 외로운 **독주**를 계속해야 한다.

삼권 분립은 입법, 사법, 행정 어느 한 부분의 **독주**를 방지하는 장치다.

독주 獨奏〔홀로 독, 아뢸/연주할 주〕

한 사람(獨)이 악기를 연주(演奏)하는 것

그녀의 가야금 **독주**를 듣기 위해 사람들이 우르르 몰려들었다.

나는 그 가수의 기타 **독주**에 그만 넋을 잃고 말았다.

동기 冬期〔겨울 동, 기약할/기간 기〕

계절이 겨울(冬)인 때(期)

프로 야구 시즌이 끝나자 선수들은 외국으로 **동기** 훈련을 갔다.

우리나라는 하기(夏期) 방학보다 **동기** 방학이 더 긴 편이다.

동기 同氣〔한가지/같을 동, 기운 기〕

같은(同) 기운(氣運)을 타고난 사람들. 형제와 자매, 남매를 통틀어 이르는 말

그들 형제는 **동기**간에 우애 깊기로 온 동네에 소문이 나 있다.

아무리 동생이 나쁜 짓을 했어도 **동기**간인데 네가 모른 척해서야 되겠니?

동기 同期〔한가지/같을 동, 기약할/기간 기〕

① 같은(同) 시기(時期), 같은 기간 ② 학교나 훈련소 따위에서의 같은 기(期)

올 상반기 영업 실적은 전년 **동기** 대비 두 배 가까이 늘었다.

그 둘은 고등학교 **동기** 동창이다.

동기 動機 〔움직일 동, 기계/기틀 기〕

움직임(動)의 기틀(機)

그 사건은 처음에는 아주 단순한 **동기**에서 시작되었다.
성과나 업적에 따라 보상해 주면 **동기** 부여의 효과가 커진다.

동상 凍傷 〔얼 동, 다칠/상처 상〕

추위 때문에 살갗이 얼어서(凍) 조직이 상함(傷)

동상으로 이미 얼어 버린 발목은 더 이상 감각이 없었다.
그녀는 **동상**에 걸린 손에 입김을 불어 가며 계속 비비고 있었다.

동상 銅像 〔구리 동, 형상 상〕

구리(銅)로 만든 사람이나 동물의 형상(形像)

나는 **동상**처럼 우두커니 서 있었다.
성난 시위 군중들은 독재자의 **동상**을 쓰러뜨렸다.

동상 銅賞 〔구리 동, 상줄 상〕

상(賞)의 등급을 매길 때 금, 은, 동(銅) 중 3등상

금상도 은상도 아닌 **동상**이란 게 내심 섭섭하였다.

동시 同時 〔한가지/같을 동, 때 시〕

같은(同) 때(時). 어떤 사실을 겸함

두 사람이 얼굴을 보인 것은 거의 **동시**였다.
독서는 삶의 방편인 **동시**에 평생의 반려자이기도 하다.

동시 童詩 〔아이 동, 글/시 시〕

어린이(童)의 정서를 읊은 시(詩). 어린이가 지은 시

동시를 읽다 보니 어렸을 때가 자꾸 생각이 났다.

동요 童謠 〔아이 동, 노래 요〕

어린이(童)들의 생활 감정이나 심리를 표현한 정형시. 또는 거기에 곡을 붙여 부르는 노래(謠)

요즘 아이들은 동요보다 유행가를 더 많이 부른다.

동요 動搖 〔움직일 동, 흔들 요〕

움직이고(動) 흔들림(搖). 생각이나 처지가 확고하지 못하고 흔들림

격렬한 반대에 부딪치자 내 마음도 약간의 동요가 이는 듯했다.

상황이 시급하게 돌아가더라도 동요를 일으키지 말고 가만히 기다려라.

동의 同意 〔같을 동, 뜻 의〕

같은(同) 의미(意). 의견을 같이함. 다른 사람의 행위를 승인하거나 시인함

'속옷'과 '내의(內衣)'는 동의 관계이다.

기존 회원들의 동의가 있어야 새로운 회원을 받아들일 수 있다.

동의 動議 〔움직일 동, 의논 의〕

회의 중에 토의(討議)할 안건을 제기함(動). 또는 그 안건

긴급동의(緊急--)가 있습니다.

그의 동의에 동의(同意)합니다!

동정 動靜 〔움직일 동, 고요할 정〕

움직임(動)과 고요함(靜). 사람이 일상적으로 하는 일체의 행위. 일이나 현상이 벌어지고 있는 낌새

> 대통령 비서관은 각 정부 부처의 동정을 살폈다.
> 약소국은 강대국의 동정에 민감하다.

동정 同情 〔같을 동, 뜻 정〕

다른 사람의 슬픔을 이해하고 그 사람과 같은(同) 마음(情)을 가짐. 남의 어려운 처지를 자기 일처럼 딱하고 가엽게 여겨 온정을 베풂

> 그 소년의 이야기는 많은 사람들의 동정을 자아냈다.

동정 童貞 〔아이 동, 곧을 정〕

아이(童)같이 순결한 정절(貞節). 이성(異性)과 아직 성적인 접촉이 없이 지키고 있는 순결. 또는 그런 사람

> 나는 어떻게 해서든지 동정을 지키고 싶었다.
> 결혼 전 동정을 지켜야 한다는 의식도 점점 사라지고 있다.

동지 同志 〔같을 동, 뜻 지〕

목적이나 뜻(志)이 서로 같음(同). 또는 그런 사람

> 오늘의 적이 내일은 동지가 될 수 있다.

동지 冬至 〔겨울 동, 이를 지〕

겨울(冬)이 한창 이른(至) 때. 24절기의 하나로 12월 22일경

> 동지섣달 지나가고 한 해가 다 가는구나.
> 동지에는 역귀를 쫓는다고 하여 팥죽을 먹는다.

동향 同鄉 〔같을 동, 시골 향〕

같은(同) 고향(故鄉)

　그 선배와는 **동향**이었다.
　객지에서 **동향** 사람을 만나니 그렇게 반가울 수가 없었다.

동향 動向 〔움직일 동, 향할 향〕

움직이는(動) 방향(方向). 일의 형세 따위가 바뀌는 방향

　이것은 유럽의 자동차 시장 **동향**을 분석한 자료이다.
　최 비서관은 대통령에게 최근 여론의 **동향**을 보고했다.

동향 東向 〔동녘 동, 향할 향〕

동(東)쪽으로 향(向)함. 또는 그 방향

　대문을 **동향**으로 내지 말고 남향으로 하시오.
　창문이 **동향**이라 방 안에 아침 해가 가득 비치어 눈이 부셨다.

동화 同化 〔같을 동, 될 화〕

다르던 것이 서로 같게(同) 됨(化)

　내 생활은 차츰 그곳 나름의 풍속에 **동화**되어 가기 시작했다.
　그는 이 시대의 국제화는 **동화**가 아니라 특화(特化)라고 주장하였다.

동화 童話 〔아이 동, 말씀 화〕

어린이를 위해 동심(童心)을 바탕으로 지은 이야기(話)

　엄마가 아이에게 **동화**를 읽어 주었다.
　백설 공주는 **동화** 속에 나오는 여주인공이다.

매도 賣渡 〔팔 매, 건널/건넬 도〕

팔아(賣)넘김(渡). 매각(賣却)

회사는 사용하지 않는 부지를 적당한 가격에 **매도**하려고 한다.

증권 시세는 매수 세력과 **매도** 세력 간의 탐색 심리로 보합세를 보였다.

매도 罵倒 〔욕할 매, 넘어질 도〕

욕하여(罵) 쓰러뜨림(倒)

사람들은 그를 기회주의자라고 **매도**한다.

과거의 사람들은 감성을 무조건 비이성적인 것으로 **매도**하곤 했다.

매장 賣場 〔팔 매, 마당 장〕

물건을 파는(賣) 곳(場). 판매소(販賣所)

우리 회사는 내년 상반기까지 20개의 **매장**을 열 계획이다.

매장 埋葬 〔묻을 매, 장사지낼 장〕

시체나 유골을 땅에 묻어(埋) 장사 지냄(葬). 못된 짓을 한 사람을 집단에 들어오지 못하도록 따돌림

봉분을 돌보지 못한다면 **매장**보다 화장(火葬)이 낫다.

그렇게 비열한 인간은 사회에서 **매장**시켜야 한다.

매장 埋藏 〔묻을 매, 감출 장〕

광물 따위가 묻혀(埋) 감춰져(藏) 있음

이곳에는 많은 양의 원유와 천연가스가 **매장**되어 있다.

범인들은 밀수해 온 금궤를 해안가에 **매장**해 놓은 것으로 알려져 있다.

매진 邁進 〔힘쓸 매, 나아갈 진〕

힘차게(邁) 나아감(進)

선생님은 오로지 후학들을 가르치는 일에만 **매진**해 왔습니다.

매진 賣盡 〔팔 매, 다할 진〕

하나도 남김없이 모두 다(盡) 팖(賣)

표는 벌써 **매진**되고 암표만 나돌았다.

좌석이 **매진**되고 남은 자리는 입석밖에 없었다.

맹아 萌芽 〔싹 맹, 싹 아〕

새로 튼 싹(萌=芽). '새로운 일의 시초 또는 그러한 조짐'을 비유하여 이르는 말

권위주의적 정부 아래에서도 민주주의의 **맹아**가 싹트고 있다.

근대화 **맹아**기에 제국주의의 침략으로 왜곡된 근대화의 길을 걸었다.

맹아 盲啞 〔소경 맹, 벙어리 아〕

장님(盲)과 벙어리(啞)를 아울러 이르는 말

민규는 **맹아** 학교 선생님이 되고 싶어 점자(點字)를 공부하고 있다.

면직 免職 〔면할/내칠 면, 벼슬/일 직〕

일하던 자리(職)에서 물러나게(免) 함

> 무능력과 직무 유기로 **면직**이 불가피하다.
> 이번 사태로 법무부 장관이 **면직**되었다.

면직 綿織 〔솜 면, 짤 직〕

목화솜(綿)을 주 원료로 하여 짠 직물(織物)

> 이것은 모직(毛織)이고 저것은 **면직** 제품입니다.
> 나는 적당한 시기에 양말 공장을 정리하고 **면직**물 공장을 하고 싶었다.

명문 名文 〔이름 명, 글월 문〕

이름난(名) 글(文). 매우 잘 지은 글

> 그가 쓰는 글은 당대의 **명문**이었고, 그의 시는 가히 따라올 자가 없었다.
> 정말 좋은 글을 쓰려면 만세에 남을 **명문**을 짓겠다는 욕심부터 버려라.

명문 明文 〔밝을 명, 글월 문〕

글로 명백(明白)하게 기록된 문구(文句) 또는 그런 조문(條文). 사리가 명백하고 뜻이 분명한 글

> 헌법 제46조는 국회의원에게 청렴의 의무가 있다는 **명문** 규정을 둔다.

명문 名門 〔이름 명, 문 문〕

이름난(名) 가문(家門). 역사와 전통이 있는 명문교(名門校)의 준말

> 그의 집안은 우리 고향에서 **명문**으로 손꼽힌다.
> **명문** 대학을 나온다고 다 출세하는 것은 아니다.

명문 名聞 〔이름 명, 들을 문〕

세상에 이름나(名) 있는 소문(所聞). 세상의 평판이나 명성(名聲)

이 지역은 품질 높은 모시를 생산하기로 **명문**이 난 곳입니다.

명문 銘文 〔새길 명, 문 문〕

금석(金石) 따위에 새긴 글. 마음에 새겨야 할 문구(文句)

이 지역을 발굴한 결과 열 자(字)의 **명문**이 새겨진 기와가 출토되었다.

210자(字)의 **명문**은 모두 판독할 수 있을 정도로 보존 상태가 좋다.

명문 命門 〔목숨 명, 문 문〕

생명(生命)의 문(門). 명치

유 작가는 너무 놀라운 소식을 듣고 갑자기 **명문**이 막혀 말도 하지 못했다.

수련원장은 숨을 들이쉴 때 **명문**으로 기(氣) 에너지가 들어온다고 했다.

명시 明示 〔밝을 명, 보일 시〕

분명(分明)하게 나타냄(示)

전세 계약을 하면서 이사할 날짜를 계약서에 **명시**했다.

모든 국민은 법 앞에서 평등하다는 것은 헌법에 **명시**된 사실이다.

명시 名詩 〔이름 명, 글/시 시〕

유명(有名)한 시(詩). 썩 잘 지은 시

김소월의 〈진달래꽃〉은 한국의 **명시**로 잘 알려져 있다.

이번 시 문학의 공모 작품에는 **명시**라고 할 만한 작품들이 들어 있다.

모사 模寫 〔본뜰 모, 베낄 사〕

사물을 그대로 본떠(模) 베낌(寫). 또는 그런 그림

　그림을 배울 때 밤을 새며 선배들의 유명한 작품들을 **모사**하곤 했다.

　역대 대통령 성대모사(聲帶--)와 흘러간 유행가 모창(模唱)이 그의 장기이다.

모사 謀士 〔꾀할 모, 선비 사〕

계획이나 방법을 꾀하는(謀) 사람(士). 또는 계책 쓰기를 좋아하거나 능한 사람. 책사(策士)

　모사꾼이 꾸민 일을 두고 다들 큰일인양 호들갑 떠는 꼴이 우습다.

　수양 대군이 권력을 잡기까지는 희대(稀代)의 **모사** 한명회의 역할이 컸다.

모사 毛絲 〔털 모, 실 사〕

털(毛) 실(絲)

　이 옷은 **모사**로 짠 것이다.

　이 실은 면사(綿絲)를 **모사**와 혼방(混紡)한 것이다.

모의 謀議 〔꾀할 모, 의논할 의〕

어떤 일을 꾸미고(謀) 의논(議論)함

　그들은 처음에 은행을 털기로 **모의**했었다.

　상관의 승인 없이 부대를 이탈하여 반란 **모의**에 참여한 혐의를 받았다.

모의 模擬 〔본뜰 모, 헤아릴/흉내낼 의〕

본뜨고(模) 흉내 냄(擬). 실제의 것을 흉내 내어 그대로 해봄. 또는 그런 일

　본시험을 치르기 전에 학교에서 몇 차례 **모의**시험을 봤다.

　하나의 프로그램을 완성하려면 여러 **모의** 실행과 수정 절차를 거친다.

몽매 夢寐 〔꿈 몽, 잠잘 매〕

잠을 자며(寐) 꿈을 꿈(夢)

> **몽매**에도 그리던 고향 전경(全景)이 눈앞에 펼쳐졌다.
> 할아버지는 명절 때면 **몽매**에도 잊지 못할, 북에 두고 온 가족을 생각하며 눈물지으셨다.

몽매 蒙昧 〔어리석을 몽, 어두울 매〕

어리석고(蒙) 사리에 어두움(昧)

> **몽매**한 저희를 깨우쳐 주셔서 고맙습니다.
> 무지와 **몽매**를 떨쳐 버리고 조국의 독립을 위해 다같이 일어납시다.

무고 無故 〔없을 무, 연고/사고 고〕

별다른 이유나 사고(事故)가 없음(無). 아무 탈이 없음. 무사(無事)

> 그동안 댁내 두루 **무고**하셨습니까?
> 부모 형제가 다 **무고**한 것이 첫째가는 복(福)이다.

무고 誣告 〔속일 무, 알릴 고〕

없는 사실을 거짓으로 꾸며(誣) 남을 고발(告發)하거나 고소(告訴)함

> 그는 간신들의 **무고**로 갖은 고초를 겪었다.
> 박 원장과 최 회장이 벌였던 **무고**죄 공방(攻防)이 또다시 무혐의로 처분되었다.

* **무고죄**(誣告罪): 거짓으로 꾸민(誣) 일을 신고(申告)한 죄(罪). 남에게 형사 또는 징계 처분을 받게 할 목적으로 허위 사실을 날조(捏造)하여 경찰서나 검찰 등의 관공서에 고발함으로써 성립하는 죄

무고 無辜 〔없을 무, 허물 고〕

아무 잘못이나 허물(辜)이 없음(無)

독재자는 무고한 시민들까지 마구 학살하였다.

당신들은 무슨 권리로 무고한 사람을 연행해 가는 겁니까?

무도 無道 〔없을 무, 길 도〕

도리(道理)에서 벗어남(無)

남의 나라에 침략하는 무도한 놈들에게 무릎을 꿇을 수는 없다.

적군들이 한 짓이 잔인무도해서 눈을 뜨고 볼 수가 없다.

무도 武道 〔굳셀 무, 길 도〕

무인(武人)이 마땅히 지켜야 할 도리(道理). 무예(武藝)와 무술(武術)을 통틀어 이르는 말 ↔ 문도(文道)

김 관장은 최고(最高)의 무도를 갖춘 인물로 평가받고 있다.

무도 舞蹈 〔춤출 무, 밟을/춤출 도〕

춤을 춤(舞=蹈)

그들은 무도회장에서 음악에 맞추어 춤을 즐겼다.

무력 武力 〔굳셀 무, 힘 력〕

군사(武)상의 위력(威力). 난폭하게 자기 마음대로 하는 힘

그는 말로 안 되니까 무력을 써서 나를 이기려 하였다.

무력 통일이나 흡수 통일이 아닌 평화 통일을 이루도록 해야 한다.

무력 無力 〔없을 무, 힘 력〕

힘(力)이 없거나(無) 부침. 능력이나 활동력이 없음 ↔ 유력(有力)

아버지의 얼굴은 힘들고 지친 삶으로 무력해 보였다.

비록 전직 대통령이라고 하나, 그는 정치권에서 이미 무력한 존재이다.

무사 武士 〔굳셀 무, 선비 사〕

무예(武藝)를 닦아서 무사(武事)에 종사하는 사람(士) ↔ 문사(文士)

무사에게만 도(道)가 있겠느냐, 선비에게도 선비의 도가 있는 법이다.

무사 無事 〔없을 무, 일 사〕

아무 일이 없음. 아무 탈이 없음. 무고(無故) ↔ 유사(有事)

출항에 앞서 무사를 비는 고사(告祀)를 지냈다.

어머니는 날마다 군대 간 아들의 안녕과 무사를 빌었다.

무산 霧散 〔안개 무, 흩어질 산〕

안개(霧)가 걷히듯 흩어져(散) 사라짐

불의의 사태로 이번 대회가 무산되고 말았다.

그의 실수로 우리의 계획은 무산 위기에 처했다.

무산 無産 〔없을 무, 낳을 산〕

재산(財産)이 없음(無) ↔ 유산(有産)

그는 무산 노동자 계급혁명의 실천가가 되기로 작심했다.

우리는 토지가 없는 무산 농민 계층이 고통받지 않도록 해야 합니다.

무용 無用 〔없을 무, 쓸 용〕

소용(所用)이 없음(無). 쓸데없음 ↔ 유용(有用)

그들은 **무용**한 논쟁으로 시간을 허비했다.

내리던 비가 그치니 들고 나온 우산은 **무용**하게 되었다.

무용 武勇 〔굳셀 무, 날쌜 용〕

무예(武藝)와 용맹(勇猛). 싸움에서 날쌔고 용맹스러움

국군의 날 행사에 군인들이 가두 행진을 펼치며 **무용**을 떨치고 있다.

전쟁에서 그들이 믿는 것은 자기들의 개인적인 **무용**일 뿐이었다.

무용 舞踊 〔춤출 무, 뛸 용〕

춤추며(舞) 뜀(踊). 음악에 맞추어 몸을 움직여 감정과 의지를 나타내는 예술. 춤

그녀는 학교에서 **무용**을 가르치고 있다.

나는 학교 극장에서 **무용** 학과 졸업생들의 **무용** 발표회를 관람했다.

무인 武人 〔굳셀 무, 사람 인〕

무예(武藝)를 닦은 사람(人)

그는 뛰어난 **무인**이었으며 병법가(兵法家)였다.

조선 시대에 **무인**은 필수적으로 태견이나 권법(拳法)을 익혔다.

무인 無人 〔없을 무, 사람 인〕

사람(人)이 없음(無)

최근에 **무인** 경비 시스템을 도입하는 집들이 늘어나고 있다.

은행에 설치된 **무인** 감시 카메라가 작동하지 않아 범인을 놓쳤다.

무인拇印 〔엄지손가락 무, 도장 인〕

엄지손가락(拇)으로 찍은 도장(印)

승인서에는 당사자의 도장 대신 **무인**이 찍혀 있었다.

문호文豪 〔글월 문, 호걸 호〕

문학(文學)에 크게 뛰어난 사람(豪)

이곳은 독일의 위대한 **문호** 괴테가 태어난 곳이다.
문호의 작품들은 대개가 직접 체험과 연관을 맺고 있다.

문호門戶 〔문 문, 지게/집 호〕

집(戶)으로 드나드는 문(門). 출입구가 되는 긴요한 곳

문호 개방 이후로 양국관계가 우호적으로 변화했다.
우리 당은 외부 인사에 대한 **문호** 개방도 심각하게 고려하고 있다.

미명未明 〔아닐 미, 밝을 명〕

날이 채 밝지(明) 아니함(未). 또는 그런 때

미명에 일어난 사람들이 바쁘게 일터로 향하고 있었다.
우리 부대는 이른 새벽 **미명**을 틈타 적의 탄약 창고를 습격하였다.

미명美名 〔아름다울 미, 이름 명〕

① 훌륭한(美) 이름(名) ② 그럴듯한 명목이나 명분

세종 대왕의 **미명**은 지금까지도 사람들의 입에 오르내리고 있다.
그는 학교를 설립한다는 **미명** 아래 우리에게 기부금 납부를 강요했다.

미수 未收 〔아닐 미, 거둘 수〕

아직 다 거두지(收) 못함(未)

아직 대금이 **미수** 중이어서 자금이 부족하다.

내가 **미수**한 대금을 네가 대신 받아 오면 그 돈의 10%를 주겠다.

미수 未遂 〔아닐 미, 이룰 수〕

뜻한 바를 아직 이루지(遂) 못함(未)

그는 대통령 암살 **미수** 혐의로 체포되었다.

미수 米壽 〔쌀 미, 목숨 수〕

'米(쌀 미)'를 풀면 '八十八'이 되는 데서 '여든여덟 살(壽)'을 달리 이르는 말

윤 박사는 **미수**의 나이에도 건강을 유지하고 있다.

할아버지 **미수**연에 온 가족이 만수무강을 축원하며 절을 했다.

반감 反感 〔되돌릴 반, 느낄 감〕

상대편의 말이나 태도 등을 불쾌하게 생각하여 반발(反撥)하거나 반항하는 감정(感情). 노여워하는 감정

쓸데없이 상대방의 **반감**을 살 행동을 하지 마라.

회장이 매사를 독단적으로 처리하는 것에 회원들이 **반감**을 품고 있다.

반감 半減 〔절반 반, 덜 감〕

절반(折半)으로 줆(減). 또는 절반으로 줄임

그 경기는 점수 차가 너무 커지는 바람에 흥미가 **반감**되고 말았다.

이 역사적인 사건은 그간 철저하게 감춰져 의미가 **반감**되었다.

반려 伴侶 〔짝 반, 짝 려〕

생각이나 행동을 함께하는 짝(伴=侶). 반쪽. 늘 가까이하거나 가지고 다니는 것을 비유하여 이르는 말

부부란 일생을 동고동락할 **반려**이다.

반려 返戾 〔되돌릴 반, 어그러질 려〕

사리에 어긋난다고(戾) 여겨 되돌려(返) 줌

사표를 당사자들에게 **반려**하다.

노동부는 노사 협의를 거치지 않은 개선안을 **반려**하겠다고 밝혔다.

반전 反戰 〔되돌릴 반, 싸움 전〕

전쟁(戰爭)을 반대(反對)함

전 세계의 **반전** 단체들이 강대국의 약소국 침입을 규탄하였다.

반전 反轉 〔되돌릴 반, 구를 전〕

반대(反對)쪽으로 구름(轉). 일의 형세가 뒤바뀜. 역전(逆轉)

모든 것이 엎치락뒤치락, **반전**에 **반전**을 거듭하고 있다.

영화의 결말에서 나타나는 **반전**은 관객들을 놀라게 하기에 충분했다.

반점 斑點 〔얼룩 반, 점 점〕

동식물 따위의 몸에 박혀 있는 얼룩덜룩한(斑) 점(點)

그 약을 복용했더니 부작용으로 온몸에 **반점**이 생겼다.

꼬마의 궁둥이에는 아직도 몽고**반점**이 남아 있었다.

반점 半點 〔절반 반, 점 점〕

한 점(點)의 절반(折半). 매우 적은 양. 잠시

비가 그치고 나니 **반점**의 구름도 없이 하늘이 쾌청해졌다.

돌아간 지 **반점**도 되지 않아 철민은 또 사무실을 찾아왔다.

반점 飯店 〔밥 반, 가게 점〕

중국 음식(飯)을 파는 대중적인 음식점(飮食店)

오늘 점심은 중국 **반점**에서 해결하도록 합시다.

김 부장은 퇴근길에 **반점**에 들러 반주(飯酒)를 곁들여 저녁을 먹었다.

반주 伴奏 〔짝 반, 아뢸/연주할 주〕

성악이나 기악의 연주에 맞추어 함께(伴) 연주(演奏)하는 일

그녀는 이번 연주회에서 피아노 **반주**를 맡았다.

인철은 노래방 기계의 **반주**에 맞추어 흥겹게 노래를 불렀다.

반주 飯酒 〔밥 반, 술 주〕

끼니때 밥(飯)에 곁들여서 술(酒)을 마심. 또는 그렇게 마시는 술

예로부터 어른들은 식욕을 돋우는 의미에서 **반주**를 곁들이셨다.

사람에 따라서는 집에서 즐기는 **반주**가 수면제를 대신한다고 한다.

발광 發光〔일어날 발, 빛 광〕

빛(光)을 냄(發)

이 조명 장치는 **발광** 효율이 매우 높다.

발광 물질은 어둠 속에서 빛을 발해 안내 표지나 간판 등에 쓰인다.

발광 發狂〔일어날 발, 미칠 광〕

병으로 미친(狂) 증세가 일어남(發). 미친 듯이 날뜀

정신과 치료를 받고 있는 그는 요즘 부쩍 **발광**이 잦다.

발전 發展〔일어날 반, 펼 전〕

세력 따위가 일어나(發) 그 기세를 펼침(展). 어떤 일이 낮은 단계에서 조금 더 높거나 복잡한 단계로 나아감

경제 **발전**이 국민의식의 성장에 미치는 영향이 크다.

오늘날 과학 기술 분야는 그 어떤 학문 분야보다도 빠르게 **발전**하고 있다.

발전 發電〔일으킬 발, 번개/전기 전〕

전기(電氣)를 일으킴(發)

발전기의 최대 **발전** 용량이 얼마나 될까?

그 회사는 태양광 **발전** 설비 분야에서 세계 최고의 기술력을 보유했다.

발효 發效〔나타날 발, 보람/효력 효〕

법률이나 규칙 등이 효력(效力)이 나타나게(發) 됨

법률이 **발효**되면 그 순간부터 구속력을 가진다.

발효 醱酵 〔술익을 발, 술밑 효〕

술밑(酵)으로 술을 빚음(醱). 효모(酵母)나 세균 따위의 미생물이 유기 화합물을 분해하여 알코올류, 유기산류, 탄산가스 따위를 생기게 하는 작용

*질 좋은 포도주를 마시려면 술이 **발효**될 때까지 기다려야 한다.*

*누르면 솟구치고, 썩히면 **발효**하는 것이 세상의 이치이다.*

방위 方位 〔모/방향 방, 자리 위〕

방향(方向)을 정한 위치(位置)

*지도에는 축적과 **방위**가 표시되어 있다.*

*항해사는 나침반의 **방위**를 살펴서 항로를 찾았다.*

방위 防衛 〔막을 방, 지킬 위〕

적이 쳐들어오는 것을 막아(防) 지킴(衛)

*우리 군(軍)은 신성한 국토**방위**의 임무를 다해야 한다.*

*피의자의 과잉방어(過剩防禦)냐 정당**방위**(正當--)냐 하는 판단은 법률 해석상 대단히 구별하기 어려운 문제이다.*

* 방어(防禦)(-, 막을 어): 적이 쳐들어오는 것을 막음(防=禦) ↔ 공격(攻擊)

방화 防火 〔막을 방, 불 화〕

화재(火災)를 미리 막음(防)

*겨울철 **방화** 대책에 만전을 기했다.*

*이 지역은 화재에 너무 취약한 것 같으니, 이번 기회에 **방화**하여 화재 예방을 하는 것이 어떻겠습니까?*

방화 放火 〔놓을 방, 불 화〕

일부러 불(火)을 놓음(放)

현장 검증을 한 결과 화재의 원인이 **방화**임이 드러났다.
어떤 정신 이상자의 **방화**로 집이 불에 타고 인명 손실이 났다.

방화 邦畵 〔나라 방, 그림 화〕

자기 나라(邦)에서 제작된 영화(映畵). 국산영화(國産映畵) ↔ 외화(外畵)

끊임없이 밀려드는 외화의 기세에 눌려 **방화**가 맥을 못 추고 있다.

배상 賠償 〔물어줄 배, 갚을 상〕

남에게 입힌 손해를 물어(賠) 갚아(償) 줌

피해자에게 손해를 **배상**하고 용서를 빌었다.
이 손해에 대한 **배상**의 책임은 국가에 있다.

배상 拜上 〔절 배, 위 상〕

삼가(拜) 올림(上). 편지글 끝에 한문(漢文) 투로 쓰는 말

선생님께 먼저 **배상**하고 찾아뵙는 게 낫지 않겠어요?
삼가 이글을 **배상**하오니 거두어 주시기 바랍니다.

배전 倍前 〔곱 배, 앞 전〕

전(前)보다 곱(倍)으로 더함

배전의 노력을 다하겠습니다.
더욱 분발하겠사오니 **배전**의 성원을 보내 주십시오.

배전 配電 〔짝/나눌 배, 번개/전기 전〕

전력(電力)을 곳곳으로 배송(配送)함

산간지방은 별도의 배전 변전소를 설치해야 한다.

발전소에서 보내온 전기를 송전소에서 받아 각 가정에 배전하고 있다.

배출 排出 〔물리칠/밀칠 배, 날 출〕

불필요한 물질을 밀어서(排) 밖으로 내보냄(出). 동물체가 음식물의 영양을 섭취하고 그 찌꺼기를 몸 밖으로 내보내는 일. 배설(排泄)

쓰레기 종량제가 실시되자 쓰레기 배출이 크게 줄었다.

배출 輩出 〔무리 배, 날 출〕

인재들(輩)을 양성하여 사회에 내보냄(出)

우리 학교는 수많은 인재를 배출한 명문(名門)이다.

훌륭한 인재를 배출시키기 위해서는 질 높은 교육이 뒷받침되어야 한다.

배치 配置 〔짝/나눌 배, 둘 치〕

물건을 알맞은 자리에 나누어(配) 둠(置). 사람을 알맞은 자리에 나누어 앉힘

사령관은 이 지역에 병력과 무기의 배치를 승인했다.

모든 사람들을 제각각 알맞은 자리에 배치시키는 일은 쉽지 않다.

배치 背馳 〔등 배, 달릴 치〕

서로 등(背)을 보며 달림(馳). 서로 어긋남

이들의 요구는 정부의 기본 정책에 정면으로 배치된다.

범인 凡人 〔무릇 범, 사람 인〕

평범(平凡)한 사람(人). 보통 사람

그 일은 **범인**이 흉내 낼 수 없는 일이다.

우리 같은 **범인**이 어찌 성인의 깊은 뜻을 이해할 수 있겠는가?

범인 犯人 〔범할 범, 사람 인〕

죄를 저지른(犯) 사람(人). 범죄인(犯罪人)

경찰은 숨은 **범인**을 찾아냈다.

형사들이 **범인**의 은신처를 덮쳤으나 **범인**은 이미 도주한 뒤였다.

보고 報告 〔알릴 보, 알릴 고〕

주어진 임무에 대하여 그 결과나 내용을 말이나 글로 알림(報=告)

사건에 대한 **보고**가 상부로 올라갔다.

나는 사업 계획에 대한 **보고**를 작성하느라 밤을 꼬박 새웠다.

보고 寶庫 〔보배 보, 창고 고〕

보물(寶物)을 보관하고 있는 창고(倉庫). 재화가 많이 나는 땅

그 지역은 문화유산의 **보고**이다.

천연자원의 **보고**인 바다가 점점 오염되고 있다.

보급 普及 〔넓을 보, 미칠 급〕

많은 사람들에게 골고루 널리(普) 미치게(及) 함 ≒ 전파(傳播). 확산(擴散)

태권도는 전 세계에 **보급**되어 있는 우리나라 무술이다.

보급 補給 〔기울/도울 보, 줄 급〕

계속 보태어(補) 줌(給) ≒ 공급(供給), 제공(提供)

전투에 앞서 각 소대에 비상식량과 탄알이 **보급**되었다.

더 이상 구호품이 **보급**되지 않는다면 난민들은 굶어 죽게 될 것이다.

보도 步道 〔걸음 보, 길 도〕

사람이 걸을(步) 때 사용되는 길(道)

잘 포장된 **보도**를 따라 걸었다.

보도 報道 〔갚을/알릴 보, 길/말할 도〕

신문이나 방송으로 새 소식을 널리 알리기(報) 위하여 말함(道). 또는 그 소식

그 신문은 항상 **보도** 내용이 정확하다.

그녀는 이혼설에 대한 언론의 **보도**를 부인했다.

보도 寶刀 〔보배 보, 칼 도〕

보배로운(寶) 칼(刀). 보검(寶劍)

대대로 전해 내려왔다는 이 **보도**를 할아버지께서는 닦고 또 닦으셨다.

아버지가 애지중지하시는 그 칼은 전가(傳家)의 **보도**로 매우 귀중하다.

보상 報償 〔갚을 보, 갚을 상〕

① 남에게 진 빚을 갚음(報=償) ② 어떤 것에 대한 대가로 갚음

빌린 돈의 **보상**이 어렵게 되었다.

당신의 노고에 대한 **보상**으로 이 선물을 드립니다.

보상 補償 〔기울/도울 보, 갚을 상〕

남에게 끼친 재산상의 손해를 금전으로 보충(補充)하여 갚음(償). 국가나 공공
단체가 국민이 입은 재산상의 손해를 갚아주는 일

　백화점에서는 하자가 있는 물건에 대해서 보상을 해 주기로 했다.

　도로 확장으로 주민들이 입은 손해에 대한 보상이 이루어졌다.

보석 寶石 〔보배 보, 돌 석〕

보배(寶)로 쓰이는 광석(鑛石). 보옥(寶玉)

　금은방의 내부는 온갖 금은보석으로 장식되어 있었다.

보석 保釋 〔지킬 보, 풀 석〕

보증(保證)을 받고 풀어(釋) 줌

　법원이 지병을 앓고 있는 피고인을 보석하였다.

　그는 1심에서 실형을 선고받았으나 보석으로 풀려났다.

보수 保守 〔지킬 보, 지킬 수〕

오랜 습관, 제도, 방법 등을 소중히 여겨 그대로 보존(保存)하여 지킴(守)
　↔ 진보(進步)

　이번 안건에 대해 보수 대 진보의 의견이 팽팽히 맞서고 있다.

보수 補修 〔기울 보, 닦을 수〕

상했거나 부서진 부분을 기우고(補) 수리(修理)함

　도로 보수 작업이 진행되고 있는 현장을 살펴보러 시장이 나왔다.

보수 報酬 〔갚을 보, 술권할/갚을 수〕

고마움에 보답(報答)하여 갚음(酬). 노력의 대가나 사례의 뜻으로 금품 따위를 주는 일. 또는 그 금품

사원들은 성과에 따라 매달 다른 보수를 받고 있다.

보전 保全 〔지킬 보, 온전할 전〕

온전(穩全)하게 보호(保護)함

환경 보전에 힘쓰는 것은 우리의 후손들을 위한 일이다.
우리는 국토의 개발과 보전을 합리적으로 슬기롭게 조화시켜야 한다.

보전 補塡 〔기울/도울 보, 메울 전〕

부족한 부분을 보충(補充)하여 채워 메움(塡)

올해 벌어들인 수익은 작년까지의 적자를 보전하고도 남을 것이다.

보조 步調 〔걸음 보, 고를 조〕

걸음걸이(步)의 속도나 모양의 조화(調和). 여럿이 함께 일할 때의 진행 속도나 조화

발걸음을 마구 떼어 놓다 보니 보조가 맞지 않았다.
우리 팀은 일의 보조를 맞추기 위해 서로 노력하였다.

보조 補助 〔기울/도울 보, 도울 조〕

보태어(補) 도움(助). 거들거나 도움. 또는 그런 사람

민규는 장학 재단으로부터 학비 보조를 받아 유학을 떠났다.

복권 福券 〔복 복, 문서 권〕

복(福)이 되는 증서(券)

　복권을 사면 일주일 동안은 행복을 꿈꿀 수 있다.

복권 復權 〔돌아올 복, 권세/권리 권〕

유죄나 파산, 사고로 잃어버렸던 권리(權利)나 자격 등을 되찾음(復)

　정치범들은 새로운 정부가 등장하자 전원이 복권되는 기쁨을 누렸다.

　대통령은 담화에서 양심수에 대한 광범위한 사면과 복권이 있을 것임을 시사했다.

복사 複寫 〔겹칠 복, 베낄 사〕

그림이나 사진, 문서 따위를 그대로 본떠서 겹(複)으로 베낌(寫)

　복사가 제대로 되지 않아 서류의 글씨가 흐릿했다.

　소프트웨어 산업에서 불법 복사의 문제는 언제나 큰 고민거리이다.

복사 輻射 〔바퀴살 복, 쏠 사〕

바퀴살(輻)처럼 사방으로 쏘아(射) 방출됨

　철제 시설물들은 복사열 때문에 뜨거워 손을 댈 수가 없을 정도였다.

　태양에서 복사되는 에너지가 생명의 탄생과 번식을 가능하게 해 주었다.

복사 服事 〔옷/복종할 복, 일 사〕

복종(服從)하고 섬김(事). 천주교에서 미사 때 사제를 도와 시중을 드는 사람

　너는 이번 주에 복사로 신부님을 모시게 될 것이다.

　복사를 받으면서 김 신부는 침착하고 경건하게 성사를 집전하고 있었다.

복수 複數 〔겹칠 복, 셈 수〕

둘(複) 이상의 숫자(數)

영어에서는 단수(單數)와 **복수**의 개념이 매우 엄격하다.

복수 지원 대학 합격자들의 대규모 이탈로 미등록 사태가 발생했다.

복수 復讐 〔돌아올 복, 원수 수〕

원수(怨讐)를 보복(報復)함. 원수를 갚음

적에게 패한 그는 분노와 **복수**의 감정이 격앙되었다.

시간 앞에서는 배신과 **복수**, 사랑과 증오, 그 모든 것이 사라진다.

복수 腹水 〔배 복, 물 수〕

배(腹) 속에 액체(水)가 괴는 병증(病症). 또는 그 액체

그는 복막염으로 배에 **복수**가 찼다.

간염과 간경변으로 **복수**가 찰 때는 식욕이 없어진다.

부상 副賞 〔버금/곁따를 부, 상줄 상〕

정식의 상(賞) 외에 따로 곁따라(副) 주는 상(賞)

그녀는 본상보다 **부상**이 더 탐이 났다.

이번 영화제의 수상자는 상패와 함께 **부상**으로 상금 천만 원을 받았다.

부상 浮上 〔뜰 부, 위 상〕

물 위(上)로 떠오름(浮). 어떤 현상이 관심의 대상이 되거나 어떤 사람이 훨씬 좋은 위치로 올라섬

최근 우리나라는 보건 강국으로 **부상**하고 있다.

이 책이 베스트셀러로 **부상**할 것이라고 아무도 예상하지 못했다.

부상 負傷 〔질 부, 다칠/상처 상〕

몸에 상처(傷處)를 입음(負)

주전 선수의 부상으로 팀 전력이 크게 약해졌다.

그녀는 교통사고로 심한 부상을 입고 병원으로 이송되었다.

부상 父喪 〔아비 부, 잃을/죽을 상〕

아버지(父)가 돌아가신(喪) 일

그는 부상에 연속하여 모상(母喪)으로 학교를 1년 동안 쉬었다.

부상에 지팡이를 짚는 것은 아버지의 정신을 추모한다는 의미이다.

부설 敷設 〔펼 부, 베풀/설치할 설〕

철도, 해저, 전선 따위를 펼치듯이(敷) 설치(設置)함

두 지역을 잇는 철도를 부설할 계획이다.

교량 부설 사업으로 개인의 재산이 침해받는 일은 없을 것이다.

부설 附設 〔붙을 부, 베풀/설치할 설〕

부속(附屬)하여 설치(設置)함

그는 사범 대학 부설 고등학교 출신이다.

정부 기관에 비하면 대학 부설인 우리 연구소는 연구력이 부족하다.

부설 浮說 〔뜰 부, 말씀 설〕

떠돌아(浮)다니는 말(說)

그런 부설에 일일이 신경 쓸 필요가 없다.

나라에서는 민심을 잡기 위해 부설을 억제하고자 했다.

부수 附隨 〔붙을 부, 따를 수〕

주되는 것에 붙어(附) 따라감(隨). 또는 따라서 일어남

　소비가 증가하면 부수적으로 쓰레기도 증가한다.

　신문에서 이번 심의 기구 설치에 부수되는 문제점들을 조목조목 지적
하고 있다.

부수 部數 〔나눌 부, 셈 수〕

책, 신문 따위의 출판물을 세는 단위인 부(部)의 수효(數爻)

　신문 기사의 내용을 다양화하여 판매 부수를 늘렸다.

　전문적인 서적들은 한정된 발행 부수 때문에 구하기 어렵다.

부수 部首 〔나눌 부, 머리 수〕

서로 공통적인 요소가 있는 부류(部類)의 첫머리(首)에 상당하는 한자(漢字).
한자 자전에서 글자를 찾는 길잡이 역할을 하는 공통되는 글자의 한 부분.
예를 들어 '衣(옷 의)'는 '衲(기울 납)', '衾(이불 금)', '被(입을/당할 피)' 따위 글자의
부수

　부수와 소리글자를 알면 한자를 쉽게 이해할 수 있다.

　옥편은 부수 색인, 자음 색인, 총획 색인을 이용하여 글자를 찾는다.

부식 副食 〔버금/곁따를 부, 먹을 식〕

부식물(副食物)의 준말 ⟷ 주식(主食)

　학교 식당에서 부식으로 닭고기 튀김이 나왔다.

　게임에 진 대가로 그날 야유회에서 먹을 밥과 부식을 준비하는 일은 내
차지가 되었다.

부식 腐蝕 〔썩을 부, 좀먹을 식〕

썩어서(腐) 좀먹음(蝕). 또는 그런 모양의 것

선체가 **부식**되는 것을 막기 위해 페인트를 칠했다.

고문서(古文書)의 **부식**을 방지하려면 오동나무로 만든 함에 보관하는 것이 좋다.

부양 浮揚 〔뜰 부, 떨칠 양〕

가라앉은 것이 떠(浮)오름(揚). 또는 떠오르게 함

정부는 침체된 증권 시장을 **부양**하기 위해 모든 정책을 동원했다.

경제가 좋지 않을 때는 경기를 **부양**하는 정책을 시행한다.

부양 扶養 〔도울 부, 기를 양〕

생활능력이 없는 사람의 생활을 도와(扶) 살게(養) 함

그는 **부양**가족이 많아 늘 생활고에 시달렸다.

부양 의무는 부부 사이나 부모와 미성년 자녀 사이 등에서 존재한다.

부유 富裕 〔부자 부, 넉넉할 유〕

재물이 많아(富) 생활이 넉넉함(裕) ↔ 곤궁(困窮)

태희는 집안이 **부유**해서 험한 일을 해보지 않았다.

그는 가난으로 젊을 때 고생을 많이 했지만 지금은 사업에 크게 성공하여 **부유**하게 산다.

부유 浮游/遊 [뜰 부, 헤엄칠/떠돌 유]

공중이나 물 위에 떠(浮)다님(游/遊)

> 빙산이 바다 위를 **부유**하는 것은 온난화 때문이다.
> 삼촌은 이곳저곳으로 **부유**하던 생활을 청산했다.

부의 附議 [붙을 부, 의논할 의]

의논해야 할 일을 회의(會議)에 붙임(附)

> 본회의에 주요 안건을 **부의**하다.
> 위원회는 그 안건을 본회의에 **부의**하지 않기로 했다.

부의 賻儀 [부의할 부, 거동/예의 의]

상가(喪家)에 부조(扶助)를 보내는(賻) 예의(禮儀). 또는 그런 돈이나 물품

> 형제는 이웃 사람들의 **부의**로 아버지의 장례를 겨우 치를 수 있었다.

부인 否認 [아닐 부, 알 인]

인정(認定)하지 않음(否) ↔ 시인(是認)

> 재혁은 그 소문에 대해 **부인**도 시인도 하지 않았다.
> 두 사람의 강력한 **부인**에도 사람들은 계속 의문의 눈초리를 보냈다.

부인 婦人 [아내 부, 사람 인]

결혼해서 아내(婦)가 된 사람(人)

> 한 젊은 **부인**이 아이와 함께 공원에서 산책을 하고 있다.
> 임상 의학의 권위자인 최 박사는 **부인**과가 전공이다.

부인 夫人 〔지아비 부, 사람 인〕

지아비(夫)의 사람(人)이란 뜻으로 '남의 아내'를 높이어 부르는 말

부인께서는 안녕하시지요?
저분이 부장님 부인이십니다.

부자 父子 〔아비 부, 아들 자〕

아버지(父)와 아들(子)

진학 문제로 부자간에 갈등을 겪었다.

부자 富者 〔부유할 부, 놈/사람 자〕

재산이 많은(富) 사람(者)

외삼촌은 사업에 성공하여 부자가 되었다.
그는 수백억대의 재산을 가진 부자이지만 검소하게 산다.

부정 不正 〔아니 불/부, 바를 정〕

올바르지(正) 아니하거나(不) 옳지 못함

부정 선거로 뽑힌 국회의원의 당선이 취소되었다.
김 이사장은 학내 입시 부정으로 검찰에 소환되었다.

부정 不定 〔아니 불/부, 정할 정〕

일정(一定)하지 않음(不)

주거가 부정하거나 증거 인멸, 도주의 우려가 있는 경우에 용의자를 구
속하여 수사할 수 있다.

부정 否定 [아닐 부, 정할 정]

그렇다고 인정(認定)하지 아니함(否) ↔ 긍정(肯定)

인간이 현실을 **부정**하고 살 수는 없다.

그녀는 애매한 표정으로 긍정도 **부정**도 하지 않았다.

부정 不貞 [아니 불/부, 곧을 정]

남편으로서 또는 아내로서 정조(貞操)를 지키지 않음(不)

나는 지난해에 남편의 **부정**으로 이혼했다.

그는 아내의 **부정**을 참을 수 없었다고 한다.

부정 不淨 [아니 불/부, 깨끗할 정]

깨끗하지(淨) 못함(不)

임신 중에는 **부정**한 것을 멀리해야 한다.

흉가(凶家)라는 그 집을 출입하면 '**부정** 탄다'는 소문이 퍼져 있었다.

부정 父情 [아비 부, 뜻 정]

자식에 대한 아버지(父)의 사랑(情)

아버지로서 자식에 대한 **부정**을 끊을 수는 없었다.

부족 不足 [아니 불/부, 발/넉넉할 족]

어떤 한도에 넉넉하지(足) 못함(不). 모자람

수질 오염으로 인한 산소 **부족**으로 물고기가 떼죽음을 당했다.

의사는 나의 비만이 잘못된 식사 습관과 운동 **부족** 때문이라고 하였다.

부족 部族 〔나눌 부, 겨레 족〕

같은 부류(部類)와 겨레(族). 조상이 같다는 생각으로 결합되어 공통된 언어와 종교 등을 갖는 지역적인 공동체

　모든 **부족**은 나름대로 각자의 문화를 가지고 있다.

부하 部下 〔나눌/거느릴 부, 아래 하〕

자기 수하(手下)에 거느리고(部) 있는 직원

　부하 장수들이 장군에게 항복할 것을 건의하였다.
　그는 넓은 아량으로 **부하** 직원의 잘못을 용서했다.

부하 負荷 〔질 부, 멜/짐 하〕

짐(荷)을 짊어짐(負)

　용량을 초과하여 전압이 **부하**되는 바람에 퓨즈가 타 버렸다.
　이륙할 때 비행기에 가장 많은 **부하**가 걸린다.

부호 符號 〔부신/부호 부, 이름 호〕

일정한 뜻을 나타내기(符) 위하여 따로 정하여 쓰는 기호(記號)

　문장 **부호**의 사용도 의미 전달에 큰 영향을 미친다.
　두서없이 떠오르는 단편적인 생각 끝머리마다 의문 **부호**가 뒤따랐다.

부호 富豪 〔부유할 부, 호걸 호〕

재산이 많고(富) 세력이 있는 호걸(豪傑). 큰 부자

　그는 부호의 아들로 태어나 돈 귀한 줄을 모른다.

분수 分數〔나눌 분, 셈 수〕

① 어떤 수를 다른 것으로 나누는 것을 분자와 분모로 나타낸 것 ↔ 정수(整數) ② 자기의 처지나 마땅한 한도 ③ 사물을 분별하는 슬기

이 분수는 2/3로 약분된다.

사치스러운 생활을 하지 말고 분수에 맞는 생활을 해야 한다.

분수 噴水〔뿜을 분, 물 수〕

물(水)을 뿜어내게(噴) 되어 있는 설비. 또는 뿜어내는 그 물

시원스럽게 내뿜는 분수를 보니 더위가 한결 가신다.

스위치를 올리자 불빛이 분수처럼 쏟아졌다.

분식 粉食〔가루 분, 먹을 식〕

곡식의 가루(粉)로 만든 음식(飮食). 또는 그런 음식을 먹음

매일 분식만 먹었으니 점심에는 밥을 먹도록 하자.

그는 다니던 직장을 그만두고 학교 앞에 분식 가게를 차렸다

분식 粉飾〔가루 분, 꾸밀 식〕

겉에 분(粉)칠하여 보기 좋게 꾸밈(飾). 실제보다 좋게 보이려고 사실을 숨기고 거짓으로 꾸밈

그 회사는 분식 결산으로 금융 당국에 고발 조치되었다.

이번 사건은 여론이 사실을 과장하고 분식해서 실상과 다른 측면이 많았다

분신 分身 〔나눌 분, 몸 신〕

몸(身)에서 갈라져(分) 나간 부분

철영이 그 사람은 나의 분신이나 마찬가지인 사람이네.

기술자들은 대개 공구를 자신의 분신처럼 다루는 경향이 있다.

분신 焚身 〔불사를 분, 몸 신〕

스스로 몸(身)을 불사름(焚). 소신(燒身)

그는 정권의 폭압적인 인권 탄압에 분신으로 항거하였다.

분쟁 중에 노조원이 분신자살을 기도(企圖)해 사태가 더욱 악화되었다.

불사 不辭 〔아니 불, 말씀/사양할 사〕

사양(辭讓)하지 아니함(不)

그들은 전쟁 불사의 각오로 협상에 임했다.

시위자들은 여하한 투쟁이라도 불사하겠다고 결의했다.

불사 不死 〔아니 불, 죽을 사〕

죽지(死) 아니함(不). 불사신(身, 몸 신), 불사조(鳥, 새 조), 불사초(草, 풀 초)

그녀는 죽었지만 그 영혼만큼은 불사불멸하여 우리 곁에 있을 것이다.

비등 比等 〔견줄 비, 같을 등〕

견주어(比) 보아 서로 같거나(等) 비슷함

두 팀은 우열을 가릴 수 없을 정도로 비등한 경기를 펼쳤다.

나는 동생과 체격이 비등하여 서로 옷을 바꿔 입기도 한다.

비등 沸騰 〔끓을 비, 오를 등〕

액체가 끓어(沸) 오름(騰). 물 끓듯 세차게 일어남

　과학 선생님은 시험관 안에서 **비등**하는 액체를 관찰하고 있었다.

　감사원의 보고서가 폭로되면서 정부를 비난하는 여론이 **비등**해졌다.

비명 非命 〔아닐 비, 목숨 명〕

자기의 운수(命)를 다하지 못하고 죽음(非). 병사(病死)나 자연사(自然死)가 아닌 재해나 사고로 갑자기 목숨을 잃는 일

　평생 소설 쓰기를 희망하던 그 소설가는 스무 살, **비명**에 죽었다.

　제 포부를 펴 보지도 못하고 낯선 땅에서 **비명**에 횡사(橫死)한 그를 모두 불쌍히 여겼다.

비명 悲鳴 〔슬플 비, 울 명〕

슬픈(悲) 울음소리(鳴). 몹시 놀라거나 괴롭거나 다급하거나 할 때 지르는 외마디 소리

　나는 밖에서 들리는 여인의 **비명**에 놀라 잠을 깨었다.

　수출 경기 호조로 몰려드는 주문량에 공장들은 즐거운 **비명**을 지르고 있었다.

비명 碑銘 〔비석 비, 새길 명〕

비석(碑石)에 새긴(銘) 글

　검은 글씨로 새겨진 **비명**을 응시하다가 그는 비석을 끌어안고 울기 시작했다.

　천년 비바람에 **비명**은 알아볼 수 없이 지워졌어도 선왕의 높은 뜻은 여전히 생생하게 전해지는 듯하다.

비상 非常 [아닐 비, 항상/늘 상]

늘(常) 있는 것이 아님(非). 뜻밖의 긴급한 사태. 평범하지 아니하고 뛰어남

유독 가스가 인근 주택가로 누출되어 비상 대피령이 발효(發效)되었다.

위급 상황 발생 시 비상 버튼만 누르면 상황이 휴대 전화로 통보된다.

비상 飛翔 [날 비, 날 상]

하늘을 날아(飛) 높이 오름(翔)

배 주위로 비상을 즐기는 갈매기 떼들이 날아다니고 있었다.

노력하면서 그것을 향해 비상을 꿈꾸는 사람은 아름답다.

비위 非違 [아닐/어긋날 비, 어길 위]

법에 어긋나는(非=違) 일

그 공무원은 각종 비위와 관련된 혐의를 받고 있다.

비위 脾胃 [지라 비, 밥통 위]

지라(脾)와 위(胃). 음식 맛이나 어떤 사물에 대하여 좋고 언짢음을 느끼는 기분. 아니꼽거나 언짢은 일을 잘 견뎌내는 힘

저는 비위가 약하여 비린 음식은 입에도 못 댑니다.

비위가 거슬린 관중들이 선수와 심판에게 빈 깡통과 술병을 던졌다.

비장 秘藏 [숨길 비, 감출 장]

숨겨서(秘) 소중히 간직함(藏)

드디어 비장의 무기를 사용할 기회가 왔다.

비장 悲壯 〔슬플 비, 씩씩할 장〕

슬프지만(悲) 씩씩함(壯). 슬픔 속에서도 의기를 잃지 않고 꿋꿋함

나는 여태껏 그렇게 **비장**한 선수를 본 적이 없다.

그는 세계 제일이 아니라면 죽는다는 **비장**한 각오로 업무를 시작했다.

비장 脾臟 〔지라 비, 오장 장〕

오장(五臟)의 하나인 지라(脾)

'지라'는 척추동물의 위(胃) 근처에 있는 내장 기관으로 **비장**을 말한다.

비행 非行 〔아닐/어긋날 비, 다닐/행할 행〕

도리나 도덕 또는 법규에 어긋나는(非) 행위(行爲)

그는 사람으로서는 하지 못할 **비행**을 저질렀다.

공무원의 **비행**을 단죄하지 못하면 사회 윤리가 바로 설 수 없다.

비행 飛行 〔날 비, 다닐 행〕

항공기 따위가 하늘을 날아(飛)다님(行)

태평양 상공을 **비행**하는 동안 우리는 줄곧 이야기를 나눴다.

그 노선에 새로운 항공기가 도입되어 **비행**시간이 단축되었다.

비화 飛火 〔날 비, 불 화〕

불똥(火)이 튀어(飛) 다른 데로 옮겨붙음. 관계가 없는 사람에게까지 미침

그의 실수는 우리 회사의 도덕성 문제로 **비화**할 가능성이 컸다.

결국 두 사람의 감정싸움은 법정으로 **비화**되어 세간의 관심을 끌었다.

ㄱ ㄴ ㄷ ㄹ ㅁ ㅂ ㅅ ㅇ ㅈ ㅊ ㅋ ㅌ ㅍ ㅎ

비화 秘話 〔숨길 비, 말씀 화〕

세상에 알려지지 않은 숨은(秘) 이야기(話)

당사자의 허락 없이 **비화**를 공개할 수는 없다.

전임 대통령은 회고록에서 재임 중의 **비화**들을 상세히 밝혔다.

사감 私感 〔사사로울 사, 느낄 감〕

사사로운(私) 감정(感情)

공적인 일을 **사감**으로 처리해서는 안 된다.

국가의 존망에 관한 중차대한 일에 **사감**이 끼어들어서는 안 됩니다.

사감 私憾 〔사사로울 사, 한할 감〕

사사로운(私) 일로 품은 유감(遺憾). 사사로운 이해관계로 언짢은 마음

그 일로 그에게 **사감**을 품고 있는 것은 아니다.

사감을 갖고 있던 김 팀장은 최 실장의 제안서를 무조건 반대했다.

사감 舍監 〔집 사, 볼 감〕

기숙사(寄宿舍)에서 기숙생들의 생활을 감독(監督)하는 사람

기숙사 **사감**의 엄격한 통제로 가끔 답답함을 느낀다.

그녀는 기숙사의 **사감**이자, 기숙생들의 자상한 상담역이기도 했다.

사고 思考 〔생각 사, 상고할/밝힐 고〕

곰곰이 생각하여(思) 밝혀냄(考)

 호철은 매사를 신중하게 **사고**하고 판단하는 사람이다.

 그는 이 문제에 있어서 우리와 **사고**방식의 차이가 있음을 인정하였다.

사고 事故 〔일 사, 연고 고〕

어떤 일(事)이 일어난 까닭이나 연고(緣故). 뜻밖에 일어난 불행한 일. 사람에게 해를 입혔거나 말썽을 일으킨 나쁜 짓

 그분은 불의의 **사고**로 세상을 떠나셨다.

 방송사에서는 **사고** 현장에 중계차를 보내 생생한 모습을 전달하였다.

사고 社告 〔모일/회사 사, 알릴 고〕

회사(會社)에서 내는 광고(廣告)

 우리 신문사는 3월이면 수습기자 모집 **사고**를 낸다.

사관 史觀 〔역사 사, 볼 관〕

역사적(歷史的) 사실을 파악하여 해석하는 근본적인 관점(觀點)

 역사가는 올바른 **사관**을 정립한 뒤 역사를 기술해야 한다.

 그는 민족 **사관**을 정립하여 전파하는 데 일생을 바쳤다.

사관 士官 〔선비/병사 사, 벼슬 관〕

병사(兵士)를 거느리는 무관(武官). 장교를 통틀어 이르는 말

 나는 어려서부터 멋진 제복을 입은 **사관**이 되고 싶었다.

 그들은 **사관** 학교 생도 시절부터 돈독한 우정을 쌓은 전우이다.

사기 士氣 〔선비 사, 기운 기〕

싸우려 하는 병사(兵士)들의 씩씩한 기개(氣槪). 사람들이 일을 이룩하려는 기개

> 선수단의 *사기*가 하늘을 찌를 듯하다.
> 그의 말은 사람들의 *사기*를 북돋아 주었다.

사기 邪氣 〔간사할 사, 기운 기〕

요사(妖邪)스럽고 나쁜 기운(氣運). 사람의 몸에 병을 일으키는 여러 가지 외적 요인을 통틀어 이르는 말

> 환자의 몸에는 *사기*가 가득했다.
> 인삼(人蔘)은 오장(五臟)을 보(補)하고 *사기*를 없앤다.

사기 史記 〔역사 사, 기록할 기〕

역사적(歷史的) 사실을 적은(記) 책. 중국 한나라 때 사마천(司馬遷)이 상고의 황제로부터 전한의 무제까지의 역대 왕조의 기록한 역사책

> 중국 고대사는 사마천의 『*사기*』를 빼놓고는 설명이 불가능하다.

사기 沙/砂器 〔모래 사, 그릇 기〕

백토(沙/砂)로 구워 만든 그릇(器)

> 그는 30년간 *사기*를 구워 온 장인(匠人)이다.
> *사기*그릇 깨지는 소리가 요란스럽게 들려왔다.

사기 詐欺 〔속일 사, 속일 기〕

못된 목적으로 남을 속임(詐=欺). 남을 속여 착오에 빠지도록 하는 범죄 행위

> *사기*가 성립하려면 상대방을 속이려고 하는 의도가 있어야 한다.
> 첨단 장비를 이용해 신종 *사기*도박을 벌여 온 전문 도박단이 경찰에 적발됐다.

사단 社團〔모일 사, 둥글 단〕

특정한 목적을 위하여 조직된(社) 단체(團體)

우리 체육회는 한국의 아마추어 체육 단체를 총괄하는 **사단**이다.

이날 행사에서 우리 **사단**을 법인화하는 것에 대한 의견을 물었다.

사단 事端〔일 사, 끝/실마리 단〕

일(事)의 실마리(端). 사건의 단서(端緒)

애초의 모든 일의 **사단**이 그에게서 비롯되었다.

사단 師團〔스승/병력 사, 둥글 단〕

일정 인원(團)의 병력(師). 군대 편성 단위의 하나로 군단(軍團)의 아래, 연대(聯隊) 또는 여단(旅團)의 위

이번 작전은 **사단** 차원이 아니라 군단장(軍團長) 지위 아래 수행되었다.

김 준장(准將)은 소장(小將) 진급과 동시에 **사단**장으로 부임했다.

사단 四端〔녁 사, 끝/실마리 단〕

네(四) 가지 실마리(端). 사람의 본성에서 우러나오는 마음씨. 측은지심(惻隱之心), 수오지심(羞惡之心), 사양지심(辭讓之心), 시비지심(是非之心)

맹자는 **사단**을 통해 인간의 선(善)을 이야기한다.

사단칠정(--七情) 논쟁은 조선 최대의 지성적 사건이자 동아시아 유교(儒敎) 사상사에서 가장 위대한 철학적 논쟁이었다.

사례 事例〔일 사, 법식 례〕

일(事)의 전례(前例)나 실례(實例)

이런 사례는 없었기 때문에 어떻게 처리해야 할지 모르겠다.

사례 謝禮 〔사례할 사, 예도 례〕

언행이나 금품으로 고마운(謝) 뜻을 나타내는 인사(禮)

> 변변찮은 것이지만 **사례**의 표시이니 받아 주시길 바랍니다.
> 우리 지역구 국회의원의 당선**사례** 광고가 났다.

사료 史料 〔역사 사, 헤아릴/재료 료〕

역사(歷史)의 연구와 편찬에 필요한 문헌이나 유물 따위의 자료(資料)

> 이번 발굴 작업에서 새로운 **사료**가 발견되었다.
> 자신들의 문화적 우위를 앞세우기 위해 **사료**를 속이기까지 하였다.

사료 思料 〔생각 사, 헤아릴 료〕

생각하고(思) 헤아림(料)

> 그 문제를 **사료**하여 보았지만 해결 방법이 없었다.
> 지금으로써는 이 방법밖에 없다고 **사료**됩니다.

사료 飼料 〔먹일 사, 헤아릴/재료 료〕

가축 따위를 먹이는(飼) 식용 재료(材料)

> 음식물 쓰레기는 가축 **사료**로 쓰기도 한다.

사리 事理 〔일 사, 이치 리〕

일(事)의 이치(理致)

> 그는 **사리**를 분별할 줄 아는 사람이다.
> 재판관은 청렴결백하고 탁월한 **사리** 판단 능력이 있어야 한다.

사리 私利 [사사로울 사, 이로울 리]

사사로운(私) 이익(利益) ↔ 공리(公利)

공직에 있는 사람은 자기의 직함을 팔아 **사리**를 취해서는 안 된다.

사범 師範 [스승 사, 법 범]

스승(師)이 될 만한 모범(模範)을 보이는 사람. 학술, 기예, 무술 따위를 가르치는 사람. 또는 그 자격

사범 대학은 교육자 양성을 목적으로 하는 학교이다.

김 **사범**의 바둑 실력은 아마추어 6단이었다.

사범 事犯 [일 사, 범할 범]

법적인 처벌을 받을 만한 사고(事故)를 낸 범죄(犯罪)

경찰은 어음 부도를 내고 도망간 경제 **사범**을 붙잡았다.

사변 思辨 [생각 사, 분별할 변]

깊이 생각하여(思) 시비(是非)를 가림(辨)

철학의 한 부류는 **사변**과 이성적 체험을 중시한다.

일부 철학자는 신학자들이 쓸데없는 **사변**을 일삼는 데 반발하였다.

사변 事變 [일 사, 변할 변]

큰 사건(事件)이나 변란(變亂)

계엄령은 전시(戰時)나 **사변**과 같은 국가 비상(非常)사태일 때 선포된다.

만주 **사변**을 준비하는 일본에 의해 한반도가 병참기지화되었다.

사상 思想 〔생각 사, 생각 상〕

어떤 사물에 대하여 갖고 있는 생각(思=想). 사고 작용의 결과로 얻어진 체계적 의식 내용

　언어는 인간의 정신과 **사상**을 표현하는 도구이다.

　그의 작품은 우리나라 사람들의 생활과 **사상**을 담고 있다.

사상 史上 〔역사 사, 위 상〕

역사상(歷史上). 역사에 나타나 있는 바

　이번 올림픽은 참가국 수에서 **사상** 최대를 자랑한다.

　그 영화에는 **사상** 유례없는 제작비가 투입되었다.

사상 死傷 〔죽을 사, 다칠 상〕

죽거나(死) 다침(傷). 죽은 사람과 다친 사람

　이번 교통사고로 많은 **사상**자가 생겼다.

　시내 중심가의 한 건물에서 폭탄 테러로 수십 명이 **사상**을 당했다.

사색 思索 〔생각 사, 찾을 색〕

생각하여(思) 파고들어 찾아봄(索)

　사색을 거치지 않은 글은 글로서의 가치가 없다.

　그는 방 안에 그득히 배어 있는 묵향을 맡으며 **사색**에 잠겼다.

사색 死色 〔죽을 사, 빛 색〕

죽을(死)상이 된 얼굴빛(色)

　사색이 된 그의 얼굴을 보자 그만 가슴이 덜컹했다.

　우리가 병문안을 갔을 때는 이미 그의 얼굴에 **사색**이 감돌고 있었다.

사설 私設 〔사사로울 사, 베풀 설〕

개인이나 민간에서 사적(私的)으로 설립(設立)함. 또는 그 기관이나 시설
↔ 공설(公設)

우리 동네에 춤을 배우기 위한 **사설** 댄스 강습소가 두 군데나 생겼다.

이곳은 인도 지역의 미술품을 수집하여 전시한 **사설** 미술관이다.

사설 社說 〔모일 사, 말씀 설〕

신문이나 잡지 따위에서 그 회사(會社)의 주장을 싣는 논설(論說)

논술을 잘하려면 **사설**을 많이 읽어 두는 것이 좋다.

이 신문의 **사설**은 정부의 이번 조치를 신랄하게 비판하였다.

사설 辭說 〔말씀 사, 말씀 설〕

늘어놓는 말(辭=說)

사설이 너무 길면 못 쓰는 법이여.

그는 화를 참지 못하고 씨근거리며 한바탕 **사설**을 늘어놓았다.

사수 射手 〔쏠 사, 손/능한사람 수〕

총포나 활 따위를 쏘는(射) 사람(手). 사격수(射擊手)의 준말

조준을 마친 **사수**는 호흡을 멈추고 방아쇠를 당겼다.

사수 死守 〔죽을 사, 지킬 수〕

목숨을 걸고 죽을(死) 각오로 지킴(守)

자기의 위치에서 이탈하지 말고 진지를 **사수**하기 바란다.

노점상들은 어떤 일이 있어도 생존권을 **사수**하자고 결의했다.

사양 斜陽 〔비낄 사, 볕 양〕

서쪽으로 기울어져(斜) 가는 햇빛(陽). 새로운 것에 밀려 점점 몰락해감

*사양*이 나뭇가지 위를 지나 땅에 떨어지고 있었다.

국내 석탄 산업은 이제 *사양* 산업이 되었다.

사양 辭讓 〔말씀/물러날 사, 사양할 양〕

고사(固辭)하고 양보(讓步)함. 겸손하여 받지 아니하거나 응하지 아니함

김 선수는 기자의 인터뷰 요청을 극구 *사양*했다.

음식은 넉넉하게 준비했으니 *사양* 말고 많이 드세요.

사원 社員 〔모일 사, 인원 원〕

회사(會社)에 근무하는 직원(職員)

형은 자동차 회사 영업부 *사원*으로 취직하였다.

사원 寺院 〔절 사, 집 원〕

절(寺) 집(院). 사찰(寺刹). 종교 건축물을 통틀어 이르는 말

이곳은 역사와 전통을 자랑하는 우리나라 최대의 *사원*이다.

히잡을 쓴 여인들이 이슬람 *사원*으로 하나둘 들어갔다.

사유 事由 〔일 사, 말미암을/까닭 유〕

일(事)이 그렇게 된 까닭(由)

일전에 일러둔 일의 미처리 *사유*는 무엇입니까?

정당한 *사유*가 있을 시 훈련 불참을 인정해 드립니다.

사유 私有 〔사사로울 사, 있을 유〕

개인(私)이 소유(所有)함. 또는 그 소유물 ↔ 공유(公有)

공산주의 국가에 시장 경제가 도입되면서 **사유** 재산제가 인정되었다.
소유의 자유가 있다고 해서 모든 것이 **사유**될 수 있는 것은 아니다.

사유 思惟 〔생각 사, 생각할 유〕

두루 생각함(思=惟)

그 시절의 나는 나라는 존재를 **사유**하며 고뇌하였다.
그의 **사유**는 무한대의 시간과 공간에까지 뻗쳐 있었다.

사의 辭意 〔말씀/물러날 사, 뜻 의〕

사직(辭職)의 뜻(意)

그녀는 **사의**를 표명하고 회사를 그만두었다.

사의 謝意 〔사례할 사, 뜻 의〕

감사(感謝)하게 여기는 뜻(意)

그의 극진한 태도는 방문에 대한 **사의**일 것이다.
오늘 참석해서 자리를 빛내 주신 여러분께 심심한 **사의**를 표합니다.

사장 社長 〔모일 사, 긴/어른 장〕

회사(會社)의 우두머리(長). 회사의 최고 책임자

그는 뛰어난 업무 능력을 인정받아 40대에 **사장**의 자리에 올랐다.
사장이 앞장서서 권위주의 풍토를 개선하자 회사 분위기도 달라졌다.

사장 死藏 〔죽을 사, 감출 장〕

죽은(死) 듯이 감추어(藏) 둠. 사물 따위를 필요한 곳에 활용하지 아니하고 썩혀 둠

　뛰어난 연구 보고서들이 창고에서 사장되고 있다.

　괜한 물건 사들여 사장시키지 말고 다시 생각해 보도록 해라.

사장 私藏 〔사사로울 사, 감출 장〕

개인이 사사로이(私) 간직함(藏)

　그는 국보급 문화재를 몇 점 사장하고 있다.

　외삼촌은 개인이 사장하고 있는 골동품 감정가로 이름이 나 있다.

사장 沙場 〔모래 사, 마당 장〕

모래(沙) 마당(場)

　우리는 해수욕을 하고 사장에 누워 모래찜질했다.

　게가 바닷가 모래사장에 숨어 들어가면 이내 뽀글대면서 거품이 오른다.

사전 事前 〔일 사, 앞 전〕

일(事)이 있기 전(前). 일을 시작하기 전

　이 일을 하려면 사전 작업을 철저하게 해야 한다.

　우리는 이 사건에 대하여 어떠한 사전 정보도 입수하지 못했다.

사전 辭典 〔말씀 사, 법/책 전〕

말(辭)을 모아서 일정한 순서로 배열하여 발음·의미·용법·어원 등을 해설한 책(典)

　읽다가 모르는 단어가 있으면 사전에서 찾아봐.

사절 使節 〔하여금/부릴 사, 마디 절〕

외국에 가는 사신(使臣)에게 지참하게 하던 부절(符節)로 나라를 대표하여 일정한 사명을 가지고 외국에 파견되는 사람

우리나라는 그 나라 대통령의 취임을 축하하기 위해 사절을 보냈다.
정부는 이번에 미국에 파견할 경제 사절의 명단을 공개했다.

사절 謝絶 〔사례할/끊을 사, 끊을 절〕

딱 잘라 거절함(謝=絶)

아버지는 대문 옆에 '신문 사절'이라고 크게 써 붙였다.

사정 事情 〔일 사, 뜻 정〕

일(事)의 형편이나 정황(政況). 어떤 일의 형편이나 까닭을 남에게 말하고 무엇을 간청함

사정을 해봤자 헛일이었다.
방송국은 어쩔 수 없는 사정으로 방송을 내보낼 수 없었다.

사정 私情 〔사사로울 사, 뜻 정〕

사사로운(私) 정(情)

사정에 이끌리어 국사를 그르쳐서는 안 된다.

사정 司正 〔맡을 사, 바를 정〕

바로잡는(正) 일을 맡음(司). 공직에 있는 사람의 규율과 질서를 바로잡는 일

공직 사회에 대대적인 사정 바람이 불고 있었다.
노조는 최근 정부가 감사원과 검찰 등 사정 기관까지 동원해 일방적으로 밀어붙이기를 하고 있다며 이를 즉각 중단하라고 촉구했다.

사정 査定 〔조사할 사, 정할 정〕

심사(審査)하여 결정(決定)함

이번 입시에는 동일 점수대가 많아 **사정**에 애를 먹었다.
제시된 안건이 접수되었으니 **사정**될 때까지 기다려 주세요.

사정 射程 〔쏠 사, 길/정도 정〕

사격(射擊)에서 탄환이 나가는 최대 거리(程)

국방부는 **사정**거리가 1,500km인 미사일을 개발했다고 발표했다.
도망치는 적군은 권총의 **사정**거리를 벗어나 있었다.

사정 射精 〔쏠 사, 정기 정〕

남성의 생식기에서 정액(精液)을 내쏘는(射) 일

질외**사정**으로 피임할 때는 주의해야 한다.
불임센터 의사는 정자(精子) 검사를 위해 **사정**을 요구했다.

사제 師弟 〔스승 사, 아우/제자 제〕

스승(師)과 제자(弟子)를 아울러 이르는 말

김 교수님과 강사님은 **사제**지간이다.

사제 司祭 〔맡을 사, 제사 제〕

의식과 전례(祭)를 맡은 성직자. 천주교에서 주교와 신부를 통틀어 이르는 말

사제로 서품을 받아야 신부(神父)가 될 자격이 주어진다.
가톨릭은 위로 로마 교황으로부터 아래로 **사제**에 이르기까지 하나의
거대한 조직체를 형성하고 있다.

사제 私製 〔사사로울 사, 지을/만들 제〕

개인(私)이 만듦(製). 또는 그런 물건

*은행 강도는 **사제** 권총을 품고 건물로 들어갔다.*
***사제** 폭탄은 폭발력이 좋지 않았다.*

사주 使嗾 〔하여금/부릴 사, 부추길 주〕

남을 부추겨(嗾) 좋지 않은 일을 시킴(使)

*그는 자신의 부하들에게 집단 폭력을 **사주**한 혐의로 구속되었다.*
*범인이 자기 아들에게 거짓말하도록 **사주**한 것이 조사 결과 밝혀졌다.*

사주 社主 〔모일 사, 주인 주〕

회사(會社)의 주인(主人)

*회사의 모든 중요 사항은 **사주**가 책임을 진다.*
*기업 자금을 **사주**가 개인적인 용도로 전용하는 것은 불법이다.*

사주 四柱 〔넉 사, 기둥 주〕

네(四) 개의 기둥(柱). 사람이 태어난 연·월·일·시(年·月·日·時)의 네 간지(干支).
이에 근거하여 사람의 길흉화복(吉凶禍福)을 알아보는 점. 사주단자(四柱單子)

*우리는 복돈 만 원을 주고 심심풀이 **사주**를 보았다.*

사지 四肢 〔넉 사, 사지 지〕

네(四肢) 팔다리(肢). 두 팔과 두 다리

*피로가 쌓여서 그런지 오늘은 하루 종일 눈이 감기고 **사지**가 나른했다.*

사지 死地 〔죽을 사, 땅 지〕

죽을(死) 곳(地). 죽을 지경의 매우 위험하고 위태로운 곳

그는 사지에서 가까스로 벗어났다.

사찰 寺刹 〔절 사, 절 찰〕

절(寺=刹)

휴가 때 전국의 유명 사찰을 돌아볼 계획이다.

사찰 査察 〔조사할 사, 살필 찰〕

조사(調査)하여 살핌(察)

국세청은 이들 기업에 대하여 세무 사찰을 벌일 것이라고 발표하였다.

국제 원자력 기구는 주기적으로 핵연료를 사찰하고 있다.

사태 事態 〔일 사, 모양 태〕

일(事)이 되어 가는 상태(狀態). 벌어진 일의 상황(狀況)

이런 식으로 간다면 사태는 더욱더 악화될 것이다.

정부는 모든 정책 수단을 동원해서 이번 사태를 수습하겠다고 밝혔다.

사태 沙汰 〔모래 사, 일/미끄러질 태〕

산비탈이나 언덕에 쌓인 모래(沙)나 눈 따위가 미끄러져(汰) 내려앉는 일. 사람이나 물건이 한꺼번에 많이 쏟아져 나오는 일을 비유적으로 이르는 말

산이 무너져 사태가 나고 둑이 무너져 엉망이 되었다.

서울에 온 지 얼마 되지 않아 출근길 지하철의 사람 사태에 기가 질렸다.

사회 司會 〔맡을 사, 모일 회〕

회의(會議)나 예식 따위를 맡아(司) 진행함

친구 혼인식 때 *사회*를 보기로 하였다.

이번 공연은 *사회*자의 익살스러운 *사회*로 재미있게 진행되었다.

사회 社會 〔모일/단체 사, 모일 회〕

같은 무리가 집단(社)을 이루어 모임(會)

건강한 *사회*는 비판이 자유롭고 개방적이다.

거대한 조직 *사회* 안에서 개인의 힘이란 어차피 한계가 있기 마련이다.

산재 散在 〔흩어질 산, 있을 재〕

여기저기 흩어져(散) 있음(在)

아직도 우리에게는 명확한 해답을 줄 수 없는 문제들이 *산재*해 있다.

도심지에 *산재*한 군용 시설들을 교외로 이전했다.

산재 産災 〔낳을 산, 재앙 재〕

'산업재해(産業災害: 노동 과정에서 근로자에게 생긴 신체상의 재해)'의 준말

그는 불의의 *산재*를 당하여 보상을 받았다.

산적 山積 〔뫼 산, 쌓을 적〕

산더미(山)처럼 많이 쌓여(積) 있음

연말 결산, 세금 납부, 재고품 관리 등 해야 할 일이 *산적*해 있다.

이렇게 *산적*된 문제들이 많은데 또 무슨 현안들이 더 있다는 겁니까?

산적 山賊 〔뫼 산, 도둑 적〕

산(山)속에 숨어 살면서 남의 재물을 빼앗는 도둑(賊)

> 태호는 얼굴에 털이 많은 것이 꼭 **산적**처럼 생겼다.
> 선비는 한양으로 가는 길에 **산적**을 만나 가진 재물을 모두 빼앗겼다.

산적 散炙 〔흩어질 산, 고기구울 적〕

여러 가지 재료를 길쭉길쭉하게 흩어서(散) 꼬챙이에 꿰어서 구운(炙) 음식

> 다홍치마를 입은 순희는 툇마루에 앉아 **산적**을 부치고 있었다.
> 쇠고기, 버섯, 파 등을 비슷한 크기로 썰어 **산적**을 만들었다.

산하 山河 〔뫼 산, 물 하〕

산(山)과 강(江). 자연 또는 자연의 경치

> 비행기 안에서 바라보는 조국의 **산하**가 눈물겹도록 아름답다.
> 환경 오염으로 힘든 우리 **산하**의 회복을 위해 온 국민이 노력해야 한다.

산하 傘下 〔우산 산, 아래 하〕

우산(傘) 아래(下). 어떤 조직체나 세력의 관할 아래

> 체신(遞信) 업무를 관장하는 부서는 정보 통신부 **산하**에 있다.
> 새 정부는 물갈이 차원에서 정부 **산하** 기관장들을 대폭으로 교체했다.

상가 商街 〔장사 상, 거리 가〕

상점(商店)이 많이 늘어서 있는 거리(街)

> 집 근처에 있는 **상가**에서 반찬거리를 샀다.

상가 喪家 〔잃을/죽을 상, 집 가〕

초상(初喪)난 집(家)

삼우제도 지났고 **상가**에 왔던 손님들도 다 떠났다.
문상객마저 없어서 **상가**가 더욱 쓸쓸한 느낌이다.

상고 上古 〔위 상, 옛 고〕

중고(中古)보다 위(上)의 시기

고분 벽화를 통해 **상고** 시대의 생활상을 알 수 있다.
상고 시대에는 페르시아나 이집트도 중국이나 인도와 같은 큰 문명권
을 만들고 있었다.

상고 上告 〔위 상, 알릴 고〕

① 윗사람(上)에게 아룀(告) ② 상소(上訴)의 한 가지로 2심 판결에 대하여 상
급법원에 파기 또는 변경을 신청하는 일

검찰은 항소심 판결에 불복, 대법원에 **상고**할 방침이다.
상소에는 법원의 판결에 대한 불복 수단인 항소(抗訴)와 **상고**, 결정에 대
한 불복 수단인 항고(抗告)가 있다.

상고 詳考 〔자세할 상, 상고할 고〕

자세하게(詳) 고찰(考察)함

글이란 글은 모두 **상고**하여 이 글을 썼다.
그는 서재에 앉아 밤 깊도록 옛 책을 **상고**하고 있었다.

상기 上記 〔위 상, 기록할 기〕

글의 위(上)나 앞에 적음(記). 또는 그 내용

상기 내용이 사실임을 확인했다.

상기 기사는 제보된 기사 내용을 확인하여 재보도한 것입니다.

상기 上氣 〔위 상, 기운 기〕

기운(氣運)이 머리 위(上)로 올라옴. 흥분이나 부끄러움으로 얼굴이 붉어짐

그녀는 황급히 오느라고 얼굴이 빨갛게 *상기*되어 있었다.

연사(演士)는 벌겋게 *상기*된 표정으로 연단에서 내려왔다.

상기 想起 〔생각 상, 일어날 기〕

지나간 일을 생각해(想) 떠올림(起)

그때의 악몽이 *상기*되자 온몸이 스스로 떨려 왔다.

어머니는 가끔 힘들었던 그 시절을 *상기*시키며 눈물짓곤 하신다.

상술 詳述 〔자세할 상, 지을 술〕

상세(詳細)하게 설명하여 말함(述)

여행 일정은 *상술*한 바와 같다.

조사위원회는 수질 오염의 심각한 폐해를 국회의원들에게 *상술*했다.

상술 商術 〔장사 상, 재주 술〕

장사하는(商) 재주(術)

실속 없이 포장만 잘해서 파는 *상술*에 넘어가서는 안 된다.

비인간적인 *상술*과 마케팅은 왜곡된 소비문화의 부산물이다.

상여 賞與 [상줄 상, 줄 여]

상(賞)으로 돈이나 물건 따위를 줌(與). 또는 그 돈이나 물건

이번 대회에서 우승한 팀의 선수들에게 100만 원씩을 **상여**로 주었다.

회사에서 직원들이 노력한 만큼 일정 금액을 **상여**하니 직원들의 사기
가 대단히 높아졌다.

상여 喪輿 [죽을 상, 수레 여]

사람의 시체(喪)를 실어서 묘지까지 나르는 도구(輿)

상복(喪服)을 입은 상주들이 곡을 하며 **상여**의 뒤를 따랐다.

사실 **상여** 문화는 우리나라만의 독특한 풍습이라고 한다.

상정 上程 [위 상, 길 정]

토의할 안건(程)을 회의에 올림(上)

교육부는 학원 허용에 대한 법률안을 정기 국회에 **상정**했다.

오늘 회의에서 통과되지 못한 안건은 내용을 일부 보완하여 다음 회의
에 **상정**하기로 했다.

상정 想定 [생각 상, 정할 정]

어떤 정황을 가정적으로 생각하여(想) 단정(斷定)함. 또는 그런 단정

회담이 성공할 것이라고 **상정**하고 다음 계획을 세워 봅시다.

광대한 시간의 개념을 **상정**함으로써 인간은 세속적인 시간에 대한 집
착을 끊어 버릴 수 있다.

상주 常住 〔항상/늘 상, 살 주〕

거처를 옮기지 않고 늘(常) 살고(住) 있음

사무실이 밀집한 지역에는 **상주**인구가 적다.

그 섬에 **상주**하는 사람은 100명 정도밖에 안 된다.

상주 常駐 〔항상/늘 상, 머무를 주〕

군대 따위가 언제나(常) 머물러(駐) 있음

그 나라는 국경 지대에 부대를 **상주**시키며 긴장을 유발하였다.

경찰은 단속 요원들을 이 지역에 24시간 **상주**시킬 계획이다.

상주 喪主 〔죽을 상, 주인 주〕

주(主)가 되는 상제(喪制)

예부터 '**상주**는 죄인이라' 하여 거친 삼베로 지은 옷을 입었다.

큰아버지는 자식을 남기지 않고 돌아가셔서 내가 **상주** 노릇을 했다.

상품 上品 〔위 상, 물건 품〕

질이 좋은 상급(上級) 물품(物品)

이 사과는 상품 중에 **상품**이다.

소반 중에는 은행나무로 만든 행자반을 **상품**을 친다.

상품 商品 〔장사 상, 물건 품〕

사고파는(商) 물품(物品)

백화점에는 온갖 **상품**이 다 있다.

우리나라에서 발명한 커피믹스는 세계로 수출되는 효자 **상품**이다.

상품 賞品〔상줄 상, 물건 품〕

상(賞)으로 주는 물품(物品)

달리기에서 1등을 한 학생은 자전거를 **상품**으로 받았다.
수수께끼의 답을 정확하게 맞히면 **상품**을 드립니다.

서식 書式〔글 서, 법 식〕

서류(書類)의 양식(樣式). 서류를 작성하는 법식

취업 희망자들은 각 기업에서 정한 서식의 입사 지원서를 제출해야 한다.
회계 프로그램은 계정 항목을 상세화하고 서식 등을 표준화한다.

서식 棲息〔깃들 서, 숨쉴/살 식〕

어떤 곳에 깃들어(棲) 삶(息)

바다에는 많은 종류의 동식물이 서식하고 있다.
그 물고기가 서식하는 나라는 우리나라가 유일하다.

선사 先史〔먼저 선, 역사 사〕

역사(歷史) 시대 이전(先)의 역사

선사 시대의 사람들은 주로 움집에서 거주했다.

선사 禪師〔홀로/참선 선, 스승 사〕

선(禪)에 통달한 법사(法師). '중'의 높임말

선사께서는 무언가를 물으면 밥자루라고 호통부터 치시곤 했다.
선사의 달관을 어찌 범부가 따를 수 있겠습니까?

선사 膳賜 〔반찬/드릴 선, 줄 사〕

남에게 선물(膳物)을 줌(賜)

나는 고마운 그분께 손수건 한 장 선사하지 못하였다.

오늘 음악회는 청중들에게 새로운 차원의 감동을 선사했다.

선사 船社 〔배 선, 모일 사〕

선박(船舶)으로 사람이나 화물을 운송하는 사업을 하는 회사(會社)

이 회사는 국내 선사로부터 정유 제품 운반선 1척을 수주했다.

이번 사고로 해당 선사는 승객들에게 운임과 위로금 50만 원을 주었다.

선수 船首 〔배 선, 머리 수〕

배(船)의 앞머리(首)

배가 선수를 돌려 항구로 돌아왔다.

어선의 오른쪽 선미(船尾) 모서리가 이 배의 왼쪽 선수 부분과 충돌했다.

선수 選手 〔가릴 선, 손/능한사람 수〕

여럿 중에서 대표로 뽑힌(選) 사람(手)

선수들은 마음껏 시합을 했고, 응원단은 마음껏 응원을 했다.

선수들이 제 기량만 발휘한다면 우리 팀이 우승할 수 있을 것이다.

선수 先手 〔먼저 선, 손 수〕

남이 하기 전에 먼저(先) 착수(着手)함. 또는 그런 행동

우리는 그들에게 선수를 빼앗겼다.

내 말은 우습게 되기 전에 선수를 쓰는 것이 좋겠다는 것이오.

선전 宣傳 〔베풀 선, 전할 전〕

널리 퍼트려(宣) 전함(傳). 과장하여 말을 퍼뜨림

선전의 효과가 있었는지 이번 신상품의 판매량이 예상외로 많다.

꼼꼼히 따져 보지 않고 선전 광고만 믿고 물건을 샀다가는 후회한다.

선전 善戰 〔착한/좋을/잘할 선, 싸움 전〕

실력 이상으로 잘(善) 싸움(戰)

선수들이 예상을 뛰어넘는 선전을 펼치고 있다.

젊은 후보가 처음 출마해 이만큼의 표를 얻었다면 선전했다고 볼 수 있다.

선전 宣戰 〔베풀 선, 싸움 전〕

다른 나라에 대하여 전쟁(戰爭)을 시작할 것을 선언(宣言)함

아직 선전 포고는 하지 않았지만 청일 간의 전쟁은 사실상 시작되었다.

유엔은 선전 포고도 없이 약소국을 침범한 나라에 대한 징계를 결의했다.

선정 選定 〔가릴 선, 정할 정〕

많은 것 중에서 가려(選) 뽑아 정함(定)

우리 회사가 수도권 지역 사업자로 선정되었다.

이번 영화제는 수상작 선정에서 적지 않은 문제를 일으켰다.

선정 善政 〔착할/좋을 선, 정사 정〕

바르고 좋은(善) 정치(政治) ↔ 악정(惡政)

어진 임금은 백성들에게 선정을 베푼다.

세종 대왕은 조선 시대에 선정을 베푼 최고의 임금이다.

선정 禪定 〔홀로/참선 선, 정할 정〕

결가부좌하여 속정(俗情)을 끊고 마음을 가라앉혀 삼매경에 이르는 일. '禪'은 범어 '선나'의 음(音)을 빌리고 '定'은 그 뜻을 한자로 옮긴 말

노스님은 *선정*에 들었다.
*선정*을 닦고 있는 스님의 얼굴은 평화로워 보였다.

선정 煽情 〔불붙일 선, 뜻 정〕

어떤 감정이나 욕정(欲情)을 불붙이듯(煽) 일으킴

텔레비전 방송에 *선정*적인 내용이 방영되어 문제가 되고 있다.

성대 盛大 〔성할 성, 큰 대〕

아주 왕성(旺盛)하고 큼(大)

그들은 많은 사람들의 축하 속에 *성대*한 결혼식을 올렸다.
그의 입영 환송식은 동회 앞마당에서 *성대*하게 거행되었다.

성대 聲帶 〔소리 성, 띠 대〕

후두(喉頭)의 중앙에 있는 소리(聲)를 내는 울림대(帶). 목청

사춘기가 되면 *성대*에 변화가 생기면서 변성기가 온다..

성명 姓名 〔성씨 성, 이름 명〕

성(姓)과 이름(名). 성함(姓銜)

경찰 컴퓨터는 나이와 *성명*만 입력하면 신원 파악이 가능하다.
그 편지에는 발신인의 주소와 *성명*은 적혀 있지 않았다.

성명 聲明 〔소리 성, 밝을 명〕

소리(聲) 내어 분명(分明)하게 밝힘. 일정한 사항에 관한 견해나 태도를 여러 사람들에게 공개적으로 밝히는 일

*각 정당은 새 정부가 출범할 즈음 각각 **성명**을 발표하였다.*

*각 시민 단체에서 정부의 개발 계획을 반대하는 **성명**을 냈다.*

소개 紹介 〔이을 소, 끼일 개〕

중간에 끼어(介) 서로의 관계를 맺어(紹) 줌

*어느 누구의 **소개**도 없이 그 사람을 찾아갔다.*

*토론에 앞서 신입 단원을 여러분께 **소개**하겠습니다.*

소개 疏開 〔트일 소, 열 개〕

막혔던 것을 트고(疏) 엶(開). 산개(散開). 공습이나 화재 등에 대비하기 위하여 집중되어 있는 사람이나 시설 따위를 분산시킴

*본국 정부는 미국인 **소개**를 서두르고 있었으나 특파원들은 예외였다.*

*공안 당국은 안전을 고려해 개막식 장소 건물에 **소개**령을 내려 시민들의 불편을 초래하기도 했다.*

소식 消息 〔사라질 소, 숨쉴/불어날 식〕

사라짐(消)과 불어남(息). '변화' '증감' '동정' '사정' '안부' '편지' 같은 의미로 쓰임

*오랫동안 **소식**이 끊긴 친구에게서 연락이 왔다.*

*지금부터 김 기자가 나라 밖 **소식**을 전해 드리겠습니다.*

소식 小食 〔작을 소, 먹을 식〕

음식을 적게(小) 먹음(食)

그는 소식으로 자신의 건강을 관리하고 있다.

소요 所要 〔바/것 소, 구할 요〕

필요(必要)로 하는 것(所). 요구되는 바

첨단 기술의 개발에는 우수한 인력과 막대한 자본이 소요된다.

한번 오염된 환경을 복구하는 데 소요되는 시간은 몇백 년 이상이다.

소요 逍遙 〔거닐 소, 멀/거닐 요〕

마음 내키는 대로 슬슬 거닐며(逍=遙) 돌아다님

요양하는 동안 그녀는 바닷가에서 소요하는 일이 유일한 낙이었다.

소요 騷擾 〔시끄러울 소, 어지러울 요〕

떠들썩하고(騷) 어지러움(擾). 많은 사람들이 들고 일어나서 소란을 피우며 사회 질서를 어지럽히는 일

소요의 틈을 타 도처에서 방화와 약탈이 일어났다.

대규모의 소요가 발생하고 계엄령이 선포되었다.

소원 所願 〔바/것 소, 바랄 원〕

이루어지기를 바라는(願) 어떤 것(所). 소망(所望)

내 평생의 소원은 세계 일주이다.

진수성찬은 고사하고 제대로 된 밥상이라도 받으면 소원이 없겠다.

소원 疏/疎遠 〔성길 소, 멀 원〕

사이가 멀어져(疏/疎) 멀어짐(遠). 소식이나 왕래가 오래 끊긴 상태에 있음

소원한 관계의 원인은 그것뿐만이 아니었다.

무엇 하나라도 제대로 해 보려고 하니 다른 것에는 소원하게 되었다.

소원 訴願 〔하소연할 소, 원할 원〕

하소연하여(訴) 바로잡아 주기를 바람(願)

그들은 행정 기관에 피해 상황을 적어 놓은 소원장을 제출했다.

헌법 소원 심판은 국민의 권리를 되찾기 위한 제도이다.

소장 少壯 〔적을/젊을 소, 씩씩할 장〕

젊고(少) 씩씩함(壯)

이번 일은 현장에서 활동해 온 소장 학자가 번역을 맡았다.

소장 개혁파로 분류되는 두 의원은 당내에서 '쓴소리'를 내 왔다.

소장 小腸 〔작을 소, 창자 장〕

작은(小) 창자(腸)

요충은 사람의 소장에서부터 맹장에 걸쳐 기생하는 기생충이다.

내시경 검사결과 소장에 물혹이 발견되어 즉시 절제 수술을 받았다.

소장 少將 〔적을/젊을 소, 장수 장〕

젊은(少) 장수(將). 장성 계급의 하나로 중장(中將)의 아래, 준장(准將)의 위

김 준장은 소장 진급과 동시에 사단장으로 부임했다.

현 육군 소장이 비리 사건에 연루되어 예편이 확정되었다.

소장 所長 [바/곳 소, 긴/어른 장]

'소(所)'자가 붙은 기관이나 직장의 사무를 통할하는 책임자(長)

그는 오랫동안 교도소의 **소장**을 지냈다.

이른 아침부터 소장은 연구원들에게 잔소리를 해 댔다.

소장 所藏 [바/것 소, 감출 장]

간직하고(藏) 있는 어떤 것(所)

이 도서관에는 많은 양의 도서가 **소장**되어 있다.

우리 미술관에서는 **소장** 작품들을 3개월을 주기로 번갈아 소개한다.

소장 訴狀 [하소연할 소, 문서 장]

소송(訴訟)을 제기하기 위하여 법원에 제출하는 문서(狀)

소(訴)의 제기는 **소장**을 법원에 제출함으로써 이루어진다.

결국 쌍방의 원만한 합의 아래 **소장**이 취하되었다.

소재 所在 [곳 소, 있을 재]

있는(所) 장소(場所)

용의자의 **소재**가 불분명하자 경찰은 수배 전단을 돌렸다.

우리가 보기에 정치권은 민심의 **소재**를 모르고 있는 것 같다.

소재 素材 [바탕 소, 재료 재]

만드는 데 바탕(素)이 되는 재료(材料). 문학 작품의 재료가 되는 모든 대상

많은 기업들이 새로운 기술과 **소재**의 개발에 박차를 가하고 있다.

그 작가는 요즘 중산층의 의식과 생활을 **소재**로 한 작품을 쓰고 있다.

속보 速報 〔빠를 속, 갚을/알릴 보〕

빨리(速) 알림(報). 또는 그 신속(迅速)한 보도(報道)

뉴스 **속보** 때문에 정규 프로그램을 결방했다.

그 신문사는 인터넷판을 통해 지진 피해 상황을 **속보**로 보도했다.

속보 速步 〔빠를 속, 걸음 보〕

빠른(速) 걸음(步)

그녀는 **속보**로 학교에서 여기까지 5분 만에 도착했다.

속보로 걷자니 금방이요, 완보(緩步)로 걷자니 한없이 지루한 길이었다.

속성 速成 〔빠를 속, 이룰 성〕

빨리(速) 이루어짐(成) ↔ 만성(晚成)

학원에서 **속성**으로 고등학교 과정을 마쳤다.

속성 屬性 〔붙을 속, 성질 성〕

사물의 본질을 이루는(屬) 고유한 특징이나 성질(性質)

신비성은 종교의 **속성** 가운데 하나이다.

대중문화는 일반적으로 상업성이라는 **속성**을 띤다.

송구 送球 〔보낼 송, 공 구〕

구기(球技) 종목에서 공(球)을 자기편 선수에게 던져 보냄(送)

투수는 도루하는 주자를 잡기 위해 재빨리 2루로 **송구**하였다.

유격수의 정확한 **송구**에 타자는 간발의 차이로 아웃이 되었다.

송구 悚懼 〔두려워할 송, 두려워할 구〕

두렵고(悚=懼) 거북함

저를 이렇게 높이 평가하시다니 송구스럽기 짝이 없습니다.

아무것도 한 일 없이 상을 받기가 다른 분들께 송구스럽습니다.

송구 送舊 〔보낼 송, 옛 구〕

묵은해(舊)를 보냄(送)

연말연시에 보내는 카드에는 대개 '송구영신'이라는 문구가 들어간다.

* 송구영신(—迎新)(—, —맞이할 영, 새로울 신): 새(新)해를 맞음(迎)

수구 水球 〔물 수, 공 구〕

물(水)속에서 공(球)을 서로 상대편 골에 넣어 승부를 겨루는 경기

그는 고교 때까지는 수구 선수로 활약했다.

수구 守舊 〔지킬 수, 옛 구〕

묵은(舊) 관습이나 제도를 그대로 지키고(守) 따름

수구 세력은 기득권을 지키기 위해 개혁을 거부했다.

수구와 보수(保守)는 개혁이나 개량을 인정하느냐의 여부로 구별된다.

수도 水道 〔물 수, 길 도〕

물(水)이 다니는 길(道). 수돗물을 받아 쓸 수 있게 만든 시설

수도를 덜 잠갔는지 똑, 똑, 물방울 떨어지는 소리가 들려왔다.

공과금을 수개월 연체하자 전기와 수도가 끊겼다.

수도 首都 〔머리 수, 도읍 도〕

한 나라에서 으뜸(首)가는 도시(都市). 일반적으로 정부(政府)가 있는 도시

서울은 대한민국의 **수도**로 정치·경제·문화의 중심지이다.

센강이 흐르는 파리는 세계에서 가장 유명한 **수도** 중 하나이다.

수도 修道 〔닦을 수, 길 도〕

도(道)를 닦음(修)

수도란 영원한 물음에 대한 답을 혼자 깨닫는 도정(道程)이다.

그는 10년 동안 계룡산에서 입산**수도**(入山--)하였다.

수리 水利 〔물 수, 이로울 리〕

음료수나 관개(灌漑)용 등으로 물(水)을 이용(利用)하는 일

우리 시는 **수리** 사업의 하나로 취수장을 건설하기로 하였다.

그 지역은 땅도 기름지고 **수리** 시설도 잘되어 있어 매년 작황이 좋다.

수리 數理 〔셈 수, 다스릴 리〕

수학(數學)의 이론(理論) 또는 이치(理致)

그는 **수리**에 밝아서 계산이 틀리는 일이 없다.

이번 시험은 언어 영역보다 **수리** 영역이 어려웠다.

수리 修理 〔닦을 수, 다스릴 리〕

고장이 나거나 허름한 데를 손보아(修) 고침(理)

그 집은 오래전에 지어서 **수리**할 곳이 많다.

이 제품은 **수리**를 여러 번 해도 계속 고장이 난다.

수리 受理 [받을 수, 다스릴 리]

문서를 받아들여(受) 처리(處理)함

사장은 그의 사표를 즉각 **수리**했다.

그는 용기를 내어 중대장에게 장문의 편지로 '소원**수리**'를 했다.

* **소원수리**(訴願—): 하급자가 기업이나 조직 내부의 불합리함이나 고충을 알려 이를 바로잡기를 청하면 상급자 또는 상급 부서에서 이를 받아들여 처리함. 또는 그런 일

수반 隨伴 [따를 수, 짝/따를 반]

붙좇아서 따름(隨=伴). 어떤 일과 더불어 생김

인터넷의 보편화는 쇼핑 방법의 변화를 **수반**하였다.

고령화 사회는 인구 구성의 변화뿐만 아니라 산업 구조의 변화까지 **수반**한다.

수반 首班 [머리 수, 나눌 반]

반열(班列) 가운데 으뜸가는(首) 자리. 행정부의 가장 높은 자리에 있는 사람

대통령은 행정부의 **수반**으로서 국무총리의 임명권을 가진다.

대통령의 취임식에 각 나라의 국가**수반**이 참관하였다.

수사 搜査 [찾을 수, 조사할 사]

찾아서(搜) 조사(調査)함

경찰의 **수사**로 사건의 전모가 밝혀졌다.

혐의자의 유죄를 증명할 만한 결정적 증거가 발견되지 않아서 **수사**는 난관에 봉착해 있다.

수사 修辭 〔닦을 수, 말씀 사〕

말(辭)이나 글을 다듬고 꾸며서(修) 보다 아름답고 정연하게 하는 일. 또는 그런 기술

　글을 쓸 때 기교와 **수사**에만 골몰하는 것은 지양해야 한다.

수사 修士 〔닦을 수, 선비 사〕

수도(修道) 생활을 하는 남자(士)

　중세 수도원의 **수사**는 학문 연구에도 많은 발전을 가져왔다.
　수도회에 들어간 **수사**는 독신으로 청빈, 정결, 순명을 서약한다.

수상 手相 〔손 수, 서로/모양 상〕

손(手)에 나타난 무늬나 모양(相). 손금이나 손의 모양을 보고 그 사람의 운수와 길흉을 판단하는 일

　점쟁이가 나의 **수상**을 자세히 들여다보았다.
　그는 관상(觀相)과 **수상**은 못 보지만 사주는 잘 본다고 큰소리쳤다.

수상 水上 〔물 수, 위 상〕

물(水) 위(上)

　태국 여행 중에 **수상** 가옥에서 하룻밤을 지새운 적이 있다.
　그는 여름철이면 유원지에 가서 **수상** 스키를 즐기곤 한다.

수상 首相 〔머리 수, 서로/모양/재상 상〕

으뜸가는(首) 재상(宰相). 내각의 우두머리

　대통령이 영빈관에서 영국 **수상**을 접견했다.
　의원 내각제에서는 다수당의 우두머리가 **수상**이 되는 것이 일반적이다.

수상 隨想 〔따를 수, 생각 상〕

어떤 일이나 사물을 접할 때 따라오는(隨) 느낌이나 생각(想)

  몽테뉴의 『수상록』을 읽고 깊은 감명을 받았다.

  평생을 초등학교 교사로 지내신 선생님께서는 교육에 대한 자신의 느

낌이나 생각을 틈틈이 적은 글을 모아 **수상록**을 펴내셨다.

수상 受像 〔받을 수, 형상 상〕

신호로 받은(受) 사물의 영상(映像)을 재생하는 일

  태풍이 불어서 그런지 텔레비전 **수상기**의 화면이 자꾸 흔들렸다.

수상 受賞 〔받을 수, 상줄 상〕

상(賞)을 받음(受) ↔ 수상(授賞)(줄 수, 상줄 상): 상을 줌(授)

  그는 각종 국제 대회에서 **수상**한 경력이 있다.

  데뷔한 지 3년 만에 영화제에서 감독상을 **수상**하는 영예를 누렸다.

수상 殊常 〔다를 수, 항상/늘 상〕

언행이나 차림새가 일상(日常)과 다름(殊). 보통 때와 달라짐

  돌아올 때부터 어쩐지 좀 **수상**하다 싶더니 무슨 일이 있었던 게 분명했다.

  그 사내의 **수상**한 행동은 마치 그를 범인으로 오해할 소지가 있었다.

수석 水石 〔물 수, 돌 석〕

물(水)과 돌(石)

  너른 마당에 관상목(觀賞木)과 **수석**을 놓고 아름답게 꾸몄다.

  묘향산이 산세가 웅장하기는 백두산만 못하고 **수석**이 기이하기는 금

강산만 못하지요.

수석 壽石 〔목숨 수, 돌 석〕

모양이나 빛깔, 무늬 따위가 아름답고 장수(長壽)를 상징하는 천연석(天然石)

*수석*은 받침을 어떻게 대느냐에 따라서도 모습이 매우 다르다.

수석 首席 〔머리 수, 자리 석〕

맨 윗(首)자리(席)

수석 합격자는 4년간 전액 장학금이 주어진다.

그는 우리 쪽의 *수석* 대표로 회의에 참석했다.

수습 修習 〔닦을 수, 익힐 습〕

정식으로 실무를 맡기 전에 배워(修) 익힘(習). 또는 그런 일

이제 막 *수습* 딱지를 뗐다.

수습 收拾 〔거둘 수, 주을 습〕

흩어진 것을 거두고(收) 주워(拾) 담음. 어수선한 사태를 거두어 바로잡음. 어지러운 마음을 가라앉히어 바로잡음

사태가 악화되어 *수습*이 불가능하다.

이 사건을 *수습*하는 길은 그 진상을 낱낱이 밝히는 데 있다.

수신 受信 〔받을 수, 믿을 신〕

① 통신(通信)을 받음(信) ↔ 송신(送信). 발신(發信) ② 금융 기관이 고객으로부터 받는(受) 신용(信用). 예금 형태로 여유 자금을 흡수하는 일

이 전화기는 *수신*에는 문제가 없는데 발신이 잘 안 된다.

금리를 지나치게 내릴 경우 급격한 *수신* 감소가 예상된다.

수신 修身 〔닦을 수, 몸 신〕

마음과 행실을 바르게 하도록 심신(心身)을 닦음(修)

　사회가 안정되려면 구성원 개개인의 **수신**이 먼저 이루어져야 한다.
　유교에서는 '**수신**제가(--齊家)한 후에 평천하' 하라고 가르치고 있다

수양 修養 〔닦을 수, 기를 양〕

몸과 마음을 갈고 닦아(修) 품성이나 지식, 도덕 따위를 기름(養)

　매일 일기를 쓰는 것은 개인의 **수양**에 큰 도움이 된다.
　가치 판단의 능력을 기르기 위해서는 지식과 **수양**이 필요하다.

수양 收養 〔거둘 수, 기를 양〕

다른 사람의 자식을 거두어(收) 제 자식처럼 기름(養)

　아직도 많은 아이들이 **수양** 시설에 맡겨져 자라고 있다.
　아주머니는 우리 형제를 **수양** 자식으로 들이겠다고 하셨다.

수양 垂楊 〔드리울 수, 버들 양〕

가지를 밑으로 축 늘어뜨리며(垂) 자라는 버드나무(楊)

　개울가의 **수양**버들은 연둣빛이 된 가지가 땅으로 늘어져 있었다.

수의 囚衣 〔가둘/죄수 수, 옷 의〕

죄수(罪囚)가 입는 옷(衣)

　그는 감옥에서 푸른 **수의**를 입고 참회의 나날을 보내고 있다.
　미결인 신분으로 법정에서 **수의**를 입는 것은 부당하다는 의견이다.

수의 壽衣 [목숨 수, 옷 의]

목숨(壽)이 다하여 죽은 이에게 입히는 옷(衣)

시신에 **수의**를 입히고 관에 반듯이 눕혔다.

윤달에 **수의**를 마련하면 병치레 없이 오래 산다는 옛말이 있다.

수의 隨意 [따를 수, 뜻 의]

자기의 뜻(意)에 따라(隨) 함. 마음대로 함

그 건물은 **수의** 계약으로 매각되었다.

작업의 장소는 각자의 **수의**대로 하되 성과만은 제때 제출합시다.

수의 獸醫 [짐승 수, 의원 의]

짐승, 특히 가축(獸)의 질병을 진찰 치료하는 의사(醫師). 수의사(獸醫師)의 준말

더 늦기 전에 **수의**사를 찾아가 반려견 예방 접종을 하십시오.

수입 收入 [거둘 수, 들 입]

돈이나 물품 따위를 거두어(收)들이는(入) 일. 또는 그 돈이나 물품

그녀는 **수입**의 반을 저축하고 있다.

야구장 **수입**만으로는 종합 운동장 전체를 운영할 수 없다.

수입 輸入 [보낼/나를 수, 들 입]

다른 나라로부터 물품 따위를 날라(輸) 들임(入). 다른 나라에서 사상, 문화, 제도 따위를 들여옴

지난해에는 수출보다 **수입**이 더 많았다고 한다.

선진 문화의 **수입**은 우리의 삶을 윤택하게 한다.

수정 水晶〔물 수, 맑을 정〕

물(水)방울처럼 맑게(晶) 반짝이는 돌

레스토랑은 투명하게 빛나는 수정으로 실내를 장식하였다.

눈에서는 수정 같은 눈물이 방울방울 떨어졌다.

수정 受精〔받을 수, 정기 정〕

정자(精子)를 받음(受)

일단 수정 뒤에는 태아의 성별이 바뀌지 않는다.

김 교수는 이 생물의 정자를 인공적으로 수정시키는 데 성공하였다.

수정 修正〔닦을/고칠 수, 바를 정〕

고쳐(修) 바로잡음(正)

미사일의 궤도를 수정하다.

정부는 성폭력 범죄 처벌에 대한 법률안을 대대적으로 수정했다.

수정 修訂〔닦을/고칠 수, 바로잡을 정〕

책의 글자나 내용 등을 고쳐(修) 바로잡음(訂)

그는 출판하기 전에 원고의 오타를 꼼꼼히 수정하였다.

출판사는 초판의 오자(誤字)를 수정하여 개정판을 냈다.

수집 收集〔거둘 수, 모을 집〕

여러 가지 것들을 거두어(收) 모음(集)

오늘은 재활용품을 수집의 날이다.

폐지와 고철 등 폐자원은 수집업체가 각각 수거한다.

수집 蒐集 [꼭두서니/모을 수, 모을 집]

취미나 연구를 위하여 어떤 물건이나 자료들을 찾아서 모음(蒐=集)

　우리는 도서관 측의 비협조적인 태도 때문에 자료 **수집**에 애를 먹었다.
　그녀는 벌써 10년째 우표 **수집**을 하고 있다.

수치 數値 [셈 수, 값 치]

계산하여(數) 얻은 값(値)

　대기 오염이 기준 **수치**를 넘어서고 있다.
　건강 검진 결과 보통 사람보다 콜레스테롤 **수치**가 유난히 높게 나왔다.

수치 羞恥 [부끄러울 수, 부끄러울 치]

부끄러움(羞=恥)

　내가 그런 실수를 하다니 이게 무슨 **수치**냐?
　미개 사회에서나 일어날 일이 지금 우리에게서 일어난다면 **수치**스러운
　일입니다.

수치 綬幟 [인끈 수, 기 치]

유공 단체를 포상할 때 주는 끈(綬)으로 된 깃발(幟)

　그 군청은 평가에서 최우수 기관으로 선정돼 표창패와 **수치**를 받았다.
　대통령은 청와대에서 열린 군 장성 진급 및 보직신고식에서 합참의장
　의 삼정검에 **수치**를 달아주었다.

* **삼정검**(三精劍): 육·해·공 3군이 하나가 되어 호국·통일·번영에 기여한다는 의미를
담아 현역 군인이 장군으로 승진하면 대통령이 수여하는 칼. 대통령이 하사한 삼정
검은 국방부 장관이 장군 승진자에게 전달하지만 3성 장군 이상의 보직을 받고 청와
대에서 신고식이 진행되면 당사자가 준장 진급 때 받은 삼정검에 대통령이 수치를
직접 달아줌. 날이 한쪽뿐인 칼은 도(刀)라고 하고 양날을 지닌 칼은 검(劍)이라고 함

수행 遂行 〔이룰 수, 다닐/행할 행〕

생각하거나 계획한 대로 일을 이루기(遂) 위해 행함(行)

> 정당은 국가의 중요한 정책 결정과 **수행**을 보조할 수 있어야 한다.
> 정기 내신 시험이 아닌 **수행** 평가에서는 논술 고사도 확대될 예정이다.

수행 修行 〔닦을 수, 다닐/행할 행〕

행실(行實)을 바르게 닦음(修)

> 그는 산에서 두문불출하고 **수행**에만 전념하고 있다.
> 불가(佛家)에서는 묵언 **수행**이 있다고 한다.

수행 隨行 〔따를 수, 다닐/행할 행〕

높은 지위에 있는 사람을 따라(隨)감(行)

> 대통령의 이번 순방 길에는 **수행** 인원이 대폭 축소되었다.
> **수행** 취재팀과 특파원들이 밤을 꼬박 새워 가며 정상 회담에 관한 기사
> 를 작성해 보냈다.

수훈 垂訓 〔드리울 수, 가르칠 훈〕

교훈(教訓)을 적은 글을 드리워(垂) 보임. 후세에 가르침을 남김. 또는 그 가르침

> 가훈은 다른 이의 귀감이 되는 사람이 **수훈**을 하는 것이 관례이다.

수훈 受勳 〔받을 수, 공로 훈〕

훈장(勳章)을 받음(受)

> 그동안 도와준 여러 관계자분들께 **수훈**의 영광을 돌립니다.
> 이 교수의 문화 훈장 **수훈**을 축하하기 위해 축하 메시지를 보내왔다.

수훈 首勳 〔머리 수, 공로 훈〕

으뜸(首)인 큰 공훈(功勳)

그는 여러 공신 중의 **수훈** 공신이다.

결승전에서 두 골을 뽑아낸 그의 **수훈**에 힘입어 우리 팀이 우승했다.

순수 純粹 〔순수할 순, 순수할 수〕

다른 것이 조금도 섞임이 없음(純=粹). 마음에 딴생각이나 그릇된 욕심이 전혀 없음

자식에 대한 어머니의 사랑은 그 어떤 사랑보다도 **순수**한 것이다.

대중문화는 소위 **순수** 예술을 지향하는 엘리트들에 의하여 저급한 문화로 낙인찍히기도 하였다.

순수 巡狩 〔돌/순행할 순, 사냥/순행할 수〕

천자(天子)가 제후(諸侯)의 나라를 순회(巡廻)하며 시찰한다(狩)는 뜻으로 임금이 나라 안을 두루 돌아다니며 백성의 생활을 살피던 일. 순행(巡行)

임금의 **순수**는 지방의 정치와 민정을 시찰하기 위해 이루어졌다.

진흥왕은 국경을 **순수**하고 **순수**비(碑)를 세웠다.

순종 純種 〔순수할 순, 씨 종〕

딴 계통과 섞이지 않은 순수(純粹)한 종(種)

아버지는 진돗개 **순종** 강아지를 한 마리 데리고 오셨다.

이 애완견은 **순종**이라 그만큼 더 비싸다.

순종 順從 〔순할/좇을 순, 따를 종〕

순순(順順)히 복종(服從)함

순종이 미덕이던 시대는 지났다.
자녀에게 무조건적인 **순종**을 요구해서는 안 된다.

습득 習得 〔익힐 습, 얻을 득〕

배워서(習) 지식 따위를 얻음(得). 배워 터득함

언어 **습득**은 어린이가 어른보다 훨씬 뛰어나다.
산업이 발전하려면 기업들이 도입 기술을 **습득**하는 과정이 중요하다.

습득 拾得 〔주울 습, 얻을 득〕

남이 잃어버린 물건을 주워서(拾) 얻음(得) ↔ 분실(紛失)

지하철에서 분실물(紛失物)을 **습득**했다.
그는 길에서 **습득**한 돈을 파출소에 맡겼다.

시각 時刻 〔때 시, 새길 각〕

때(時)를 나타내기 위해 새긴(刻) 점

약속한 **시각**에 맞추어 모임에 나갔다.
이튿날 예고된 **시각**부터 강변 마을들에 대한 무차별 폭격이 시작되었다.

시각 視覺 〔볼 시, 깨달을 각〕

눈으로 보고(視) 깨닫는(覺) 것

텔레비전을 가까이서 오랫동안 보면 **시각** 장애를 일으킬 수 있다.

시각 視角 〔볼 시, 뿔 각〕

사물을 관찰하는(視) 각도(角度)나 기본자세

사물은 바라보는 **시각**에 따라 그 의미가 달라진다.

다른 의견에 대해 편협한 **시각**을 벗고 폭넓은 관점을 갖는 것이 필요하다.

시공 時空 〔때 시, 빌 공〕

시간(時間)과 공간(空間)

그의 작품은 수백 년이 지난 지금에도 **시공**을 초월한 감동을 준다.

시공 施工 〔베풀 시, 장인 공〕

공사(工事)를 시행(施行)함

설계된 대로만 **시공**하면 공사에 무리가 없다.

그 회사는 최대 규모의 댐 건설 **시공**을 맡았다.

시급 時急 〔때 시, 급할 급〕

시간적(時間的)으로 매우 급함(急)

과학 기술력을 강화하기 위한 노력이 **시급**하게 요청된다.

복지 정책이야말로 가장 정비되어야 할 **시급**한 문제이다.

시급 時給 〔때 시, 줄 급〕

노동한 시간(時間)에 따라 지급되는 급여(給與)

아르바이트를 시작한 지 오래되어 **시급**이 약간 올랐다.

최저 **시급**안을 두고 근로자와 사용자 측 의견이 팽팽하게 대립하였다.

시기 時期 〔때 시, 기약할/기간 기〕

때(時)를 기약(期約)함. 어떤 일이나 현상이 진행되는 기간(期間)

　가을은 오곡백과가 무르익는 **시기**이다.
　밤을 새워 가며 길고 긴 사연의 편지를 벗에게 쓸 수 있는 **시기**란 젊음
이라는 축복받은 한때뿐이다.

시기 時機 〔때 시, 기계/기회 기〕

어떤 일을 하는 데 가장 알맞은 때(時)나 기회(機會)

　그는 드디어 **시기**가 무르익었다고 판단했다.
　아직은 우리의 계획을 추진할 **시기**가 아니다.

시기 猜忌 〔샘낼 시, 꺼릴/미워할 기〕

시샘하여(猜) 미워함(忌)

　그는 후덕하고 조용한 성품으로 **시기**나 질투를 모른다.
　감정의 순화를 통해 쓸데없는 욕망이나 근심, **시기**나 질투가 없도록 하자.

시비 是非 〔옳을 시, 아닐 비〕

옳음(是)과 그름(非). 잘잘못. 옳고 그름을 따짐

　사사건건 **시비**를 거는 이유가 뭡니까?
　서로 자기가 옳다고 티격태격 **시비**가 붙었다.

시비 市費 〔저자 시, 쓸 비〕

시(市)에서 부담하는 비용(費用). 또는 시의 경비

　초등학교 무료 급식의 경비를 **시비**에서 일부 보조하기로 하였다.
　이번에 **시비**로 잔디 구장을 만들기로 결정했다.

시비 詩碑 〔글/시 시, 비석 비〕

시(詩)를 새긴 비석(碑石). 이름 있는 시인의 문학적 업적을 기리어 세우는 비

풍진에 퇴색된 **시비**만이 시인의 무덤을 지키고 있었다.

남산에는 김소월의 **시비**가 있다.

시사 時事 〔때 시, 일 사〕

그때(時)의 정세나 세상에 일어난 일(事)

그는 **시사** 문제에 관한 한 척척박사이다.

시사 다큐는 각 방송사의 목소리와 주장을 겉으로 표현해 낸다.

시사 示唆 〔보일 시, 부추길 사〕

미리 보여(示) 주어 부추김(唆). 미리 알려 줌

정부는 이번 발표를 통해 불법 상거래에 대한 단속 강화를 **시사**했다.

감독의 말은 선수들 간의 경쟁이 우승 비결임을 **시사**하고 있다.

시사 試寫 〔시험 시, 베낄 사〕

영화를 개봉하기 전에 관계자 등에게 시험적(試驗的)으로 영사(映寫)하여 보임

관객들은 영화의 **시사**가 끝나자 자리에서 일어나 박수를 쳤다.

시상 詩想 〔글/시 시, 생각 상〕

시(詩)를 짓는 시인의 착상(着想)이나 구상(構想). 시에 나타난 사상이나 감정

들에 홀로 핀 들꽃을 보고 멋진 **시상**이 떠올랐다.

이 시는 **시상**은 뛰어나나 표현의 형상화가 좀 진부하다.

시상 施賞 〔베풀 시, 상줄 상〕

상장(賞狀)이나 상품(賞品) 또는 상금(賞金)으로 줌(施)

사장은 우수 사원에 대한 **시상** 계획을 발표하였다.

노벨 평화상은 세계 평화에 기여한 공이 큰 사람에게 **시상**한다.

시인 詩人 〔글/시 시, 사람 인〕

시(詩)를 짓는 사람(人)

시인은 '언어의 마술사'라고 한다.

어떻게 보면 시는 넓은 뜻에서 **시인**들의 자화상이라고도 할 수 있다.

시인 是認 〔옳을 시, 알 인〕

옳다고(是) 또는 그러하다고 인정(認定)함 ↔ 부인(否認)

생산 업체도 제품에 잘못이 있다고 솔직히 **시인**했다.

그는 자신의 행위에 대해 **시인**도 부인도 하지 않았다.

시정 施政 〔베풀 시, 정사 정〕

정부가 정치(政治)를 행함(施). 또는 그 정치

대통령은 오늘 국정에 관한 **시정** 계획을 발표한다.

국회는 행정부의 제반 **시정**을 독려 감독하고 비판하는 대의 기관이다.

시정 市政 〔저자 시, 정사 정〕

시(市)의 행정(行政)

인천시를 상대로 한 인천시 의회의 **시정** 질문이 마무리되었다.

시정 是正 〔옳을 시, 바를 정〕

잘못된 것을 옳고(是) 바르게(正) 함

그 회사는 불공정 행위로 **시정** 명령을 받았다.

언론계는 이런 잘못된 관행을 하루빨리 **시정**해야 할 것이다.

시정 詩情 〔글/시 시, 뜻 정〕

시(詩)를 짓고 싶은 마음(情). 시적인 정취(情趣)

가을날의 산길에서는 **시정**이 물씬 풍기고 있었다.

시정 市井 〔저자 시, 우물 정〕

시장(市)에 있는 우물터(井). 우물이 있는 곳에 사람이 모여 살았다는 데서 '인기가 모인 곳'을 이르는 말

시정의 무뢰배와 어울려 다니더니 사람이 못쓰게 되었다.

그는 위선을 뒤집어쓰고 다니는 흔해 빠진 **시정**잡배(--雜輩) 같았다.

시정 視程 〔볼 시, 길/정도 정〕

눈으로 보고(視) 식별할 수 있는 거리의 정도(程度). 대기의 혼탁도를 나타내는 척도

황사 때문에 서울의 **시정** 상태가 매우 나빠졌다.

시조 始祖 〔처음 시, 할아비 조〕

① 겨레나 가계의 맨 처음(始)이 되는 조상(祖上). 비조(鼻祖) ② 어떤 학문이나 기술 따위를 처음으로 연 사람 ③ 나중 것의 바탕이 된 맨 처음의 것

단군은 우리 민족의 **시조**로 알려져 있다.

거북선은 철갑선의 **시조**라고 할 수 있다.

시조 時調 〔때 시, 고를/가락 조〕

시절(時節)을 읊은 노래(調). 고려 말기부터 발달한 우리나라 고유의 정형시

이 **시조**에는 작가의 호방한 기상이 잘 나타나 있다.

시조는 우리의 정서를 특징적으로 보여 주는 시 형식 가운데 하나이다.

시청 視聽 〔볼 시, 들을 청〕

눈으로 보고(視) 귀로 들음(聽)

그날 저녁 우리 가족은 텔레비전 앞에 모두 모여 드라마를 **시청**하였다.

저희 프로그램을 **시청**해 주셔서 대단히 감사합니다.

시청 市廳 〔저자 시, 관청 청〕

시(市)의 행정 사무를 맡아보는 관청(官廳). 또는 그 청사

시민들은 **시청**을 이전한다는 당국의 결정에 집단적으로 반대했다.

수습기자 시절에 내 출입처가 **시청**이라서 그곳의 사정은 잘 아는 편이다.

식수 食水 〔먹을 식, 물 수〕

먹는(食) 물(水)

수재민들은 **식수**가 부족하여 큰 어려움을 겪고 있다.

이 생수는 대장균이 검출되어 **식수**로 부적합하다는 판정을 받았다.

식수 植樹 〔심을 식, 나무 수〕

나무(樹)를 심음(植). 식목(植木). 또는 그 나무

기념식과는 별도로 개교 50주년을 기념하는 **식수** 행사가 있었다.

신문 新聞 [새로울 신, 들을 문]

새로(新) 들은(聞) 소식. 사회에서 발생한 사건에 대한 사실이나 해설을 널리 신속하게 전달하기 위한 정기 간행물

*신문*은 어떠한 일이 있어도 진실과 사실을 보도해야 한다.

신문 訊問 [물을 신, 물을 문]

캐어물음(訊=問)

그가 *신문*하듯 나에게 물었다.

피고인은 일방적인 *신문*에 응할 수 없다며 진술을 거부했다.

신부 新婦 [새로울 신, 며느리/아내 부]

갓(新) 결혼하였거나 결혼할 여자(婦). 새색시 ↔ 신랑(新郞)

신랑과 *신부*는 평생을 아끼고 사랑하겠습니까?

신부 神父 [귀신 신, 아비 부]

영적인(神) 아버지(父). 천주교에서 미사를 드리며 강론하는 성직자

독실한 천주교 신자인 그는 *신부*가 되기로 결심했다.

*신부*님은 회개하고 돌아온 탕자를 반갑게 맞아 주었다.

신선 新鮮 [새로울 신, 고울/싱싱할 선]

새롭고(新) 싱싱함(鮮)

제철에 나는 *신선*한 과일을 먹는 것이 맛도 좋고 영양가도 많다.

새벽 공기가 정말 *신선*하구나!

신선 神仙〔귀신 신, 신선 선〕

귀신(鬼神)이나 선인(仙人). 도(道)를 닦아서 현실의 인간 세계를 떠나 자연과
벗하며 산다는 상상의 사람

그는 오래전 속세를 버리고 산속에 들어가 **신선**처럼 살고 있다.

신원 身元〔몸 신, 으뜸 원〕

한 개인의 신상(身上)을 설명하는 데 으뜸(元)이 되는 자료

사망자의 몸에서는 **신원**을 알아낼 만한 것은 아무것도 발견되지 않았다.
회사는 그에게 **신원**이 확실하면 곧 채용하기로 약속하였다.

신원 伸冤〔펼 신, 원통할 원〕

가슴에 맺힌 원통(冤痛)함을 풀어(伸) 버림

억울하게 죽은 사람, **신원**이나 해주오.
동학 탄압에 분개한 최시형은 교조(敎祖)인 최제우의 **신원**을 상소하였다.

신장 身長〔몸 신, 긴/길이 장〕

몸(身)의 길이(長). 키

두 사람은 **신장** 차이가 많이 난다.

신장 伸張〔펼 신, 베풀/넓힐 장〕

펴서(伸) 넓힘(張). 늘어나게 함

우리 회사는 타사와는 비교가 안 될 정도의 매출 **신장**률(一率)을 달성했다.
민주화가 진행될수록 국민들의 알 권리도 **신장**될 것이다.

신장 腎臓 〔콩팥 신, 오장 장〕

콩팥(腎) 모양의 장기(臟器)

그는 **신장염**(--炎)으로 고생이 이만저만이 아니다.

고혈압, 심장질환, **신장** 질환자들은 염분의 제한이 필수다.

신장 新裝 〔새로울 신, 꾸밀 장〕

새롭게(新) 단장(丹粧)함

신장개업한 가게에는 손님들로 북새통을 이루었다.

신축 新築 〔새로울 신, 쌓을 축〕

새로(新) 건축(建築)함

현대적 설비를 갖춘 웅장한 극장이 **신축**되었다.

박물관 건물 **신축** 공사가 막 시작되었다.

신축 伸縮 〔펼/늘일 신, 줄어들 축〕

늘어나고(伸) 줄어듦(縮)

이 고무줄은 **신축**이 잘된다.

털실로 뜬 이 옷은 **신축성**(--性)이 뛰어나고 따뜻하다.

실례 實例 〔열매/실제 실, 법식 례〕

구체적인 실제(實際)의 예(例)

그 학생은 이해력이 부족해서 설명한 뒤 항상 **실례**를 들어 주어야만 했다.

한글과 금속활자 등은 우리 문화의 창의성을 보여 주는 좋은 **실례**이다.

실례 失禮 〔잃을 실, 예도 례〕

예의(禮意)를 잃음(失). 예의에 벗어남

실례를 무릅쓰고 한 가지만 더 여쭈어 보겠습니다.

밤늦게 불쑥 찾아와 **실례**가 많았습니다.

실명 實名 〔열매/실제 실, 이름 명〕

실제(實際)의 이름(名) ↔ 가명(假名)

원래 그의 글에는 많은 **실명**이 등장했는데, 편집자가 익명 처리하였다.

실명 失明 〔잃을 실, 밝을 명〕

밝게(明) 보는 능력을 잃음(失). 시력을 잃음

그는 교통사고로 안구가 파열되어 **실명** 위기에 빠졌다.

라식 수술의 부작용으로 **실명**에까지 이른 사람이 있다고 한다.

실정 實情 〔열매/실제 실, 뜻/사정 정〕

실제(實際)의 사정(事情). 실제의 상황

현재 대부분의 도서관은 열람실이 턱없이 부족한 **실정**이다.

우리나라 **실정**에 맞는 대체 에너지 개발이 필요하다.

실정법 實定法 〔열매/실제 실, 정할 정, 법 법〕

사회에서 현실적(現實的)으로 정립(定立)되어 시행되고 있는 법 ↔ 자연법(自然法)

종교상의 이유로 병역을 거부하는 이들의 행위는 **실정법**을 위반한다.

실정 失政 〔잃을/그르칠 실, 정사 정〕

정치(政治)를 그르침(失) 또는 잘못된 정치

대통령의 **실정**으로 국민들은 도탄에 빠졌다.
누적되는 **실정**과 관료들의 부도덕은 국민적 저항을 불러일으켰다.

안식 安息 〔편안할 안, 숨쉴/쉴 식〕

편안하게(安) 쉼(息)

가정은 가족들이 **안식**을 얻는 터전이다.
종교를 믿고부터 나는 마음의 **안식**을 얻게 되었다.

안식 眼識 〔눈 안, 알 식〕

사물의 좋고 나쁨이나 가치의 높고 낮음을 구별하는 안목(眼目)과 식견(識見)

그는 미술품 감상에 높은 **안식**이 있다.
무엇보다 먼저 세계 경제를 이해할 만한 **안식**을 길러야 한다.

안장 安葬 〔편안할 안, 장사지낼 장〕

편안(便安)하게 장사(葬事) 지냄

우리는 순국선열들의 유해를 국립묘지에 **안장**시켰다.

안장 鞍裝 〔안장 안, 꾸밀 장〕

말 등에 얹어서(鞍) 사람이 타기에 편리하도록 만든(裝) 도구. 자전거 따위에 사람이 앉게 된 자리

그는 안장도 없는 말 등에 모포를 깔고는 바로 올라탔다.

자전거 페달에 다리가 닿질 않아 안장을 좀 낮추었다.

압정 壓政 〔누를 압, 정사 정〕

권력이나 폭력으로 국민의 자유를 억압(抑壓)하는 정치(政治). 압제정치(壓制政治)의 준말

국민은 폭군의 압정에 못 이겨 마침내 봉기했다.

압정 押釘 〔수결/내리누를 압, 못 정〕

대가리가 크고 촉이 짧아서 흔히 손가락으로 눌러(押) 박는 쇠못(釘)

압정을 꽂아 게시물을 부착했다.

한 귀퉁이에 박혀 있던 압정이 빠져서 포스터가 바람에 펄럭거린다.

야심 野心 〔들/거칠 야, 마음 심〕

야망(野望)을 품은 마음(心). 무엇을 이루려는 마음

그는 정치에 대한 야심이 대단한 사람이다.

야심 夜深 〔밤 야, 깊을 심〕

밤(夜)이 깊음(深)

이렇게 야심한 시각까지 공부하고 있었니?

약관 約款 [맺을 약, 항목 관]

계약(契約)에서 정한 하나하나의 항목(款)

> 보험 **약관**에 따라 보험금이 지급되었다.
>
> 개정된 은행 거래 **약관**은 너무 복잡해서 잘 이해할 수가 없다.

약관 弱冠 [약할/젊을 약, 갓 관]

젊은(弱) 남자의 관례(冠禮). 관례를 치르는 스무 살 전후의 나이. 젊은 나이

> 그는 20대의 **약관**임에도 불구하고 앞으로의 사업 활동에 대해 확고한
> 계획이 있었다.

양식 良識 [좋을 량, 알 식]

뛰어난(良) 식견(識見)이나 건전한 판단

> **양식**이 있는 사람이라면 한밤중에 전화를 걸겠니?
>
> 아무 데나 침을 뱉는 것은 **양식** 있는 행동이 아니다.

양식 洋式 [큰바다/서양 양, 법 식]

서양(西洋)의 양식(樣式) 또는 격식(格式)

> 넥타이는 **양식** 복장일 뿐이다.
>
> **양식** 건물이 보편화하면서 전통 한옥을 찾아보기가 점점 어려워졌다.

양식 洋食 [큰바다/서양 양, 밥 식]

서양식(西洋式) 음식(飮食). 서양 요리

> **양식**보다는 한식(韓食)이 내 입맛에 맞는다.
>
> 요즘에는 음식 문화에서도 **양식**이 판을 친다.

양식 樣式 〔모양 양, 법 식〕

일정한 모양(模樣)이나 형식(形式). 오랜 시간이 지나면서 자연히 정하여진 방식. 시대나 부류에 따라 각기 독특하게 지니는 문학, 예술 따위의 형식

> 우리 사회에 새로운 문화 **양식**이 자리 잡아 가고 있다.

> 이번 보고서는 보내 드린 문서 **양식**에 맞추어 작성해 주시기 바랍니다.

양식 糧食 〔양식 량, 먹을 식〕

생존을 위하여 필요한 사람의 먹을거리(糧=食). 식량(食糧)

> 먹을 **양식**이 다 떨어져 큰일이구나!

> 아버지는 하루 두 끼 먹을 **양식**마저 귀하던 때 성장기를 보냈다.

양식 養殖 〔기를 양, 번식할 식〕

물고기나 해조, 버섯 따위를 인공적으로 길러서(養) 번식(繁殖)하게 함

> 삼촌은 직접 **양식**한 굴을 해마다 우리 집에 보내주신다.

> 고급 어종의 가두리 **양식**은 어민들의 소득 증대에 크게 기여한다.

양자 養子 〔기를 양, 아들 자〕

아들이 없는 집에서 대를 잇기 위하여 데려다 기르는(養) 남자아이(子)

> 내가 **양자**로 들어간 큰아버지 댁은 재산이 많았다.

> 불임이라는 진단을 받은 부부는 **양자**를 얻기로 작정했다.

양자 兩者 〔두 량, 놈/것 자〕

일정한 관계에 있는 두(兩) 사람(者)이나 두 개의 사물

> 교통사고 당사자인 **양자**의 합의로 일이 마무리되었다.

> 받아들이기 힘든 **양자** 가운데 한 조건을 택하라니 매우 곤혹스럽다.

양자 量子 〔헤아릴 량, 아들/접미사 자〕

분량(分量)을 채우는 알갱이(子). 더 이상 나눌 수 없는 에너지의 최소량의 단위

*과학자들은 덩어리로 존재하는 **양자**의 실체를 인정했다.*

*빅뱅과 블랙홀, 기본 입자들과 **양자**는 현대 물리학에서 단연 돋보인다.*

양호 良好 〔좋을 량, 좋을 호〕

대단히 좋음(良=好)

*작업이 **양호**하게 진행되고 있다.*

*이번에 발견된 유물은 보존 상태가 꽤 **양호**하다.*

양호 養護 〔기를 양, 보호할 호〕

기르고(養) 보호(保護)함. 학교에서 학생들의 건강이나 위생에 대하여 돌보아줌

*윤희는 간호학과를 졸업하고 **양호** 교사로 근무하고 있다.*

***양호** 선생님은 급히 구급약을 챙겨 들고 운동장으로 달려 나왔다.*

여권 女權 〔여자 권, 권세/권리 권〕

여자(女子)로서 갖는 권리(權利)

***여권**이 보장되는 나라가 민주적인 국가라고 할 수 있다.*

*폭력에 항의하는 **여권** 단체의 시위가 연일 계속되었다.*

여권 旅券 〔나그네 려, 문서 권〕

외국을 여행(旅行)하는 것을 승인하는 증서(券)

*출입국 관리국 직원에게 **여권**을 내놓았다.*

여권 與圈 [더불어/줄 여, 둘레 권]

여당(與黨)에 속하는 무리(圈)

이번 선거에서는 여권이 패배하였다.

여권에서는 대선 후보의 조기 가시화가 선거에 긍정적일 것으로 봤다.

* 정당(政黨) 정치에서 정권을 담당하고 있는 정당을 '여당(與黨)'이라고 합니다. 즉 행정부
와 더불어(與) 활동하는 정당이니 여당이고, 정권을 담당하지 않은 정당은 '야당(野黨)'이
라고 합니다. '野(들 야)'는 행정부에 참가하지 않고 들판에서 비바람 맞으며 정권을 차
지하려고 노력해야 해서 야당이라고 합니다.

역도 力道 [힘 력, 길 도]

무거운 역기(力器)를 들어 올려 그 중량을 겨루는 경기(道). 체급 경기이며 용
상(聳上), 인상(引上)의 두 종목이 있음

그 역도 선수는 허리에 가죽 띠를 졸라매고 역기를 붙들었다.

선수단은 양궁, 역도에서도 다른 나라의 견제에 힘겨운 싸움을 벌였다.

역도 逆徒 [가스를 역, 무리 도]

반역(叛逆)의 무리(徒)

그는 역도에게 협력했다 하여 참형(斬刑)을 당했다.

이 산속에 역도가 숨어 있으니 샅샅이 수색하도록 해라.

역사 歷史 [지낼 력, 역사 사]

인간 사회가 거쳐(歷) 온 모습에 대한 기록(史). 어떤 사물이나 인물, 조직 따
위가 오늘에 이르기까지의 자취

역사는 승자에 의해서 늘 왜곡되어 왔다.

역사 力士 〔힘 력, 선비 사〕

뛰어나게 힘(力)이 센 사람(士). 장사(壯士)

꼿꼿한 자세에 **역사** 같은 모습의 그 사람은 노인 같지 않았다.

여중생 **역사** 박혜정 선수는 '제2의 장미란'을 뛰어넘고 싶다고 한다.

역사 役事 〔부릴 역, 일 사〕

여러 사람을 부려(役) 하는 일(事). 규모가 큰 토목이나 건축 따위의 공사(工事). 하느님께서 창조적으로 행하여 이룸

이 간척 공사는 한반도의 지도를 바꾸는 **역사**로 기록될 것이다.

기독교에서 구원이란, 하느님의 **역사** 속에서 예수 그리스도의 삶과 죽음과 부활을 통하여 인류를 죄와 죽음에서 구해내는 행위를 뜻한다.

역사 驛舍 〔역마 역, 집 사〕

역(驛)으로 쓰는 건물(舍)

열차에서 내린 사람들은 종종거리며 **역사**를 빠져나갔다.

이번 달부터 **역사**를 새로 정비하느라 역무원들은 한층 더 바빠졌다.

역설 逆說 〔거스를 역, 말씀 설〕

어떤 주의나 주장을 거스르는(逆) 말(說). 특정한 경우에 논리적 모순을 일으키는 논증

한문 공부를 할수록 **역설**적으로 우리글을 연구해야겠다는 생각이 든다.

역설 力說 〔힘 력, 말씀 설〕

자기의 뜻을 힘주어(力) 말함(說). 또는 그런 말

총리는 한반도의 균형적 발전이 무엇보다도 중요하다고 **역설**했다.

역전 驛前 〔역마 역, 앞 전〕

정거장(驛) 앞(前)

우리 부서는 **역전**에서 10시에 만나 출발하기로 하였다.
명절을 맞아 **역전**은 사람들로 가득 차 무척 시끄러웠다.

역전 歷戰 〔지낼 력, 싸움 전〕

이곳저곳에서 많은 전쟁(戰爭)을 겪음(歷)

역전의 용사들이 다시 모였다.
그는 전쟁터에서 죽음의 고비를 여러 차례 넘긴 **역전**의 용사이다.

역전 逆轉 〔거스를 역, 구를 전〕

거꾸로(逆) 돎(轉). 형세가 뒤집힘

불리(不利)하던 상황이 유리(有利)한 방향으로 **역전**되었다.
일단 동점이 되자 기세가 오른 우리 팀은 총공세를 펼쳐 **역전**에 성공했다.

연고 緣故 〔인연 연, 연고/까닭 고〕

인연(因緣)이 된 까닭(故). 혈통, 정분, 법률 따위로 맺어진 관계

그는 아무 **연고**가 없는 행려병자로 취급되어 수용소에 보내졌다.
프로 야구 팀은 지역적 **연고**에 따라 선수를 가려 뽑는다.

연고 軟膏 〔부드러울 연, 기름/고약 고〕

무른(軟) 고약(膏藥)

나는 무릎에 난 상처를 소독하고 **연고**를 발랐다.
시중 유명 약국에는 상당히 많은 수의 **연고**들이 시판되고 있다.

연기 煙氣 [연기/그을음 연, 기운 기]

무엇이 불에 탈 때 생겨나는 그을음(煙)이나 기체(氣體)

> 아니 땐 굴뚝에 **연기** 날까?
>
> 불이 났던 자리에는 며칠을 두고 **연기**가 끊이지 않았다.

연기 演技 [펼 연, 재주 기]

관객 앞에서 연극, 노래, 춤, 곡예 따위의 재주(技)를 나타내 보임(演). 또는 그 재주. 어떤 목적이 있어 일부러 남에게 보이기 위하여 하는 말이나 행동

> 이 영화는 특히 주인공의 **연기**가 뛰어나다.
>
> **연기**에서 보이는 그의 발랄함과 당당함은 실제 생활에서도 똑같다.

연기 延期 [끌 연, 기간 기]

정해진 기한(期限)을 뒤로 늘림(延)

> 시험이 한 달 뒤로 **연기**되었다.
>
> 원자재의 공급이 원활하지 못하여 공사 **연기**가 불가피해졌다.

연기 緣起 [인연 연, 일어날 기]

인연(因緣)에 따라 일어남(起). 불교에서 "이것이 있으면 저것이 있고, 이것이 생겨나면 저것이 생겨난다. 이것이 없으면 저것이 없으며, 이것이 소멸하면 저것이 소멸한다."라는 모든 현상이 생기(生起) 소멸(消滅)하는 법칙

> 불교의 가르침은 한마디로 '**연기**'라는 말로 요약할 수 있다.
>
> **연기**란 어떤 조건에 연하여 일어남이고, 어떤 조건에 기대어 존재함이다. 반대로 그 조건이 없으면 존재하지 않음, 혹은 사라짐이다.

* 연기적 사유(思惟)는 가변적이고 무상(無常)한 덧없는 세계의 저편에 확고하고 변함없는 어떤 것을 찾아 헤맨 서양의 형이상학과 달리 무상함의 저편을 찾는 게 아니라, 무상함을 보는 것이 지혜임을 설하고, 어떤 조건에도 변하지 않는 본성이나 실체 같은 건 없음을 가르칩니다. 심지어 하나의 같은 사물이나 사실조차 조건이 달라지면 그 본성이 달라지기에 가변적인 세계의 저편이 아니라 '지금 여기'의 무상한 세계에서 행복하게 살 방법을 찾으라고 말합니다.

연대 年代 〔해 년, 대신할/시대 대〕

햇수(年)를 단위로 한 시간(代)

*이 책은 지은이와 지은 **연대**가 불분명하다.*

*건축학자들은 성의 건축 양식을 분석하여 성이 축조된 **연대**를 추정했다.*

연대 連帶 〔이을 련, 띠 대〕

연결(連結)되어 띠(帶) 모양을 이룸. 여럿이 함께 무슨 일을 하거나 책임을 짐.
한 덩어리로 서로 연결되어 있음

*이 사업은 관련 업체와 **연대**가 잘 이루어져야만 성공할 수 있다.*

*시민운동 단체는 국민과의 **연대**를 통해 그들의 의지를 관철해 나갔다.*

연대 聯隊 〔잇닿을 련, 무리 대〕

연합(聯合) 부대(部隊). 군대 편성 단위의 하나. 사단(師團)의 아래. 대대(大隊)의 위

*이곳은 사흘 전까지도 적의 일개 **연대**가 주둔하던 곳이야.*

***연대** 본부에 갔던 연락병이 사병들에게 오는 편지를 갖고 왔다.*

연상 年上 〔해/나이 년, 위 상〕

자기보다 나이(年)가 많음(上). 또는 그런 사람

*그는 10년 이상 **연상**이면서도 존댓말을 썼다.*

연상 聯想 〔잇닿을 련, 생각 상〕

관련(關聯)하여 생각함(想). 하나의 관념이 다른 관념을 불러일으키는 현상

*새해 아침이면 찬란한 아침 해가 솟아오르는 장면이 **연상**된다.*

*며느리와 시누이는 사이좋은 자매를 **연상**케 하였다.*

연소 年少 〔해/나이 년, 적을 소〕

나이(年)가 적음(少). 또는 나이가 어림

김 선수는 이번 대회 최연소 출전자이다.

이 영화는 논란 끝에 **연소자** 관람가의 판정을 받았다.

연소 燃燒 〔불탈 연, 사를 소〕

불을 사름(燃=燒). 불에 탐

그 물질은 **연소**될 때 빨간 불꽃이 일어난다.

수영이나 달리기 같은 유산소 운동은 지방 **연소**에 효과적이다.

연장 年長 〔해/나이 년, 길 장〕

서로 비교하여 보아 나이(年)가 많음(長). 또는 그런 사람

우리 마을에서 김 노인이 가장 **연장**자이다.

연장 延長 〔끌/늘일 연, 길 장〕

시간이나 거리 따위를 본래보다 길게(延) 늘임(長). 물건의 길이나 걸어간 거리를 일괄하였을 때 전체 길이. 어떤 일의 계속, 또는 하나로 이어지는 것

수학여행도 학교 공부의 **연장**이다.

평균 수명의 **연장**으로 노안 인구의 비율이 점점 높아지고 있다.

연적 戀敵 〔사모할 련, 원수 적〕

연애(戀愛)의 경쟁자(敵). 또는 연애를 방해하는 사람

수많은 **연적**을 물리치고 그녀와 결혼에 성공했다.

연적 硯滴 〔벼루 연, 물방울 적〕

벼루(硯)에 넣을 물(滴)을 담는 그릇

아버지가 사용하시는 **연적**은 옥으로 만든 귀한 것이라고 한다.

그녀는 **연적**에 물을 채워 돌아와서 벼루에 붓고 먹을 갈기 시작했다.

연패 連覇 〔이을 련, 으뜸 패〕

운동 경기 따위에서 연달아(連) 우승하여 으뜸(覇)이 됨

그녀는 타고난 체력과 성실한 연습으로 올림픽 3**연패**를 이루었다.

연패 連敗 〔이을 련, 질 패〕

싸움이나 경기에서 계속하여(連) 짐(敗)

우리 팀은 어제 경기에서 승리해 5**연패**의 늪에서 벗어났다.

박 감독은 최근 10**연패**의 책임을 지고 감독직을 물러났다.

영장 令狀 〔하여금/명령할 령, 문서 장〕

명령(令)의 뜻을 기록한 서장(書狀)

경찰은 김 씨에게 **영장**을 제시하고 그를 경찰서로 연행하였다.

수색할 때는 법관이 발부한 **영장**을 제시하여야 한다.

영장 靈長 〔신령 령, 긴/어른 장〕

영묘(靈妙)한 힘을 가진 우두머리(長). '사람'을 이르는 말

지구에 존재하는 모든 동물 중에서 인간은 가장 발달한 두뇌를 지닌, 이른바 만물의 **영장**이다.

영전 榮轉 〔성할 영, 구를 전〕

전보다 더 좋은(榮) 자리나 직위로 옮김(轉)

*김 과장은 다른 지점의 부장으로 **영전**이 되었다.*

*아버지가 이사로 **영전**하신 후에는 얼굴도 못 뵐 만큼 바빠지셨다.*

영전 靈前 〔신령 령, 앞 전〕

신이나 죽은 사람의 영혼(靈魂)을 모셔 놓은 자리의 앞(前)

*학생들은 죽은 친구의 **영전**에 헌화하고 울음을 터뜨렸다.*

영화 映畵 〔비출 영, 그림 화〕

그림(畵)을 비춤(映). 일정한 의미를 갖고 움직이는 대상을 촬영하여 영사기로 영사막에 비추어 사물의 모습이나 움직임을 실제와 같이 재현해 보이는 예술

*나는 일요일에 시내 극장에서 친구들과 **영화**를 보기로 했다.*

영화 榮華 〔성할 영, 빛날 화〕

몸이 귀하게 되어(榮) 이름이 세상에 빛남(華)

*그녀는 과거의 **영화**로운 꿈을 잊을 수가 없었다.*

*돈이나 권세나 세상의 모든 **영화**는 곧 지나가는 것이니라.*

예단 豫斷 〔미리 예, 끊을 단〕

미리(豫) 판단(判斷)함

*첫인상만으로 사람을 **예단**하는 것은 신중하지 못한 처사이다.*

*앞일을 **예단**하고 성급하게 일을 저지른 것은 우리들의 잘못이다.*

예단 禮緞 〔예도 례, 비단 단〕

예물(禮物)로 보내는 비단(緋緞)

> 부부는 딸아이의 시아버지 **예단**을 놓고 고민하기 시작했다.
> 함에는 신랑의 사주와 **예단**, 반지 등이 들어 있었다.

예방 豫防 〔미리 예, 막을 방〕

무슨 일이나 탈이 있기 전에 미리(豫) 대처하여 막는(防) 일

> 병은 치료보다 **예방**이 중요하다.
> 공사장에서 일어날 수 있는 안전사고를 **예방**합시다.

예방 禮防 〔예도 례, 찾을 방〕

예(禮)를 갖추는 의미로 인사차 방문(訪問)함

> 대통령은 외국 경제 사절단의 **예방**을 받고 투자 문제에 대해 논의했다.
> 신임 외국 대사가 대통령을 **예방**해 환담을 나누었다.

예의 禮儀 〔예도 례, 거동 의〕

존경의 뜻을 표하기 위하여 예(禮)로써 나타내는 말투나 몸가짐(儀)

> **예의**에 벗어난 행동은 사람들의 눈살을 찌푸리게 한다.
> 음악회에 가서는 휴대 전화의 전원을 끄는 것이 **예의**이다.

예의 銳意 〔날카로울 예, 뜻 의〕

어떤 일을 잘하려고 단단히 차리는 날카로운(銳) 마음(意)

> 금융 당국은 내일 재판 결과를 **예**의 주시(注視)하고 있다.

오기 傲氣 〔거만할 오, 기운 기〕

잘난 체하며 오만(傲慢)한 기세(氣勢). 능력은 부족하면서도 남에게 지기 싫어하는 마음

  그는 심통이 사나운 데다 오기도 남 못지않았다.

오기 誤記 〔그릇될 오, 기록할 기〕

잘못(誤) 기록(記錄)함. 또는 그 기록

  기획서에 오기가 너무 많으니 수정해서 제출하십시오.

요람 搖籃 〔흔들 요, 바구니 람〕

젖먹이를 태우고 흔들어(搖) 놀게 하거나 잠재우는 바구니(籃). 사물의 발생지나 근원지를 비유하여 이르는 말

  요람 속에서 잠든 아기의 얼굴은 천사의 얼굴이다.
  세계적으로 큰 강은 삶의 터전이자 문명의 요람으로 역할을 해 왔다.

요람 要覽 〔중요 요, 볼 람〕

중요(重要)한 내용만 뽑아 보기(覽) 좋게 간추려 놓은 책

  대개의 대학에서는 여러 학과를 소개하는 대학 요람을 내놓고 있다.

요원 要員 〔중요 요, 인원 원〕

어떤 일을 하는 데 필요(必要)한 인원(人員). 중요한 지위에 있는 사람

  운영 요원을 자원 봉사자로 충원하였다.
  문제가 발생했을 때는 저희 요원의 지시를 따라주시기 바랍니다.

요원 遼/遙遠 〔멀 료, 멀 원〕

멀고(遼/遙) 멂(遠). 까마득함

아직 그곳에 도착하기란 **요원**한 일이다.

결혼이라는 문제가 아직 **요원**하게 느껴진다.

요원 燎原 〔불놓을 료, 언덕/벌판 원〕

불타고(燎) 있는 벌판(原)

요원의 불길이란 매우 **빠르게** 번지는 벌판의 들불처럼 걷잡을 수 없이 무섭게 퍼지는 세력이나 기세를 이르는 말이다.

용기 容器 〔담을 용, 그릇 기〕

물건을 담는(容) 그릇(器)

남은 음식 재료를 **용기**에 담아 냉장고에 보관하였다.

용기 勇氣 〔날쌜 용, 기운 기〕

용감(勇敢)한 기운(氣運)

그는 나에게 희망과 **용기**를 불어넣어 주었다.

흔히 젊은이는 **용기**가 있고 늙은이는 지혜가 있다고 한다.

용상 龍床 〔용 룡, 평상 상〕

임금(龍)이 정무를 볼 때 앉던 평상(平床)

임금의 얼굴을 용안(龍顏), 임금의 혈통을 용손(龍孫), 임금의 뜻을 용린(龍鱗), 임금이 앉는 자리를 **용상**이라 했듯이 용은 임금의 상징이다.

용상 聳上 〔솟을 용, 위 상〕

역도(力道)에서 바벨을 두 손으로 잡아 한 동작으로 일단 가슴 위까지 올려서 한 번 받쳐 든 다음, 허리와 다리의 반동을 이용하여 다시 머리 위(上)로 추어올림(聳)

*그가 **용상** 3차 시기에서 187kg을 들어 세계 신기록으로 우승한 후, 재입장해 관객들의 환호에 답하고 있다.*

*특히 **용상**에서 기록한 140kg은 같은 체급의 남자들도 들지 못하는 높은 기록이어서 역도계에서는 장차 그녀의 활약에 큰 기대를 걸고 있다.*

우수 憂愁 〔근심 우, 근심 수〕

근심과 걱정(憂=愁)

*그녀는 **우수**에 찬 얼굴로 나를 바라보았다.*

*그는 엷은 **우수**에 잠긴 얼굴을 하고 다시 휘파람을 불었다.*

우수 優秀 〔뛰어날 우, 빼어날 수〕

뛰어나고(優) 빼어남(秀)

*비평가들은 이 영화가 다른 영화보다 **우수**하다고 평했다.*

*품행이 방정(方正)하고 학업 성적이 **우수**하므로 상장을 수여합니다.*

우의 雨衣 〔비 우, 옷 의〕

비(雨)옷(衣)

*나는 우산도 **우의**도 없이 쏟아지는 비를 고스란히 맞았다.*

*그들은 대부분 군용 **우의**를 염색한 야전잠바 따위를 뒤집어썼다.*

우의 友誼〔벗 우, 옳을 의〕

친구(友) 사이의 정의(情誼)

그들은 서로 수시로 연락하면서 우의를 다져왔다.

이번 문화 교류 행사를 통해 양국은 서로 간의 우의를 다질 수 있었다.

우의 寓意〔붙어살/빗댈 우, 뜻 의〕

다른 사물에 빗대어(寓) 비유적인 뜻(意)을 나타내거나 풍자함. 또는 그런 의미

『이솝 우화』는 여러 가지 우의를 통해서 인생의 교훈을 가르치고 있다.

우정 友情〔벗 우, 뜻 정〕

벗(友) 사이의 정(情)

어떤 시련도 그들의 참된 우정을 갈라놓지는 못했다.

적어도 우정을 나누는 친구끼리는 서로 뜻이 통해야 한다.

우정 郵政〔우편 우, 정사 정〕

우편(郵便)에 관한 행정(行政)

우정 사업 본부는 반송처에 주소를 기재토록 했다.

우정 개혁은 우정 사업이 지나치게 비대해졌다는 인식에서 출발했다.

운명 殞命〔죽을 운, 목숨 명〕

목숨(命)이 다하여 죽음(殞)

아버님께서는 운명하시기 전에 공평하게 유산 상속을 하셨다.

형은 오랜 객지 생활로 어머니의 운명을 보지 못했다.

운명 運命 〔움직일/운수 운, 목숨 명〕

운수(運數)와 명수(命數). 인간을 포함한 우주의 일체를 지배한다고 생각되는 필연적이고도 초인간적인 힘. 명운(命運). 숙명(宿命). 앞으로의 존망(存亡)이나 생사(生死)에 관한 처지

그것은 내 운명이 걸린 일생일대의 결단이었다.

환경 보호는 세계 전체의 운명과 관련된 일이다.

원고 原告 〔근본 원, 알릴 고〕

원래(原來) 고소(告訴)한 사람. 법원에 민사 소송을 제기하여 재판을 청구한 사람 ↔ 피고(被告)

피고가 손해액을 원고에게 배상했다.

형사 재판에서는 검사 측이 원고가 된다.

원고 原稿 〔근본 원, 볏짚/원고 고〕

원초(原初)에 쓴 글(稿). 연설 따위의 초안

마감일이 임박해서 급하게 원고를 썼다.

글줄이나 쓴다고 해서 더러 원고를 청하는 사람들이 있다.

원단 原緞 〔근본 원, 비단 단〕

원료(原料)가 되는 비단(緋緞)

원단이 좋아야 세탁 시 옷의 손상을 줄일 수 있습니다.

새로 개발한 이 원단은 물기가 스며도 금세 마르는 장점이 있다.

원단 元旦 〔으뜸 원, 아침 단〕

으뜸(元) 되는 아침(旦). 설날 아침

정부는 새해 **원단**을 기해 특별 사면을 실시했다.

새해 새 아침 **원단**을 맞아 특집 방송을 보내드리겠습니다.

원리 原理 〔근원 원, 다스릴/이치 리〕

사물의 기본(原)이 되는 이치(理致)나 법칙

국제 사회는 힘의 **원리**가 지배하는 사회이기도 하다.

소수 의견의 존중은 민주적 의사 결정 방법의 한 가지 **원리**이다.

원리 元利 〔으뜸 원, 이로울 리〕

원금(元金)과 이자(利子)

이 상품은 **원리** 분할 상환이 가능합니다.

은행은 각 기업에 빌려준 대출금의 **원리**금 상환을 요구하고 있다.

원수 元首 〔으뜸 원, 머리 수〕

한 나라의 으뜸(元)이 되는 최고 통치권자(首)

양국 국가 **원수**의 정상 회담이 열렸다.

금년 환경 회의에는 수많은 나라의 국가 **원수**가 참석했다.

원수 怨讐 〔원망할 원, 원수 수〕

자기 또는 자기 집이나 나라에 해를 끼쳐 원한(怨恨)이 맺힌 사람(讐)

이 일이 잘되면 은인이 되는 것이고, 잘못되면 **원수**가 되는 것이다.

원수 元帥 〔으뜸 원, 장수 수〕

으뜸(元)이 되는 장수(將帥). 또는 그 명예 칭호. 오성장군(五星將軍)

*미국의 정치 지도자들은 이 성공적 작전을 감행한 맥아더 **원수**의 공로를 높이 치하했다.*

원조 元祖 〔으뜸 원, 할아비 조〕

으뜸(元) 조상(祖上). 어떤 일을 처음으로 시작한 사람. 최초 시작으로 인정되는 사물이나 물건

*이웃집 할머니가 이 음식의 **원조**로 알려져 있다.*

원조 援助 〔도울 원, 도울 조〕

물품이나 돈 따위로 도와줌(援=助)

*강대국이 약소국을 해방해 주거나 **원조**를 제공해 주는 데는 반드시 어떤 저의가 개재(介在)되어 있기 마련이다.*

위계 位階 〔자리 위, 섬돌 계〕

지위(地位)의 품계(品階)

*어떠한 조직이든 엄연히 **위계**질서가 있는 법이다.*

위계 僞計 〔거짓 위, 셀/꾀할 계〕

거짓(僞) 계책(計策). 또는 그런 계략을 꾸미는 것

*그 장수는 적군의 **위계**에 속아 패전을 당했다.*
***위계**에 의한 공무 집행 방해죄로 구속되었다.*

위장 僞裝 〔거짓 위, 꾸밀 장〕

거짓(僞)으로 꾸며(裝) 놓음

그의 어색한 웃음은 슬픈 마음을 **위장**한 것에 지나지 않았다.

풀과 나무로 **위장**한 장갑차가 긴 포문을 내민 채 달려오고 있었다.

위장 胃腸 〔밥통 위, 창자 장〕

위(胃)와 창자(腸)를 아울러 이르는 말

그녀는 **위장**이 약해서 소화제를 늘 가지고 다닌다.

* 臟(오장 장)과 腸(창자 장)을 알아봅시다. 한의학(韓醫學)에서 음양오행(陰陽五行)의 원리에 따라 인간의 몸속의 기관을 오장육부(五臟六腑)로 나누어 간장(肝臟), 심장(心臟), 비장(脾臟: 지라), 폐장(肺臟: 허파), 신장(腎臟: 콩팥) 다섯 가지는 '臟(오장 장)'을 쓰고, 육부(六腑)에 속하는 담낭(膽囊), 소장, 위장, 대장, 방광(膀胱), 삼초(三焦) 중에 소장(小腸), 위장(胃腸), 대장(大腸)은 '腸(창자 장)'으로 구별하였는데, 현대에 와서는 혼용하여 쓰이고 있습니다.

유감 有感 〔있을 유, 느낄 감〕

느낌(感)이 있음(有)

이 작품에 대한 너의 **유감**을 듣고 싶어.

이번 신춘문예에서는 계절에 대한 **유감**을 시로 표현한 작품이 당선되었다.

유감 遺憾 〔남길 유, 한할/서운할 감〕

마음에 남는(遺) 서운함(憾)

이번 일에 대해서는 대단히 **유감**스럽게 생각한다.

그동안 갈고닦은 실력을 이번 기회에 **유감**없이 발휘하기 바랍니다.

유기 遺棄〔남길/버릴 유, 버릴 기〕

내다 버림(遺=棄)

폐허가 된 집 안에 여러 가지 물건들이 유기되어 있었다.

행정 당국은 해마다 늘고 있는 유기견 처리에 골머리를 앓고 있다.

유기 有機〔있을 유, 기계/기틀 기〕

생명을 가지며 생활 기능이나 생활력의 기틀(機)을 가지고 있는(有) 일. 생물 체처럼 전체를 구성하는 각 부분이 서로 밀접하게 관련이 있음 ↔ 무기(無機)

낙엽이 썩은 유기물은 나무의 양분이 된다.

사회는 여러 요소가 유기적으로 관계 맺고 있는 총체적인 결합체이다.

유기 鍮器〔놋쇠 유, 그릇 기〕

놋쇠(鍮)로 만든 그릇(器)

안성의 유기그릇은 예로부터 유명하다.

유고 有故〔있을 유, 연고/사고 고〕

특별한 사정(事情)이나 사고(事故)가 있음(有)

아프거나 유고할 때를 대비해 연락처를 미리 알려 주시오.

우리나라 헌법은 대통령 유고 시 국무총리가 대통령 권한을 대행한다.

유고 遺稿〔남길 유, 볏짚/원고 고〕

죽은 사람이 생전에 써서 남긴(遺) 원고(原稿)

우리는 선생님이 남기신 유고를 모아 출판하기로 했다.

돌아가신 작가의 미발표 유고를 정리하여 책으로 출간했다.

유리 有利 〔있을 유, 이로울 리〕

이익(利益)이 있음(有)

> 대세는 이미 우리에게 **유리**하게 바뀌었다.

유리 遊離 〔놀/떠돌 유, 떨어질 리〕

떠돌다(遊) 따로 떨어짐(離)

> 모든 사회적·정치적 운동은 국민과 **유리**되어서는 성공할 수 없다.
>
> 형법은 우리 현실과 **유리**되어 성범죄를 다루고 있다는 느낌을 준다.

유리 琉璃 〔유리 류, 유리 리〕

석영, 탄산소다, 석회암을 섞어 높은 온도에서 녹인 다음 급히 냉각하여 만든 물질(琉=璃). 거무스름한 푸른빛이 나는 보석

> 빗물이 창에 부딪혀 **유리**를 타고 흘러내린다.

유산 流産 〔흐를 류, 낳을 산〕

① 달이 차기 전에 태아가 죽어서 피의 형태로 흘러(流) 나옴(産) ② '계획된 일이 중지됨'을 이르는 말

> 아이가 **유산**되었다는 의사의 말을 듣는 순간 눈앞이 캄캄해졌다.
>
> 신도시 건설 계획이 자금난으로 **유산**될 위기에 처했다.

유산 遺産 〔남길 유, 낳을 산〕

① 죽은 이가 남긴(遺) 재산(財産) ② '앞 시대 사람들이 남겨 준 업적'을 비유하여 이르는 말

> 그들의 그림은 훌륭한 민족 문화의 **유산**으로 남았다.
>
> 유네스코는 인류 공동의 **유산**을 찾아서 보존하는 업무를 한다.

유산 有産 〔있을 유, 낳을 산〕

재물이나 재산(財産)이 많이 있음(有) ↔ 무산(無産)

그들은 **유산** 계급을 처단해야 할 대상으로 설정하였다.

유산 乳酸 〔젖 유, 실/초산 산〕

발효(醱酵)된 젖 속에 생기는 산(酸)

요즘 시중에는 **유산균** 음료가 다양하게 나와 있다.

유서 由緒 〔말미암을/까닭 유, 실마리 서〕

사물이 생겨난 까닭(由)과 실마리(緒)

이번 방학에 우리는 고풍이 배어 있는 전통 가옥과 **유서** 깊은 사찰을 답사하기로 하였다.

유서 遺書 〔남길 유, 글 서〕

죽을 때 남긴(遺) 글(書)

그는 양지바른 곳에 묻어 달라는 **유서** 한 장을 남기고 숨을 거두었다.
그들은 김 회장의 **유서**가 누군가에 의해 첨삭되었다고 주장하였다.

유용 有用 〔있을 유, 쓸 용〕

쓸모(用)가 있음(有) ↔ 무용(無用)

도서 목록은 책을 찾는 데 아주 **유용**했다.
전자계산기는 복잡한 계산을 재빨리 해치우기에 **유용**하다.

유용 流用 〔흐를 류, 쓸 용〕

다른 용도에 흘리어(流) 돌려씀(用)

그 정치인은 국민이 낸 성금을 정치 자금으로 **유용**한 적이 있다.
기업의 탈세 및 대출금 **유용** 여부를 따지기 위해 위원회를 소집했다.

유전 油田 〔기름 유, 밭 전〕

석유(石油)가 나는 곳(田)

정부는 지분 참여 방식으로 해외 **유전** 개발에 참여키로 했다.

유전 遺傳 〔남길/끼칠 유, 전할 전〕

후대에 영향을 끼쳐(遺) 전해(傳) 내려옴

여러 연구에 의하면 당뇨병은 **유전**과 관계가 있다고 한다.
새로운 **유전**자의 발견은 유전 공학의 새 지평을 열었다.

유지 有志 〔있을 유, 뜻 지〕

어떤 일에 이루려는 뜻(志)이 있음(有). 유지가(有志家)의 준말. 마을이나 지역
에서 명망 있고 영향력을 가진 사람

그 어른은 이곳에서 가장 영향력이 큰 **유지**이다.

유지 遺志 〔남길 유, 뜻 지〕

죽은 이가 생전에 이루지 못하고 남긴(遺) 뜻(志)

그는 아버지의 **유지**에 따라 모든 유산을 국가에 헌납했다.
제자들은 고인의 **유지**를 받들어 학교를 짓고 교육 사업에 힘을 쏟았다.

유지 維持 〔벼리/맬 유, 가질 지〕

단단히 잡아매어(維) 잘 지켜 가짐(持). 어떤 상태나 상황을 그대로 보존하거나 변함없이 계속하여 지탱함

  건강 **유지**의 지름길은 꾸준한 운동밖에 없다.

  유엔은 세계 평화 **유지**에 일익을 담당하고 있다.

유지 油脂 〔기름 유, 비계/기름 지〕

동·식물에서 얻는 기름(油=脂)을 통틀어 이르는 말

  폐식용유와 **유지** 등 기본적인 재료로 재활용 비누를 만들 수 있다.

  바이오 디젤은 **유지** 작물에서 식물성 기름을 추출한다.

유지 油紙 〔기름 유, 종이 지〕

기름(油)을 먹인 종이(紙)

  겉장이 **유지**로 되어 있어서 번지르르했다.

유지 乳脂 〔젖 유, 비계/기름 지〕

젖(乳)에 들어 있는 지방(脂肪). 유지방(乳脂肪)

  유지방 류의 섭취를 줄이는 것은 체중을 감량하는 데 도움이 된다.

  젤라토는 **유지방** 함량이 6~10%로 낮은 이탈리아식 아이스크림이다.

유치 幼稚 〔어릴 유, 어릴 치〕

사람의 나이가 어림(幼=稚). 생각이나 하는 짓이 어림. 지식이나 기술 따위가 아직 익숙하지 아니함

  소설 내용이 너무 **유치**해서 조금 읽다가 그만두었다.

  사람들의 시선을 끌기 위한 그의 행동은 **유치**하기 짝이 없다.

유치 誘致 〔꾈 유, 이를/부를 치〕

설비 등을 갖추어 두고 권하여(誘) 부름(致)

구단에서는 경기장 관중 **유치**에 온 힘을 쏟고 있다.

각 대학에서는 우수 학생 **유치**를 위해 많은 장학금을 제시했다.

유치 留置 〔머무를 류, 둘 치〕

① 남의 물건을 보관해(留) 둠(置) ② 구속의 집행 및 재판의 진행이나 그 결과의 집행을 위하여 일정한 곳에 사람을 가두어(留) 두는(置) 일

학생들은 경찰에서 10여 일 **유치**되었다가 검찰로 송치되었다.

결국 그는 그 일로 **유치장**(--場) 신세를 면치 못할 것이다.

유치 乳齒 〔젖 유, 이 치〕

젖(乳)먹이 때 난 이(齒). 젖니

6살이 된 아이의 **유치**를 뽑고 나니 영구치(永久齒)가 자라기 시작했다.

임플란트는 **유치**, 영구치에 이은 제3의 치아라고 일컬어진다.

유해 有害 〔있을 유, 해칠 해〕

해로움(害)이 있음(有) ↔ 무해(無害)

청소년들은 폭력과 **유해** 환경에 무방비로 노출되어 있다.

배기가스는 가스 청정 설비로 **유해** 물질을 제거한 후, 연소하여 방출한다.

유해 遺骸 〔남길 유, 뼈 해〕

주검을 태우고 남은(遺) 뼈(骸). 또는 무덤에서 나온 뼈. 유골(遺骨)

독립유공자의 **유해**를 국립묘지에 안치하였다.

북한과 미국은 한국 전쟁에서 전사한 미군 **유해** 송환 문제를 협상한다.

유화 油畵 〔기름 유, 그림 화〕

기름(油)으로 갠 물감으로 그리는 그림(畵)

그 화가는 **유화** 이외에 판화와 수채화도 그렸다.

우리 집 거실 벽에 걸려 있는 **유화**는 거실의 분위기를 환하게 해준다.

유화 油化 〔기름 유, 될 화〕

석유(石油)나 천연가스를 원료로 하여 연료, 윤활유 이외에 여러 가지 화학(化學) 제품을 만드는 공업

석유 가격이 높아지면 이를 원료로 사용하는 **유화** 업계가 어려움에 직면할 수 있다.

유화 宥和 〔용서할 유, 화할 화〕

용서하고(宥) 화목(和睦)하게 지냄 ↔ 강경(强硬)

북한은 이번 회담에서 **유화**적 태도를 보인다.

정복자들의 **유화** 정책에 피정복 지역의 지배층 일부가 동조했다.

음성 音聲 〔소리 음, 소리 성〕

목소리(音)와 악기 소리(聲). 발음 기관에서 나오는 소리

밤새도록 그의 방에서는 글을 읽는 낭랑한 **음성**이 그치지 않았다.

언어는 **음성** 언어와 문자 언어로 나눌 수 있다.

음성 陰性 〔그늘 음, 성질 성〕

양(陽)이 아닌 음(陰)에 속하는 성질(性質). 어둡고 소극적인 성질

병원에서 진찰한 결과 **음성**으로 나타나서 일단 안심이다.

정부는 **음성** 불로소득을 없애기 위하여 금융 실명제를 도입하기로 했다.

응시 應試 〔응할 응, 시험 시〕

시험(試驗)에 응함(應)

　그 회사는 **응시** 자격에 제한이 없다.
　이번 시험은 모든 사람에게 **응시**의 기회를 줄 예정이다.

응시 凝視 〔엉길 응, 볼 시〕

눈길을 한곳으로 모아(凝) 가만히 바라봄(視)

　그녀는 한참 동안 천장의 한곳을 **응시**만 하고 있었다.

의거 依據 〔의지할 의, 의거할 거〕

① 어떤 사실이나 원리 따위에 근거함(依=據) ② 어떤 힘을 빌려 의지함

　그 사건은 동법 시행령에 **의거**해 조치하도록 하겠습니다.
　경험 철학에서는 귀납법(歸納法)에 **의거**하여 개별적인 사실의 진리에서
일반적인 진리를 찾아간다.

의거 義擧 〔옳을 의, 들 거〕

정의(正義)로운 일을 일으킴(擧)

　독재 정권에 항거하는 **의거**가 잇따라 일어났다.

의사 義士 〔옳을 의, 선비 사〕

의(義)로운 선비(士). 의로운 지사(志士)

　남산 공원 안에는 안중근 **의사**의 기념관이 있다.
　윤봉길 **의사**는 애국단 단원으로서 김구의 지도 아래 의거를 감행하였다.

의사 意思 〔뜻 의, 생각 사〕

무엇을 하고자 하는 뜻(意)과 생각(思)

네 의견에 따를 **의사**가 있다.

어물거리지 말고 자신의 **의사**를 명확히 밝혀야 할 것이다.

의사 議事 〔의논할 의, 일 사〕

어떤 일(事)을 토의(討議)함

이번 회의에서 **의사** 진행은 제가 맡기로 했습니다.

대통령은 관행에 따라 취임식을 여의도 국회 **의사**당 앞에서 열었다.

의사 醫師 〔의원 의, 스승/전문가 사〕

의술과 약으로 병을 치료하는(醫) 것을 직업으로 삼는 사람(師)

의사가 내린 진단과 처방은 정확했다.

치료는 **의사**가 합니다만 환자의 의지가 있어야 병이 빨리 낫습니다.

의사 擬似 〔흉내낼 의, 비슷할/닮을 사〕

흉내 내어(擬) 닮음(似). 실제와 비슷함

감염병 **의사** 환자란 감염병 병원체가 인체에 침입한 것으로 의심되지만 감염병 환자로 확진되기 전 단계에 있는 사람을 말한다.

의식 意識 〔뜻 의, 알 식〕

뜻(意)을 앎(識). 깨어 있는 상태에서 자신이나 사물을 인식(認識)하는 작용

최근 들어 자연환경을 보존하려는 **의식**이 높아지고 있다.

올바른 **의식**이 있는 사람이라면 그런 몰상식한 행동은 안 했을 것이다.

의식 儀式 〔거동 의, 법 식〕

예의(禮儀)를 갖추는 방식(方式)

현충일 기념 **의식**이 엄숙하게 거행되었다.

의식 衣食 〔옷 의, 먹을 식〕

옷(衣)과 음식(飮食)

의식이 풍족한 다음에야 예절을 차리게 된다.

의지 意志 〔뜻 의, 뜻 지〕

어떤 일을 이루고자 하는 마음이나 뜻(意=志)

그의 말에는 결연한 **의지**가 엿보였다.

일제 강점기에 우리 민족은 자주독립의 **의지**를 굽히지 않았다.

의지 依支 〔기댈 의, 지탱할지〕

다른 것에 몸을 기대(依) 지탱(支撑)함

그는 젊은 나이임에도 지팡이에 몸을 **의지**하고 있을 만큼 몹시 약했다.

언제나 든든한 **의지**가 되던 아버지는 이제 내 곁을 영원히 떠나셨다.

이사 理事 〔다스릴 리, 일 사〕

사무(事務)를 처리(處理)함. 법인 기관의 사무를 처리하며 이를 대표하여 권리를 행사하는 직위. 또는 그러한 일을 맡은 사람

김 부장은 이번 인사 발령에서 **이사**로 승진했다.

회장은 즉시 **이사**들을 소집하여 대책을 의논하였다.

이사 移徙 〔옮길 이, 옮길 사〕

살던 곳을 떠나 다른 데로 옮김(移=徙)

이사철을 맞아 전셋값이 들썩이고 있다.

우리 가족은 이번 봄에 더 넓은 집으로 **이사**할 예정이다.

이상 以上 〔써/부터 이, 위 상〕

① 어떤 기준으로부터(以) 그 위쪽(上) ② 그것보다 정도가 더하거나 위임 ③ 이미 그렇게 된 바에는 ④ 말이나 글 따위의 마지막에 써서 '끝'의 뜻을 나타내는 말

회사 지원 자격을 고졸 **이상**으로 한정하였다.

이상이 내가 알고 있는 내용의 전부다.

네가 그 일을 맡은 **이상** 최선을 다해라.

이것으로 훈시를 마친다. **이상**.

이상 理想 〔다스릴 리, 생각 상〕

이성(理性)에 의하여 생각할(想) 수 있는 범위 안에서 가장 바람직하다고 여겨지는 상태

현실과 **이상** 사이에는 언제나 괴리가 있기 마련이다.

인류의 가장 위대한 **이상**은 전쟁이 없는 세계 평화를 이룩하는 것이다.

이상 異狀 〔다를 이, 모양 상〕

평소와는 다른(異) 상태(狀態). 서로 다른 모양

그는 몸에 **이상**이 나타나서 급히 병원에 갔다.

"근무 중 **이상** 무!"라고 외치는 군인들의 모습이 늠름했다.

이상 異常 〔다를 이, 항상 상〕

정상(正常)과 다름(異). 보통과 다름. 이제까지 달리 별남

이상 기후는 인간의 환경 파괴에 따른 지구 온난화의 자연적 결과이다.
나는 아카시아 냄새를 맡으면 알레르기 반응을 일으키는 *이상* 체질이다.

이성 理性 〔다스릴/이치 리, 성품 성〕

사물의 이치(理致)를 인식하는 성품(性品). 개념적으로 사유하는 능력을 감각적 능력에 상대하여 이르는 말

현실을 정확하게 판단하는 냉철한 *이성*이 필요하다.

이성 異性 〔다를 이, 성품 성〕

① 성질(性質)이 다름(異) ② 남성 쪽에서 본 여성, 또는 여성 쪽에서 본 남성을 이르는 말

이성 교제는 언제나 청소년들의 고민거리이다.

이장 里長 〔마을 리, 긴/어른 장〕

행정 구역인 '리(里)'를 대표하여 일을 맡아보는 사람(長)

*이장*은 마을 일에 노고를 아끼지 않았다.

이장 移葬 〔옮길 이, 장사지낼/무덤 장〕

무덤(葬)을 옮김(移)

선친의 묘를 선산으로 *이장*했다.
건물 옆엔 아직 *이장*이 끝나지 않은 묘지들이 드문드문 보였다.

이전 以前 〔써/부터 이, 앞 전〕

기준이 되는 일정한 때로부터(以) 앞(前)쪽 ↔ 이후(以後)

나는 그런 것을 **이전**에는 본 적이 없다.

이전 移轉 〔옮길 이, 구를/옮길 전〕

장소나 주소 등을 다른 데로 옮김(移=轉). 권리 따위를 넘겨주거나 넘겨받음

집을 샀지만 소유권 **이전**에 문제가 좀 있었다.

일부 도민의 반대로 아직 도청 **이전** 문제를 매듭짓지 못하고 있다.

이해 理解 〔이치 리, 풀 해〕

사리(事理)를 분별하여 해석(解釋)함. 깨달아 앎

따지고 보면 실은 충분히 **이해**가 가는 일이기도 했다.

이해 利害 〔이로울 리, 해칠 해〕

이익(利益)과 손해(損害). 득실(得失)

이제 노사 간의 **이해**를 떠나 단결할 때이다.

그들은 힘을 합쳐 일을 끝낼 생각은 않고 각자의 **이해**만 따지고 들었다.

인도 人道 〔사람 인, 길 도〕

① 사람(人)이 다니는 길(道). 보도(步道) ② 인간(人間)으로서 마땅히 지켜야 할 도리(道理)

버스가 **인도**로 뛰어들어 행인을 덮치는 사고가 발생했다.

대한민국은 북한에 **인도**적 차원에서 구호물자를 원조하려고 한다.

인도 引渡 〔끌 인, 건넬 도〕

물건이나 권리를 남에게 넘겨(引) 건넴(渡)

> 우리는 약속 기한이 훨씬 지난 후에야 수입한 물품을 **인도**받을 수 있었다.
> 화물은 뒤늦게 운송업자에게 **인도**되어 수화인에게 도착했다.

인도 引導 〔끌 인, 이끌 도〕

끌어서(引) 이끎(導). 가르쳐 일깨움. 길을 안내함

> 어린 시절 그 책의 **인도**로 내 인생의 목표를 정했다.
> 그를 구해내고 붙들어 주고 바른길로 **인도**하는 것이 사랑이다.

인도 印度 〔도장 인, 법도 도〕

'인디아(India)'의 한자음 표기

> **인도**는 소를 숭상하는 나라이다.
> 불교의 본토는 **인도**라는 것이 대다수 학자들의 지배적인 견해이다.

인상 人相 〔사람 인, 서로/모양 상〕

사람(人)의 얼굴 생김새(相). 또는 그 얼굴의 근육이나 눈살 따위

> 그 사람은 볼 때마다 **인상**을 찌푸리고 있더라.
> 경찰은 용의자의 **인상**을 몽타주로 작성하여 배포하였다.

인상 印象 〔도장/새길 인, 코끼리/본뜰 상〕

마음에 본뜬(象) 듯 깊이 새겨진(印) 모습. 외래의 사물이 마음에 남긴 느낌

> 오늘 본 영화에서 가장 **인상**적으로 기억되는 것은 마지막 이별 장면이다.
> 구경만 하더라도 잠재적 고객인 만큼 좋은 **인상**을 심어 주어야 한다.

인상 引上〔끌 인, 위 상〕

① 끌어(引)올림(上) ② 값을 올림 ③ 역도 경기의 하나. 바벨을 두 손으로 잡아 한 번의 동작으로 머리 위까지 들어 올려 일어서는 종목 ↔ 인하(引下)

공단의 재정 악화로 보험료 인상이 불가피하다.

그는 역도의 인상과 용상(聳上) 종목에서 세계 신기록을 세웠다.

인정 人情〔사람 인, 뜻 정〕

사람(人)이 본디 지닌 온갖 감정(感情). 남을 생각하고 도와주는 따뜻한 마음씨

수재민을 도우려는 훈훈한 인정의 손길이 이어지고 있다.

인정 認定〔알 인, 정할 정〕

확실히 그렇다고 여겨(認) 그렇게 결정(決定)함

이 학설이 학계의 인정을 받으려면 아직도 보완해야 할 부분이 많다.

일정 日程〔날 일, 길/정도 정〕

하루(日)에 해야 할 일의 정도(程)나 분량. 그날 하루에 가야 할 거리

빡빡한 일정 탓에 이번 여행에서는 한 곳도 자세히 볼 틈이 없다.

일정 一定〔한 일, 정할 정〕

하나(一)로 정해져(定) 있어 바뀌거나 달라지지 않고 한결같음. 어떤 기준에 따라 모양이나 방향 따위가 정해져 있음

일정 금액을 내면 등록됩니다.

지구는 일정하게 태양의 주위를 돈다.

입각 立脚 〔설 립, 다리 각〕

근거로 삼아 그 처지에 발(脚)을 디딤(立)

　그것은 사실에 **입각**한 주장이 아니다.

　민주주의 시대에 걸맞은 교육관에 **입각**해서 아이들을 지도해야 합니다.

입각 入閣 〔들 입, 누각 각〕

내각(內閣)에 들어감(入). 내각 구성원이 됨

　그는 올해 교육부 장관으로 **입각**하였다.

　이번 개각에 우리 당 의원 대여섯 명의 **입각**이 예상된다.

입장 立場 〔설 립, 마당 장〕

서(立) 있는 곳(場). 처해 있는 상황이나 형편

　우리는 이 문제에 관여할 **입장**이 아니다.

　입장이 다르기는 하지만 모두들 조금씩 양보하기로 했다.

입장 入場 〔들 입, 마당 장〕

경기장이나 회의장, 식장 따위의 장내(場內)에 들어감(入) ↔ 퇴장(退場)

　다음은 신부 **입장**이 있겠습니다.

　선수들의 **입장**이 끝나자 대회장의 환영 인사가 시작되었다.

자문 諮問 〔물을 자, 물을 문〕

어떤 일을 좀 더 효율적이고 바르게 처리하려고 그 방면의 전문가나, 전문가들로 이루어진 기구에 의견을 물음(諮=問). 정부나 기업체 따위에서, 학식과 경험이 풍부한 사람에게 의견을 물음

그들은 전문가의 **자문**을 받아 일을 처리했다.

정부는 학계의 **자문**을 통해 환경 보호 구역을 정하였다.

자문 自問 〔스스로 자, 물을 문〕

스스로(自) 자신에게 **물음**(問)

내가 과연 옳은 일을 했는가에 대하여 **자문**해 보곤 한다.

우리 모두 자신의 행동에 대하여 **자문**해 볼 필요가 있다.

자비 慈悲 〔사랑 자, 슬퍼할 비〕

고통받는 이를 사랑하고(慈) 불쌍히 여기는(悲) 마음. 부처가 중생을 불쌍히 여겨 고통을 덜어 주고 안락하게 해주려는 마음

자비심(--心)은 인류가 상생발전하는 근본이 된다.

유가(儒家)의 인(仁)이나 불가(佛家)의 **자비** 사상은 적에 대한 관용을 중요한 가르침의 일부로 삼고 있다.

자비 自費 〔스스로 자, 쓸 비〕

스스로(自) 부담하는 비용(費用)

그녀는 이번 행사에 **자비**로라도 참여하고 싶다는 의사를 밝혔다.
출판사에서는 원고를 읽어 보더니 넌지시 **자비** 출판을 권유하였다.

자상 仔詳 〔자세할 자, 자세할 상〕

성질이 찬찬하고 자세함(仔=詳). 말이나 글이 매우 자세함

어머니의 **자상**한 마음에서 그 살뜰함을 느낄 수 있다.

자상 刺傷 〔찌를 자, 상처 상〕

칼 따위의 날카로운 것에 찔려서(刺) 입은 상처(傷處)

그의 허리에는 깊숙한 **자상**이 있었다.

자세 仔細 〔자세할 세, 가늘 세〕

사소한 부분까지 아주 구체적이고 분명함(仔=細)

이 책은 주해를 **자세**하게 달았기 때문에 이해가 쉽다.
할머니의 편지에는 김치를 맛있게 담그는 방법이 **자세**하게 쓰여 있었다.

자세 姿勢 〔맵시 자, 형세 세〕

맵시(姿)의 형세(形勢). 몸을 움직이거나 가누는 모양. 무슨 일에 대하는 마음가짐. 곧 정신적인 태도

잘못된 **자세**로 오래 앉아 있으면 허리가 굽는다.
일하는 데는 적극적인 **자세**가 중요하다.

자수 自首 〔스스로 자, 머리/자백할 수〕

경찰의 조사나 수사를 받기 전에 자기(自己)가 저지른 범죄를 경찰 등 수사기관에 자백하는(首) 일

*사건의 진범이 **자수**해 왔다.*

*범인은 더 이상 몸을 숨길 수 없어서 **자수**를 결심하였다.*

자수 刺繡 〔찌를 자, 수놓을 수〕

천에 바늘을 찔러(刺) 넣어 수놓는(繡) 일

*이 커튼은 우리 엄마가 직접 **자수**를 놓은 것이다.*

자원 自願 〔스스로 자, 원할 원〕

스스로(自) 원함(願)

*운영 요원을 **자원** 봉사자로 충원하였다.*

자원 資源 〔재물 자, 근원 원〕

자산(資産)이 될 수 있는 원천(源泉). 생활 및 생산에 이용될 수 있는 원료나 노동력을 통틀어 이르는 말

*기업이 인력과 **자원**에 집중한다면 경쟁력이 강화될 것이다.*

자전 自轉 〔스스로 자, 구를 전〕

스스로(自) 돎(轉). 천체(天體)가 그 내부를 지나는 축(軸)을 중심으로 하여 회전하는 일 ↔ 공전(公轉)

*지구는 약 24시간 37분을 주기로 **자전**한다.*

자전 自傳 〔스스로 자, 전할 전〕

자기의 지나온 일을 스스로(自) 적은 전기(傳記). 자서전(自敍傳)의 준말

　그의 최근 소설은 **자전**적인 젊은 날의 고뇌와 방황, 사랑과 우정 등에 대해 고백하고 있다.

자전 字典 〔글자 자, 법/책 전〕

낱낱 한자(漢字)에 대하여 그 뜻을 풀어 놓은 책(典). 옥편(玉篇). 자서(字書). 자휘(字彙)

　모르는 한자가 나오면 **자전**을 찾아 확인하는 습관을 갖는 것이 좋다.

자제 自制 〔스스로 자, 마를/억제할 제〕

욕망, 감정 따위를 스스로(自) 억제(抑制)함. 극기(克己)

　복받치는 설움을 **자제**할 길이 없다.

　위험한 상황이 발생할 수 있으므로 개인 행동 **자제**를 요청하였다.

자제 子弟 〔아들 자, 아우 제〕

아들(子)과 아우(弟). 남을 높이어 그의 아들을 일컫는 말

　자네가 그분 **자제**란 말인가?

　뉘 댁 **자제**인지는 모르나 말조심하게.

장관 長官 〔어른 장, 벼슬 관〕

국무를 맡아보는 행정 각부의 으뜸(長) 관리(官吏)

　누가 새 **장관**이 되느냐는 모두의 관심이었다.

226

장관 壯觀 〔씩씩할 장, 볼 관〕

① 굉장(宏壯)하여 볼만한 경관(景觀) ② 하는 짓이나 겉모습이 차마 볼 수 없을 정도로 우습고 거슬림. 꼴불견

산 정상에서 보는 일몰은 그야말로 **장관**이었다.

술에 취해 널브러져 있는 그의 모습은 가관이다 못해 **장관**이었다.

장기 長期 〔긴 장, 기약할/기간 기〕

오랜(長) 시기(時期) ↔ 단기(短期)

우리 경제가 **장기** 침체 국면으로 접어들었다는 비관론이 대두되었다.

오랜만에 흥행에 성공을 거두어 **장기** 공연 체제에 들어갔다.

장기 長技 〔긴/나을 장, 재주 기〕

가장 능한(長) 재주(技). 특기(特技)

그의 **장기**가 잘 발휘될 수 있도록 도와주어야 한다.

속공을 **장기**로 삼는 우리 팀은 연속하여 득점에 성공했다.

장기 帳記 〔휘장/장부책 장, 기록할 기〕

매매(賣買)에 관한 물명이나 값 따위를 적은(記) 명세서(帳)

결혼 잔치에 드는 **장기**를 뽑아 보니 비용이 만만치 않다.

가게 주인은 한 달 판매고를 계산하느라 **장기**를 정리하고 있다.

장기 將棋 〔장수 장, 바둑 기〕

장군(將軍)을 막지 못하면 지는 바둑(棋) 같은 놀이

장기 두는 데 훈수 정도는 할 수 있는 거 아닙니까?

장기 臟器 〔오장 장, 그릇 기〕

내장(內臟)의 여러 기관(器官)

　술에 찌든 그의 **장기**는 한 군데도 성한 데가 없다.

　저의 **장기**를 기증할 테니, 필요한 사람을 위하여 써 주시기 바랍니다.

장부 丈夫 〔어른 장, 지아비 부〕

어른(丈)이 된 남자(夫). 대장부(大丈夫)의 준말

　그대의 말을 들으니 그대야말로 **장부**로다.

　장부라면 목숨이 아깝건 믿음이 약하건 한번 맺은 마음은 저버릴 수는 없다.

장부 帳簿 〔휘장/장부책 장, 문서 부〕

금품의 수입과 지출을 기록하는 책(帳=簿)

　경리는 열심히 **장부**를 기록하고 있었다.

　검찰은 이 기업의 **장부**를 정밀 조사하기로 했다.

장부 臟腑 〔오장 장, 장부 부〕

한의학(韓醫學)에서 음양오행(陰陽五行)의 원리에 따라 몸속의 기관 중에 간장(肝臟), 심장(心臟), 비장(脾臟: 지라), 폐장(肺臟: 허파), 신장(腎臟: 콩팥) 다섯 가지는 오장(五臟), 담낭(膽囊), 소장(小腸), 위장(胃腸), 대장(大腸), 방광(膀胱), 삼초(三焦) 여섯 가지는 육부(腑)로 나눈 '오장(五臟)육부(六腑)'를 줄여 이르는 말

　사람마다 체질이 다르고 **장부**의 건강 상태도 다른 법이다.

　나의 **장부**는 그 기능을 조금도 상실치 않았다.

장사 壯士 [씩씩할 장, 선비 사]

기개와 체질이 썩 굳센(壯) 사람(士). 힘이 센 사람. 역사(力士)

> 설날 모래판에 전국의 **장사**가 한데 모였다.
> 그는 힘이 어찌나 좋은지 당해 낼 **장사**가 없다.

장사 葬事 [장사지낼 장, 일 사]

죽은 사람을 묻거나 화장하는(葬) 일(事)

> **장사**를 치르고 난 미영이는 몹시 수척해 보였다.
> 전쟁 때문에 아버지가 돌아가셨는데도 제대로 **장사**를 지내지 못했다.

장성 長成 [긴/자랄 장, 이룰 성]

아이가 자라서(長) 어른이 됨(成)

> 네가 이렇게 **장성**한 줄을 몰랐구나.
> 선생님은 **장성**한 제자의 절을 반절로 받으셨다.

장성 長城 [긴 장, 재/성쌓을 성]

길게(長) 둘러싼 성(城). 만리장성(萬里長城)의 준말

> **장성**은 중국 북쪽 변방에 있는 역사상 세계에서 가장 긴 성벽이다.
> 진시황은 오랑캐를 막아 진(秦)나라를 보존하기 위해 **장성**을 쌓았다.

장성 將星 [장수 장, 별 성]

별(星) 계급의 장군(將軍)을 달리 이르는 말

> 부하의 잘못으로 불명예스럽게 퇴진하는 **장성**이 적지 않다.
> **장성**을 포함한 직업 군인들은 신무기의 시범에 찬사를 보내고 있다.

장수 長壽 〔긴 장, 목숨 수〕

긴(長) 목숨(壽). 오래 삶

규칙적인 운동만이 건강과 **장수**를 약속한다.

장수를 누리고 싶어 하는 것은 거의 모든 인간의 소원이다.

장수 將帥 〔장수 장, 장수 수〕

군사를 거느리는 장군(將=帥)

진정한 **장수**는 전장에 나설 때 진가가 드러나는 법이다.

용맹스러운 **장수** 앞에 나약한 군사는 있을 수 없다.

재고 在庫 〔있을 재, 곳집 고〕

창고(倉庫)에 쌓여 있음(在). 재고품(在庫品)의 준말

연말의 수요를 충당하기에는 **재고**가 부족하다.

재고가 너무 많아 생산을 중단할 수밖에 없었다.

재고 再考 〔두/다시 재, 생각할 고〕

한번 정한 일을 다시(再) 한번 생각함(考)

그 일의 결과는 너무 뻔해서 **재고**의 여지가 없다.

최근 방송 언어 문제에 대한 **재고**의 필요성이 대두되고 있다.

재단 財團 〔재물 재, 둥글 단〕

일정한 목적을 위해 결합한 재산(財産)의 집단(集團)

그는 평생 모은 재산으로 장학 **재단**을 설립하였다.

재단 裁斷 〔옷마를/분별할 재, 끊을 단〕

옳고 그름을 분별하여(裁) 나눔(斷). 종이나 천, 철판 따위를 자르는 일

그는 능숙한 가위질로 옷감을 싹싹 재단해 냈다.

나는 그 시절 재단 보조로 일하며 생활에 필요한 돈을 마련했다.

재원 財源 〔재물 재, 근원 원〕

재화(財貨)나 재정의 원천(源泉). 지출하는 돈의 출처

세금은 국가 재정의 바탕이 되는 재원이다.

이 사업을 시작하려면 막대한 재원이 필요하다.

재원 才媛 〔재주 재, 여자 원〕

재주(才) 있는 젊은 여자(媛) ↔ 재자(才子)

그녀는 미모와 폭넓은 교양을 갖춘 재원이다.

재판 再版 〔두/다시 재, 판목/인쇄할 판〕

이미 간행된 출판물을 두(再) 번째 출판(出版)함. 과거에 있었던 어떤 일이 다시 되풀이되는 것

그 책은 처음 나오자마자 곧 재판에 들어갔다.

재판 裁判 〔옷마를/결단할 재, 판가름할 판〕

구체적인 쟁송(爭訟)을 해결하기 위하여 국가 기관인 법원이나 법관이 내리는(裁) 공권적 판단(判斷)

변호인은 재판을 연기할 것을 요청하였다.

저작 著作 〔책지을 저, 지을 작〕

책을 지어냄(著=作). 저술(著述)

이 작품은 인류 역사상 가장 위대한 **저작** 가운데 하나이다.

저작 咀嚼 〔씹을 저, 씹을 작〕

입으로 음식물을 씹음(咀=嚼). 또는 그런 기능이나 작용

그는 의식이 회복된 지 이틀 만에야 겨우 음식을 **저작**할 수 있었다.
많이 **저작**을 하면 턱의 성장판 자체가 자극을 받는다.

적기 適期 〔알맞을 적, 기약할/기간 기〕

알맞은(適) 시기(時期)

아파트 구입의 **적기**는 매매 물량이 많이 나왔을 때이다.
지금이 바로 동남아 시장의 진출의 **적기**입니다.

적기 赤旗 〔붉을 적, 깃발 기〕

① 붉은(赤)빛의 깃발(旗) ② 위험 신호용의 붉은 기 ③ 공산주의를 상징하는 기

역장은 선로 주변 공사에 대한 주의를 환기하기 위해 **적기**를 흔들었다.
스탈린은 온 세계를 **적기** 아래 끌어모아 통일시키려고 망상했다.

적기 敵旗 〔원수 적, 깃발 기〕

적(敵)국의 깃발(旗)

몽고의 침략에 맞서 싸운 고려의 군사들은 물밀 듯이 밀려오는 **적기** 앞
에서 제대로 싸워 보지도 못한 채 패하고 말았다.

적기 敵機 〔원수 적, 기계 기〕

적(敵)의 비행기(飛行機)

민방위 훈련 시 상공에 가상 **적기**를 출현시켜 훈련하기도 한다.

레이더 관측병은 기습적인 **적기**의 공격에 대비하여 언제나 긴장한다.

적자 赤字 〔붉을 적, 글자 자〕

붉은(赤) 글씨의 숫자(字). 장부에서 수입을 초과한 지출로 생기는 결손액 ↔ 흑자(黑字)

적자 운영으로 자금 사정이 더욱 나빠졌다.

한국의 대미 무역은 얼마 전부터 **적자**에서 흑자로 돌아섰다.

적자 嫡子 〔정실 적, 아들 자〕

정실(嫡)의 몸에서 태어난 자식(子息) ↔ 서자(庶子)

선조는 명종의 **적자**가 아니다.

그 사상은 헤겔 사상 체계의 **적자**라고 할 수 있다.

적자 適者 〔맞을 적, 사람 자〕

어떤 일에 알맞은(適) 사람(者). 적임자(適任者)의 준말

치열한 경쟁 사회에서 **적자**만이 살아남을 수 있다.

전경 全景 〔모두 전, 경치 경〕

한눈에 바라보이는 전체(全體)의 경치(景致)

전망대에 올라서면 도시 **전경**이 한눈에 들어온다.

전경 前景 〔앞 전, 경치 경〕

앞(前)쪽으로 보이는 경치(景致)

  그녀는 방을 구할 때 특히 전경을 중시했다.

  이 아파트는 베란다에서 보이는 전경이 괜찮다.

전경 戰警 〔싸움 전, 경계할 경〕

전투(戰鬪)와 경비 임무를 수행하는 경찰(警察)

  완전 무장한 전경이 시위대와 대치하고 있다.

  시위 예상 지역 곳곳에 전경들이 배치되었다.

전공 戰功 〔싸움 전, 공 공〕

전투(戰鬪)에서 세운 공로(功勞)

  그는 전쟁에서 혁혁한 전공을 세웠다.

전공 專攻 〔오로지 전, 칠/닦을 공〕

오로지(專) 그것만 갈고닦음(攻). 어느 분야를 전문적으로 연구함. 또는 그 분야

  이번 학기 전공 과목에서 모두 A+를 받았다.

  그는 전공보다는 오히려 외국어 공부에 신경을 쓴다.

전과 戰果 〔싸움 전, 결과 과〕

전투(戰鬪)에서 거둔 성과(成果). 운동 경기에서 올린 성과

  아군은 적군을 급습하여 섬멸에 가까운 전과를 올렸다.

  그는 연료와 탄약을 보급받고 이륙하여 적 4대를 격추하는 전과를 올렸다.

전과 全科 〔모두 전, 과목 과〕

모든(全) 교과(敎科). 모든 학과. 전과참고서(全科參考書)의 준말

아이는 **전과**를 찾아보며 숙제를 하였다.

나는 초등학교 시절 **전과**를 보며 공부했다.

전과 轉科 〔구를 전, 과목 과〕

학과(學科)나 병과(兵科)를 다른 과로 옮김(轉)

이 대학은 언제라도 자유로운 **전과**가 가능하다.

철민은 사회학과에서 국문과로 **전과**했다.

전과 前科 〔앞 전, 과목/형벌 과〕

전(前)에 형벌(科)로 받은 사실

전과 기록이 평생 혹처럼 붙어 다닌다.

대통령은 특별 사면령을 통해 많은 양심수들의 **전과**를 말소해 주었다.

전기 電氣 〔번개 전, 기운 기〕

전자(電子)의 이동으로 생기는 에너지(氣)의 한 형태

사고가 나자 그 지역의 **전기** 공급을 중단하였다.

어제저녁에는 갑자기 **전기**가 나가서 집 안이 온통 컴컴했었다.

전기 前期 〔앞 전, 기간 기〕

어떤 기간을 둘로 나누었을 때의 그 앞(前)의 기간(期間) ↔ 후기(後期)

조선 후기에는 **전기**에 비하여 상공업이 더욱 발달하였다.

우리 대학원은 **전기**와 후기로 나누어 신입생을 모집한다,

전기 傳記 〔전할 전, 기록할 기〕

한 개인의 일생을 전하여(傳) 적은 기록(記錄)

> 나는 어렸을 때 위인들의 **전기**를 읽으며 꿈을 키워왔다.
> 혁명가의 **전기**를 읽다 보면 새삼 그들의 열정에 감동하게 된다.

전기 轉機 〔구를 전, 기계/기회 기〕

전환점(轉換點)이 되는 기회(機會)나 시기

> 그와의 만남은 내 인생에 하나의 **전기**가 되었다.
> 새로운 치료법의 발견으로 암 치료에 **전기**가 마련되었다.

전기 傳奇 〔전할 전, 기이할 기〕

전해(傳) 오는 기이(奇異)한 이야기. 괴이하고 환상적인 색채가 짙은 이야기

> 나는 공상적이고 기이한 사건을 전하는 흥미 위주의 **전기** 소설을 좋아
> 한다.
> 조선 시대에는 비현실적 무용담을 담은 **전기** 소설이 많이 쓰였다.

전당 殿堂 〔대궐/큰집 전, 집 당〕

① 높고 크게(殿) 지은 화려한 집(堂) ② '학문, 예술, 과학, 기술, 교육 따위의
분야에서 가장 권위 있는 연구 기관'을 비유하여 이르는 말

> 그 연구소는 한국 과학 기술의 **전당**이라고 할 수 있다.
> 오늘날 대학은 학문의 **전당**이 되어야 하는 책무를 저버린 것 같다.

전당 全黨 〔모두 전, 무리 당〕

한 정당(政黨)의 전체(全體)

> **전당** 대회는 정체불명의 방해꾼들이 훼방을 놓는 바람에 무산되었다.

전당 典當 [법/저당잡힐 전, 마땅할/맡길 당]

물품을 담보로 잡히거나(典) 맡겨 놓고(當) 돈을 꾸어 씀

나는 결혼반지까지 **전당**을 잡히고 돈을 꾸어야만 했다.

급히 돈을 마련하느라 가보로 내려오던 물건마저 **전당**이 잡혔다.

전도 傳道 [전할 전, 길/도리 도]

도리(道理)를 세상에 널리 알림(傳). 기독교의 교리를 세상에 널리 전하여 믿지 아니하는 사람에게 신앙을 가지도록 인도함. 또는 그런 일

그는 거리에서 사랑의 **전도**자(--者)로 통한다.

많은 선교사들이 **전도**를 위해 아프리카로 떠났다.

전도 傳導 [전할 전, 이끌 도]

전하여(傳) 인도(引導)함. 열 또는 전기가 물체 속을 이동하는 일. 또는 그런 현상

쇠로 된 그릇은 열이 잘 **전도**된다.

전도 前途 [앞 전, 길 도]

앞(前)으로 나아갈 길(途). 장래(將來)

그 친구는 아직 **전도**가 창창한 젊은 사람이 아닌가.

우리의 행군은 고되고 험난했지만 다행히 날씨가 좋아서 **전도**가 밝았다.

전도 全圖 [모두 전, 그림 도]

전체(全體)를 그린 그림(圖)이나 지도(地圖)

그 청년의 방에는 세계 **전도**가 걸려 있었다.

동생은 세계 **전도**에 배낭여행을 할 유럽의 각 나라를 표시했다.

전도 顚倒 〔넘어질 전, 넘어질 도〕

엎어져 넘어지거나 넘어뜨림(顚=倒). 차례, 위치, 이치, 가치관 따위가 뒤바뀌어 원래와 달리 거꾸로 됨. 불교에서 번뇌 때문에 잘못된 생각을 하거나 현실을 잘못 이해하는 일

가치의 전도 현상은 이미 오래된 일이 아닌가?

주객전도(主客--)라더니 위로를 받아야 할 분이 위로를 주시는군요.

전력 全力 〔모두 전, 힘 력〕

모든(全) 힘(力). 있는 힘. 온 힘. 최선(最善)

당국은 물가를 잡기 위해 전력을 기울이고 있다.

아무리 약한 사람이라도 그 전력을 단 한 가지 목적에 쏟으면, 반드시 성취할 수가 있다.

전력 前歷 〔앞 전, 지낼 력〕

이전(以前)의 경력(經歷)

그 후보는 다양한 전력을 지닌 입지전적인 인물이다.

전력 電力 〔번개/전기 전, 힘 력〕

전류(電流)에 의한 동력(動力)

여름철이 되자 전력 소비량이 급격히 증가했다.

전력 戰力 〔싸움 전, 힘 력〕

전투(戰鬪)나 경기 따위에서 할 수 있는 능력(能力)

주전들의 부상으로 전력이 약화했다.

현 국가 대표 팀은 역대 최고의 전력을 갖추었다는 평가를 받고 있다.

전례 前例 〔앞 전, 법식 례〕

이전(以前)부터 있었던 사례(事例). 유례(類例). 예로부터 전하여 내려오는 일
처리의 관습

시장 경제는 인류에게 역사상 전례 없는 풍요를 가져다주었다.

전례 典禮 〔법/의식 전, 예도 례〕

왕실이나 나라의 중요한 의식(儀式)과 예도(禮). 일정한 의식

국왕의 영결식은 장중하고도 화려한 전례 속에서 이루어졌다.
무조건 중국의 전례를 따라 하는 것은 사대주의와 다를 바 없습니다.

전무 全無 〔모두 전, 없을 무〕

전혀(全) 없음(無)

이제까지 그러한 예는 전무에 가깝다.
이 섬에는 의료 시설이 전무한 실정이다.

전무 專務 〔오로지 전, 힘쓸/일 무〕

어떤 일을 전문적(專門的) 맡아보는 사무(事務). 또는 그런 사람. 전무이사

이번 해외 공사는 주로 김 전무가 총지휘하여 성공적으로 마쳤습니다.

전반 前半 〔앞 전, 반 반〕

전체를 둘로 나누었을 때, 앞(前)부분이 되는 절반(折半)

전반 내내 부진을 면치 못한 팀은 후반 들어 전열을 재정비하고 나섰다.
아인슈타인은 20세기 전반에 물리학 분야에서 많은 활약을 했다.

전반 全般 〔모두 전, 일반 반〕

모두(全)에 해당하는 일반(一般)의 것. 어떤 일이나 부문에 대하여 그것에 관계되는 전체(全體). 또는 통틀어서 모두

이번 조치는 국정 **전반**에 걸쳐 개혁을 단행하려는 의도로 보인다.

일부 사람들의 과소비로 사회 **전반**에 계층 간 위화감이 조성되었다.

전범 典範 〔법 전, 법 범〕

본보기(典)가 될 만한 규범(規範)

오늘날 수학은 명확성을 지향하는 다른 학문의 **전범**으로 인식되고 있다.

전범 戰犯 〔싸움 전, 범할 범〕

전쟁(戰爭)이라는 범죄(犯罪). 전쟁범죄자(戰爭犯罪者)의 준말

특별 군사 재판소는 일급 **전범**으로 분류된 그에게 사형을 언도했다.

그는 평소 **전범**을 두둔하는 발언을 하는 등 뚜렷한 극우 성향을 갖고 있다.

전보 電報 〔번개/전기 전, 알릴 보〕

전신기(電信機)에 의하여 먼 거리에서 알리는 통보(通報)

집에 돌아오니 고향에서 **전보**가 한 통 와 있었다.

부친이 위독하다는 형의 **전보**를 받은 그는 다급히 대문을 나섰다.

전보 轉補 〔구를 전, 기울/임명할 보〕

보직(補職)을 옮겨(轉) 다른 일을 맡음

뇌물 수수 사건에 연루된 공무원들은 **전보** 조처를 받았다.

전수 傳受 〔전할 전, 받을 수〕

지식이나 기술 따위를 전하여(傳) 받음(受)

시어머니는 요리의 비법을 며느리에게 **전수**했다.

그는 자신의 학문을 제자들에게 **전수**했다.

전수 全數 〔모두 전, 셈 수〕

전체(全體)의 수효(數爻)

이번 법안은 우리 당 의원 **전수**의 찬성으로 통과되었다.

전수 조사를 통해 발굴된 핵심 향토 자원을 사업화할 예정이다.

전승 傳承 〔전할 전, 이을/받들 승〕

문화, 풍속, 제도 따위를 전하여(傳) 계승(繼承)함

고전(古典)의 출판은 전통문화의 **전승**과 발전이라는 측면에서 중요하다.

행사는 새로운 민속놀이를 발굴하고 **전승**하게 하는 데 그 의의를 둔다.

전승 全勝 〔모두 전, 이길 승〕

한 번도 지지 아니하고 모두(全) 이김(勝)

이번 대회에서 국가 대표 팀은 **전승**으로 우승컵을 가져왔다.

전시 戰時 〔싸움 전, 때 시〕

전쟁(戰爭)이 벌어진 때(時)

전시 상태는 아니나 국교는 어제부터 단절되었다.

전시에 받았던 선고를 평화 시에 재심해 보니 무죄였다.

전시 展示〔펼 전, 보일 시〕

여러 가지 물품을 한곳에 벌여 놓고(展) 보임(示)

이번 전시는 사람들의 호응이 좋아 한 달 더 연장하기로 하였다.
미술 전시회(--會)에 온 손님들이 방명록에 이름을 기록하고 있다.

전원 田園〔밭 전, 동산 원〕

논밭(田)과 동산(園). 도시에서 떨어진 시골이나 교외(郊外)를 이르는 말

도시 문명이 발전할수록 도시인은 전원의 정취를 그리워한다.
그는 전원으로 돌아와서 청빈한 은거 생활로 여생을 보냈다.

전원 全員〔완전할/모두 전, 인원 원〕

전체(全體)의 인원(人員)

우리 반 학생 전원이 시험에 합격했다.

전원 電源〔번개 전, 근원 원〕

전력(電力)을 공급하는 원천(源泉)

이 축전지는 일반 자동차의 전원으로 이용된다.
그는 집에 돌아오자마자 컴퓨터 본체에 전원을 넣었다.

전제 前提〔앞 전, 들 제〕

사전(事前)에 제시(提示)함

헌법에서는 모든 인간은 평등하다고 전제한다.
민주주의를 꽃피우기 위해서는 몇 가지 전제조건이 필요하다.

전제 專制 〔오로지 전, 지을 제〕

다른 사람의 의사는 존중하지 않고 오로지(專) 혼자서 일을 만듦(制). 국가의 권력을 개인이 장악하고 그 개인의 의사에 따라 모든 일을 처리함

전제 국가에서는 임금이 절대적인 권위를 가지고 있었다.

전철 電鐵 〔번개 전, 쇠 철〕

전기(電氣)를 동력으로 궤도 위에 차량을 운행하는 철도(鐵道)

전철 안에는 사람이 발 디딜 틈도 없이 빽빽하였다.
출근 시간에 전철이 고장 나 출근길 시민들이 큰 불편을 겪었다.

전철 前轍 〔앞 전, 바퀴자국 철〕

앞(前)에 지나간 수레바퀴의 자국(轍). 이전 사람의 그릇된 행동이나 자취

네 선배가 했던 한탕주의의 전철을 밟지 마라.
이러한 사실을 전철 삼아 어떤 대비를 취할 수 있다.

전파 電波 〔번개 전, 물결 파〕

전류(電流)가 진동할 때 생기는 전자기의 흐름(波)

텔레비전 심야 프로그램 편성은 전파 낭비라는 의견이 많다.
이 지역은 전파가 잘 잡히지 않아 감도가 높은 수신 장치가 필요하다.

전파 傳播 〔전할 전, 뿌릴 파〕

전하여(傳) 널리 퍼뜨림(播)

이탈리아에서 시작된 르네상스 운동은 유럽의 여러 나라로 전파되었다.

전형 典型 〔법/모범 전, 틀/본보기 형〕

모범(典)이 될 만한 본보기(型). 같은 부류의 특징을 가장 잘 나타내고 있는 본보기

 그는 **전형**적인 기술 관료 출신이다.

 소설의 주인공은 현대 사회에서 보기 드문 양심의 **전형**을 보여 주었다.

전형 銓衡 〔저울질할 전, 저울대 형〕

저울대(衡)로 저울질함(銓). 사람의 됨됨이나 재능을 시험하여 골라 뽑음

 입사 지원자들 가운데 서류 **전형**에서 실격한 사람은 없었다.

 주요 대학들이 일선 고교 간 학력차를 입시 **전형**에 반영해 논란이다.

절감 切感 〔끊을/간절할 절, 느낄 감〕

절실(切實)히 느낌(感)

 이번의 실패로 내가 얼마나 무력한지 **절감**하게 되었다.

 그 영화는 우리들로 하여금 이 시대의 아픔을 **절감**하게 했다.

절감 節減 〔마디/절제할 절, 덜 감〕

아껴서(節) 줄임(減)

 생산 자동화는 원가의 **절감**과 생산성 향상에 기여할 것이다.

절개 節槪 〔마디/절의 절, 대개/기개 개〕

절의(節義)와 기개(氣槪). 신념 등을 굽히지 아니하고 굳게 지키는 꿋꿋한 태도

 할아버지는 대쪽 같은 **절개**를 지닌 분이셨다.

절개 切開 〔끊을/벨 절, 열 개〕

째거나 베어(切) 벌림(開). 치료를 위해 몸의 일부를 째어서 엶

다행히 **절개** 부위가 작아서 흉터가 안 보였다.

언니는 난산 끝에 제왕**절개**(帝王--) 수술을 해야 했다.

절세 絶世 〔끊을/뛰어날 절, 세상 세〕

세상(世上)에 비길 만한 것이 없이 매우 뛰어남(絶)

그녀는 활짝 핀 꽃에 비유될 정도로 보기 드문 **절세**의 미인이었다.

장군님 같은 **절세**의 위인을 뵙는 것만으로도 제게는 크나큰 영광입니다.

절세 節稅 〔마디/절약할 절, 세금 세〕

적법하게 세금(稅金) 부담을 줄이는(節) 일

탈세(脫稅)는 세금이 중과되지만 **절세**는 합법적인 일이다.

절제 節制 〔마디 절, 마를/억제할 제〕

정도에 넘지 아니하도록 알맞게 조절(調節)하여 제한(制限)함

어렸을 때부터 **절제**의 미덕을 가르쳐야 한다.

근면과 **절제**는 성공한 사람들에게서 흔히 발견되는 품성이다.

절제 切除 〔끊을 절, 덜/버릴 제〕

잘라(切) 버림(除)

의사들은 암 부위를 **절제**하여 조직 검사를 해보았다.

뱀에 물린 환자의 다리가 부어오르자 의사는 환부의 **절제**를 시도하였다.

절취 切/截取〔끊을 절, 가질 취〕

끊어서(切/截) 가짐(取)

*신청서의 하단을 **절취**하게끔 선이 그어져 있었다.*

절취 竊取〔훔칠 절, 가질 취〕

남의 물건을 훔치어(竊) 가짐(取)

*이 은행 앞에서 오토바이를 이용한 금품 **절취** 사건이 있었다.*

정교 政敎〔정사 정, 가르칠 교〕

정치(政治)와 종교(宗敎)를 아울러 이르는 말

*헌법은 **정교**분리의 원칙을 명백히 밝히고 있다.*

***정교**일치는 고대 사회에서 흔히 볼 수 있다.*

정교 精巧〔정기/자세할 정, 교묘할 교〕

기계나 세공물 따위가 아주 세세한 부분까지 정밀(精密)하고 교묘(巧妙)하게 잘 되어 있음

*이 반지는 세공이 정말 **정교**하다.*

정기 精氣〔정기 정, 기운 기〕

민족 따위의 정신(精神)과 기운(氣運). 천지 만물을 생성하는 원천이 되는 기운. 생기 있고 빛이 나는 기운. 사물의 순수한 기운

*고려청자에는 우리 겨레의 **정기**가 서려 있다.*

*이른 새벽 휴양림에서 뿜어져 나오는 수목의 **정기**는 지친 심신을 깨운다.*

정기 定期 〔정할 정, 기약할/기간 기〕

정해진(定) 기간(期間)

  우리 학회는 한 달에 한 번씩 정기 모임을 갖는다.

  건강을 지키기 위해서는 매년 1회 정기 검진을 받아야 한다.

정당 正當 〔바를 정, 마땅할 당〕

바르고(正) 마땅함(當). 이치가 당연함

  심판의 판정은 정당하였다.

  어떤 이유로도 폭력을 정당화할 수는 없다.

정당 政黨 〔정사 정, 무리 당〕

정치적인 주의나 주장이 같은 사람들이 정권(政權)을 잡아 그 이념이나 이상을 실현하기 위하여 모인 무리(黨)

  선거가 다가오자 정당에서는 후보를 선정하기 위해서 경선을 벌였다.

정도 正道 〔바를 정, 길 도〕

올바른(正) 길(道). 또는 정당한 도리 ↔ 사도(邪道)

  그는 정도가 아니면 따르지 않는 바른 성품의 소유자이다.

  선생님께서는 칠십 평생을 한결같이 학자로서의 정도를 지켜 오셨습니다.

정도 程度 〔길/한도 정, 법도 도〕

한도(限度)나 법도(法度). 얼마의 분량. 또는 알맞은 어떠한 한도

  이 정도면 한 달 용돈으로 족하다.

ㄱ
ㄴ
ㄷ
ㄹ
ㅁ
ㅂ
ㅅ
ㅇ
ㅈ
ㅊ
ㅋ
ㅌ
ㅍ
ㅎ

정사 正史 〔바를 정, 역사 사〕

정확(正確)한 사실의 역사(歷史). 또는 그런 기록

이 책은 **정사**로서 그 가치가 매우 뛰어난 역사책이라고 할 수 있다.

국사 선생님은 학생들이 흥미를 느낄 수 있도록 야사(野史)와 **정사**를 섞어서 이야기해 주곤 하셨다.

정사 政事 〔정사 정, 일 사〕

정치(政治) 또는 행정상의 일(事)

국회의원들은 **정사**를 의논하기 위해 국회 의사당에 모였다.

왕은 개국과 **정사**에 공을 세운 신하들에게 상을 내렸다.

정사 情事 〔뜻 정, 일 사〕

남녀 간의 정(情)을 나누는 일(事)

그 영화는 **정사** 장면이 적나라하다는 이유로 미성년자 관람 불가의 판정을 받았다.

정상 正常 〔바를 정, 항상/늘 상〕

바른(正) 상태(常態). 이상한 데가 없는 보통의 상태

그 사람은 **정상**이 아니다.

우리는 음식 조절과 운동을 통해 **정상** 체중을 유지할 수 있다.

정상 情狀 〔뜻/사정 정, 모양 상〕

사정(事情)과 상태(狀態). 어떤 결과에 이르기까지의 사정(事情)

순순히 나와 자수한다면 **정상**을 참작하겠다.

정상 頂上 〔꼭대기 정, 위 상〕

산의 맨 꼭대기(頂) 위(上). 그 이상 더없는 최고의 상태. 한 나라의 최고 수뇌 (首腦)

산 **정상**에 올랐을 때 느끼는 감동과 희열은 말로 설명하기가 어렵다.
남과 북의 **정상**들은 통일 방안에 대한 깊이 있는 이야기를 나누었다.

정수 淨水 〔깨끗할 정, 물 수〕

물(水)을 깨끗하고(淨) 맑게 함. 또는 그 물

그 음식점은 **정수**와 살균 단계를 거친 물을 식수로 사용한다.
물 소비량이 많아짐에 따라 **정수** 비용도 함께 증가하고 있다.

정수 精髓 〔정기 정, 골수 수〕

뼈 속에 있는 순수한(精) 골수(骨髓). 사물의 중심이 되는 골자 또는 요점

철학이 모든 학문의 진수(眞髓)라면 논리학은 철학의 **정수**이다.

정숙 靜肅 〔고요할 정, 엄숙할 숙〕

고요하고(靜) 엄숙(嚴肅)함

도서실에서는 **정숙**해야 한다.
재판장의 복도 끝에는 '**정숙**'이라고 쓰인 종이가 붙어 있었다.

정숙 貞淑 〔곧을 정, 맑을 숙〕

여자로서 행실이 곧고(貞) 마음씨가 맑음(淑)

그녀는 **정숙**하고 예의 바르다.

정원 定員 〔정할 정, 인원 원〕

일정한 규정에 따라 정해진(定) 인원(人員)

그 유치원은 항상 입학 **정원**이 넘치도록 아이들이 몰린다.

관광 유람선 사고는 **정원**을 초과해 운행하던 중 일어난 것이었다.

정원 庭園 〔뜰 정, 동산 원〕

잘 가꾸어 놓은 넓은 뜰(庭)이나 작은 동산(園)

그 집 대문을 들어서자 잘 가꾸어진 아담한 **정원**이 눈에 들어왔다.

정의 正義 〔바를 정, 옳을 의〕

올바른(正) 도리(義). 바른 뜻이나 가치. 개인 간의 올바른 도리. 또는 사회를 구성하고 유지하는 공정한 도리

우리 모두 힘을 합쳐 **정의**가 구현되는 사회를 만듭시다.

민주 사회의 과제 중의 하나는 경제적 **정의**를 실현하는 것이다.

정의 定義 〔정할 정, 옳을/뜻 의〕

말이나 사물의 뜻(義)을 명백히 규정(規定)함. 또는 그 뜻

어떤 개념에 대한 절대적인 **정의**를 내리기는 쉽지 않다.

정적 靜寂 〔고요할 정, 고요할 적〕

고요하고(靜) 적막(寂寞)함

집 안은 무거운 **정적**으로 휩싸여 있었다.

숨소리 하나 들리지 않을 만큼 **정적**이 흘렀다.

정적 政敵 〔정사 정, 원수 적〕

정치적(政治的)으로 적대(敵對) 관계에 있는 사람

신념 있는 정치를 하려면 정적들과 대결해야 한다.

두 사람은 여당과 야당을 각각 지휘하는 정적이었다.

정전 停電 〔머무를/멈출 정, 번개/전기 전〕

전기(電氣)의 흐름이 잠깐 끊어짐(停)

오늘 아침에 정전으로 지하철이 잠시 멈추는 사고가 있었다.

정전 停戰 〔머무를/멈출 정, 싸움 전〕

교전 중이던 두 나라가 합의해 일시적으로 전쟁(戰爭)을 멈춤(停)

한국 전쟁은 아직도 정전 상태에 있다.

정전 합의로 양국 관계에 평화의 징후가 보이는 듯했다.

정정 訂正 〔바로잡을 정, 바를 정〕

글자나 글 따위의 잘못을 바로잡아(訂) 바르게(正) 고침

김 작가는 문제가 있는 곳을 정정한 후에 원고를 다시 보냈다.

조간신문에서는 어제의 기사 내용에 대한 정정 보도문을 실었다.

정정 訂定 〔바로잡을 정, 정할 정〕

잘잘못을 바로잡아(訂) 다시 정함(定)

버스 업계는 요금 체계를 정정하여 다시 발표하였다.

학기 초에는 수강 신청 정정 기간을 두어 학생들을 배려한다.

정정 政情 〔정사 정, 뜻/사정 정〕

정계(政界)의 사정(事情). 정계의 움직임. 정치정세(政治情勢)의 준말

　정정이 불안하면 경제도 침체에 빠지기 쉽다.

　그 나라의 **정정**은 점점 예측할 수 없는 상태로 치닫고 있다

정정 亭亭 〔정자 정, 정자 정〕

정자(亭子)처럼 우뚝하게 높이 솟아 있음. 늙은 몸이 굳세고 건강함

　우리 할아버지는 칠십이 넘으셨는데도 아직도 **정정**하시다.

　요즈음 노인들은 **정정**하셔서 동작이 젊은이들 못지않다.

정정당당 正正堂堂 〔바를 정,-, 집/당당할 당,-〕

태도, 처지, 수단 따위가 꿀림이 없고 바르고(正+正) 떳떳함(堂+堂)

　정정당당한 싸움에서 패배한 것이니 부끄러울 것은 없다.

　올림픽에 참가한 선수들은 **정정당당**하게 싸울 것을 선서했다.

정찰 正札 〔바를 정, 패 찰〕

물건의 정당(正當)한 값을 적은 쪽지(札)

　백화점에서는 **정찰** 가격으로 판매한다.

　그 할인 매장은 **정찰**을 붙여서 물품을 판매하고 있다.

정찰 偵察 〔정탐할 정, 살필 찰〕

정탐(偵探)하여 살핌(察)

　우리 소대는 어둠을 틈타 적의 움직임을 **정찰**했다.

　아군이 적군의 동태를 살피기 위해서 공중 **정찰**을 강화하였다.

정체 正體 〔바를 정, 몸 체〕

바른(正) 형체(形體). 본심의 모양

그 사건 이후로 그는 이 동네에서 **정체**를 감추었다.
우두머리가 검거되면서 그 유령 단체의 **정체**가 폭로되었다.

정체 停滯 〔머무를 정, 막힐 체〕

발전하거나 나아가지 못하고 한자리에 머물러(停) 막혀(滯) 있음

그동안 농업 분야는 0.02%의 성장으로 **정체**를 거듭해 왔다.
주말이면 도로는 교외로 나들이 가는 차량으로 극심한 **정체**를 이룬다.

제기 提起 〔끌/들 제, 일어날 기〕

의견이나 문제를 들추어내어(提) 논의를 일으킴(起). 소송을 일으킴

이번 정책에 비판의 여론이 높이 **제기**되고 있다.
요즘 불법 복제에 대한 소송이 잇따라 **제기**되고 있다.

제기 祭器 〔제사 제, 그릇 기〕

제사(祭祀) 때 쓰는 그릇(器)

추석이 다가오자 그녀는 **제기**를 닦느라 하루해를 보냈다.

제명 除名 〔덜 제, 이름 명〕

구성원 명단에서 이름(名)을 뺌(除). 구성원 자격을 박탈함

동창회에서 그를 **제명**하기로 결정했다.
그는 국회의원이 되었지만 당에서 **제명**되어 당적을 잃었다.

제명 題名〔제목 제, 이름 명〕

책이나 시문 따위의 표제(標題)나 제목(題目)의 이름(名)

한 번의 개작을 거쳤지만 단일 **제명**으로는 가장 많이 팔린 책이다.

제약 制約〔마를/억제할 제, 맺을/묶을 약〕

어떤 조건을 붙여 내용을 제한(制限)하고 묶어(約) 둠. 또는 그 조건

단체 생활에는 여러 가지 **제약**이 있기 마련이다.

그는 조직 사회의 **제약**을 견디지 못하고 직장을 자주 바꾸었다.

제약 製藥〔지을 제, 약 약〕

약(藥)을 만듦(製). 또는 그 약

그 **제약** 회사는 위장병에 탁월한 신약을 개발했다.

제재 制裁〔마를 제, 옷마를 재〕

옷감을 마르고(裁) 또 마름질함(制). 일정한 규칙이나 관습의 위반에 대하여 제한(制限)하거나 금지함

그런 가벼운 **제재** 조치로 효과를 거둘 수 있을지 의문이다.

유엔 안보리가 전쟁을 일으킨 나라에 대한 경제 **제재**를 결의했다.

제재 題材〔제목 제, 재료 재〕

예술 작품이나 학술 연구 따위에서 주제(主題)가 되는 재료(材料)

수필은 다양한 **제재**를 가진 문학 장르이다.

제재가 굉장하다고 반드시 좋은 글이 되는 것은 아니다.

조기 早期 〔이를 조, 기간 기〕

이른(早) 시기(時期) ↔ 만기(晚期)

질병은 *조기*에 발견해야 치료가 쉽다.

검찰은 이번 사건을 *조기*에 매듭짓기로 했다.

조기 早起 〔이를/일찍 조, 일어날 기〕

아침 일찍(早) 일어남(起)

아버지는 아침마다 *조기* 축구 모임에 나가신다.

조기 弔旗 〔조상할 조, 깃발 기〕

조의(弔意)를 표기하기 위해 다는 깃발(旗)

국장일(國葬日)에는 *조기*를 달고 임시 공휴일로 한다.

대사관은 그 나라의 국가 원수가 사망하자 *조기*를 달아 조의를 표했다.

조례 朝禮 〔아침 조, 예도 례〕

구성원들이 모여 일과를 시작하기 전에 아침(朝)마다 모여 하는 의식(禮). 조정의 관리들이 아침에 궁궐에 모여 임금을 뵙던 일. 조회(朝會)

오늘 *조례*는 강당에서 했다.

조례 條例 〔가지/조목 조, 법식 례〕

조목조목(條) 적어 놓은 규칙이나 명령(例). 지방 자치 단체가 법령의 범위 안에서 지방의회의 의결을 거쳐 그 지방의 사무에 관하여 제정하는 법

헌법은 법률, *조례*, 명령, 규칙 등에 앞서는 상위 개념의 규범 체계이다.

우리 지역 내의 학원 설립 및 운영에 관한 *조례*를 개정할 예정이다.

조류 鳥類〔새 조, 무리 류〕

새(鳥)의 특징을 가진 동물들의 무리(類)

　이번에 유행한 **조류** 독감 때문에 양계농들이 큰 손해를 입었다.

조류 潮流〔조수 조, 흐를 류〕

밀물과 썰물 때문에 일어나는 바닷물(潮)의 흐름(流). 시대 흐름의 경향이나 동향

　그곳은 **조류**가 급하지 않아 노를 젓는 데 별로 힘들지 않았다.

　환경 문제를 무역 문제와 결부시키는 세계적 **조류**를 외면해서는 안 된다.

조류 藻類〔바닷말 조, 무리 류〕

바닷말(藻)의 특징을 가지는 무리(類). 물속에 살면서 엽록소로 동화 작용을 하는 무리

　먼지나 녹물, **조류**와 같은 부유물은 식수를 흐린다.

　어민들은 녹**조류**(綠--)로 인해 조업이 불가능해져 생계를 위협받고 있다.

조리 條理〔조목 조, 다스릴 리〕

조목(條目)에 따라 잘 정리(整理)함. 말이나 글 또는 일이나 행동에서 앞뒤가 들어맞고 체계가 서는 갈피

　그는 말을 **조리** 있게 해서 남을 잘 설득한다.

조리 調理〔고를 조, 다스릴 리〕

① 건강이 회복되도록 몸을 보살피고(調) 병을 다스림(理) ② 여러 가지 재료를 잘 맞추어 먹을 것을 만듦. 요리(料理)

　산후에 몸을 잘 **조리**해야 건강을 유지할 수 있다.

　간단해 보이는 반찬 하나를 만드는 데도 여러 **조리** 과정이 필요하다.

조사 調査 〔고를 조, 조사할/살펴볼 사〕

헤아려보고(調) 살펴보거나 찾아봄(査)

 각 기관에서는 최근 벌인 여론 *조사* 결과를 일제히 발표했다.

 경찰은 범인의 주변 인물을 중심으로 배후 *조사*를 진행해 나갔다.

조사 助詞 〔도울 조, 말씀 사〕

체언이나 부사 따위에 붙어 말의 뜻을 돕는(助) 품사(品詞)

 한국어는 *조사*와 어미가 발달했다.

 보*조사*(補--)란 체언에 어떤 뜻을 더해주는 *조사*이다.

조사 弔詞 〔조상할 조, 말씀 사〕

죽은 사람을 슬퍼하여 조상(弔喪)의 뜻을 표하는 글이나 말(詞)

 그는 영결식에서 눈물로 *조사*를 낭독하며 고인의 넋을 위로했다.

 그녀는 돌아가신 스승님의 *조사*를 낭독하던 중 끝내 눈물을 보였다.

조사 祖師 〔조상/할아비 조, 스승 사〕

어떤 학파를 처음 세운 조상(祖上) 같은 사람(師). 한 종파를 세워서, 그 종지를 펼친 사람을 높여 부르는 말. 스승님의 스승

 제자들은 모두가 그를 새 *조사*로 모시는 데 이의가 없었다.

 한국 화엄종의 시조인 의상 *조사*의 '법성게'에 관한 논문을 쓰고 있다.

조사 照射 〔비칠 조, 쏠 사〕

햇빛이나 방사선 따위를 비추어(照) 쪼임(射)

 방사선을 환자에게 장기간 *조사*할 경우 유전적 변이를 초래할 수 있다.

 우리 연구소에서는 강한 중성자 *조사*에도 견딜 수 있는 핵융합 구조재의 개발에 힘쓰고 있습니다.

조선 朝鮮 〔아침 조, 고울 선〕

① 우리나라의 상고 때부터 써 내려오는 국명. 고조선(古朝鮮) ② 1392년 이 성계가 고려를 무너뜨리고 한양을 도읍으로 세운 나라. 근세조선(近世朝鮮)

조선 후기 사회에서는 양반 중심의 신분 질서가 급속히 붕괴했다.

조선 造船 〔지을 조, 배 선〕

배(船)를 건조(建造)함

우리 회사는 내년부터 조선과 철강 사업에 뛰어들 계획입니다.

조선소 일은 육체적으로는 힘들지만 보수가 높아 이직률이 낮은 편이다.

조소 嘲笑 〔비웃을 조, 웃음 소〕

조롱(嘲弄)하여 웃음(笑). 비웃음

그는 출세에 사로잡힌 속물들을 조소했다.

조소 彫塑 〔새길 조, 빚을 소〕

재료를 새기거나(彫) 빚어서(塑) 입체 형상을 만드는 미술. 조각(彫刻)과 소조 (塑造)

우리 학교 미술 대학에는 회화과와 조소과가 있다.

조정 朝廷 〔아침 조, 조정 정〕

임금을 조회(朝會)하는 관청(廷). 임금이 나라의 정치를 신하들과 의논하거나 집행하던 곳

조정에 새로 등용된 유학자(儒學者)들이 개혁을 시도했다.

조정 調停 〔고를 조, 머무를/멈출 정〕

중간에서 분쟁의 타협점을 찾아 협조(協調)하도록 하여 분쟁을 멈추게(停) 함

문제를 해결하기 위해 이해 당사자들이 직접 *조정*에 나섰다.

그동안 부처 간에 빚어졌던 분쟁을 *조정*하기 위해 위원회가 설치되었다.

조정 調整 〔고를 조, 가지런할 정〕

어떤 기준이나 실정에 알맞게 다듬어(調) 정돈(整頓)함

회사의 구조 *조정*으로 많은 부서가 재편되었다.

조정 漕艇 〔배저을/나를 조, 거룻배 정〕

작은 물건을 실어 나르는(漕) 돛이 없는 거룻배(艇). 정해진 거리에서 보트를 저어 스피드를 겨루는 경기

처음으로 미사리 *조정* 경기장을 가보았다.

해가 질 무렵 강에 *조정*이 한 척 떠 있는 모습이 마치 그림 같다.

조화 造化 〔지을 조, 될 화〕

만물을 창조(創造)하고 변화(變化)하는 대자연의 이치(理致). 어떻게 이루어진 것인지 알 수 없을 정도로 신통하게 된 일

아니 이게 웬 *조화*냐? 마당에 돈다발이 떨어져 있다니!

신의 *조화*인지 맑던 하늘이 한순간에 흐려지더니 눈이 쏟아졌다.

조화 調和 〔고를 조, 화할 화〕

서로 협조(協調)하여 화목(和睦)하게 지냄. 서로 잘 어울림 ↔ 부조화(不調和)

인간은 자연과 *조화*를 이루면서 공존하고 있다.

오케스트라에서는 전체적인 *조화*와 통일이 중요하다.

조화 造花〔지을 조, 꽃 화〕

인공적으로 만든(造) 꽃(花) ↔ 생화(生花)

*조화*가 아무리 아름다워도 향기 있는 꽃에 비길 수 있을까?

생화인 줄 알았던 꽃이 다가서서 보니 진짜와 너무 흡사한 조화였다.

조화 弔花〔조상할 조, 꽃 화〕

조의(弔意)를 표하는 데 쓰는 꽃(花)

죽은 이의 인품을 반영하듯 장례식장에는 조문객과 조화로 가득 찼다.

조회 朝會〔아침 조, 모일 회〕

학교나 관청 따위에서 아침(朝)에 모든 구성원들이 한자리에 모이는(會) 일

오늘 조회 시간에 선생님께선 별말씀 안 하셨다.

조회 照會〔비칠 조, 모일 회〕

① 확인을 위하여 대조(對照)해 보거나 만나(會) 봄 ② 어떤 사람이나 사실에 대하여 상세히 알아보는 일

나도 모르게 내 신원이 조회되었다.

최근에는 휴대 전화로 쇼핑, 지리 정보 조회 등을 이용할 수 있다.

존속 存續〔있을 존, 이을 속〕

어떤 대상이 그대로 있거나(存) 어떤 현상이 계속(繼續)됨

우리는 사형 제도 존속 여부에 대하여 열띤 토론을 벌였다.

출산은 인류의 존속을 위한 가장 기본적인 사회적 조건이다.

존속 尊屬 〔높을 존, 무리 속〕

부모 또는 그와 같은 항렬 이상(尊)에 속하는(屬) 친족(親族)

검찰은 **존속** 살인에 법정 최고형을 구형했다.

부모, 자녀 등 직계 **존비속**만 사망자의 토지를 조회(照會)할 수 있었다.

* **비속**(卑屬)(낮을 비, 무리 속): 혈연관계에서 자기보다 낮은(卑) 항렬에 속하는(屬) 친족
* **존비속**(尊卑屬): 존속과 비속을 아울러 이르는 말

종전 從前 〔좇을 종, 앞 전〕

지금보다 이전(以前)에(從)

그는 **종전**의 기록을 깨고 1위를 차지했다.

올해는 국내 여행 시장 규모가 **종전**의 두 배 규모로 커질 전망이다.

종전 終戰 〔마칠 종, 싸움 전〕

전쟁(戰爭)이 끝남(終). 전쟁을 끝냄 ↔ 개전(開戰)

피난민들은 하루빨리 **종전**되기만을 기다리고 있었다.

양국 정상은 서로에게 깊은 상처만을 준 이번 전쟁을 **종전**하기로 합의하였다.

주간 晝間 〔낮 주, 사이 간〕

낮(晝) 동안(間) ↔ 야간(夜間)

야간에 하던 아르바이트를 **주간**으로 바꿨다.

은행이나 우체국은 대개 **주간**에만 업무를 한다.

주간 週間 〔주일 주, 사이 간〕

월요일부터 일요일까지 한 주일(週日) 동안(間). 한정된 기간

월요일마다 우리는 지난 **주간**에 있었던 일을 이야기하며 친목을 다진다.
독서 **주간**을 맞이하여 우리 학교에서는 독후감 대회가 열렸다.

주간 主幹 〔주인 주, 줄기/주관할 간〕

어떤 일에 대하여 주된(主) 책임을 맡아 처리함(幹). 또는 그런 사람

그녀는 이 신문사의 편집 **주간**이다.

주간 週刊 〔주일 주, 책펴낼 간〕

한 주일(週日) 간격으로 간행(刊行)함. 또는 그런 간행물

이 잡지는 **주간**으로 3만 부씩 발행하고 있다.
이 전문 **주간지**(--誌)는 이번에 100호 기념호를 펴냈다.

주기 週期 〔주일/돌 주, 기약할/기간 기〕

한 바퀴 도는(週) 데 걸리는 일정한 시간(期). 어떤 현상이 일정한 시간마다
똑같은 변화를 되풀이할 때, 그 일정한 시간을 이르는 말

요즘은 유행의 **주기**가 점점 짧아지는 것 같다.
달이 자전하는 **주기**는 달이 지구의 둘레를 공전하는 **주기**와 같다.

주기 週忌 〔주일/돌 주, 꺼릴 기〕

죽은 뒤, 해마다 돌아오는(週) 그 죽은 날(忌)

내일이 할아버지 25**주기**가 되는 날이다.
박 교수님 타계 10**주기**를 맞아 우리 미술관에서 추모전이 열린다.

주기 酒氣 〔술 주, 기운 기〕

술(酒)을 마시면 도는 취기(醉氣)

주기가 올라 얼굴과 목덜미가 벌겋게 되었다.

남편은 술 한 잔만 마셔도 주기가 오르는 사람이다.

주류 主流 〔주인 주, 흐를 류〕

① 강의 원줄기(主)가 되는 흐름(流) ② 사상 따위의 여러 갈래에서 으뜸가는 갈래 ③ 어떤 조직이나 단체에서 영향력이 가장 큰 세력

철학의 주류는 어디까지나 존재론이다.

얼마 전 우리 모임 내에서 주류와 비주류(非--) 간의 갈등이 있었다.

주류 酒類 〔술 주, 무리 류〕

술(酒)의 종류(種類)

이 술집에서는 거의 모든 주류를 취급한다.

주문 注文 〔물댈/뜻밝힐 주, 글월 문〕

물건 구입 의사를 밝히는(注) 글(文). 요구나 부탁

신제품에 대한 주문이 쇄도하고 있다.

식당에 들어가자마자 그들은 우선 주문을 했다.

주문 呪文 〔빌 주, 글월 문〕

비는(呪) 글(文). 진언(眞言)

그는 날마다 이상한 주문을 외고 다녔다.

주식 主食 〔주인 주, 먹을/밥 식〕

밥이나 빵과 같이 끼니에 주(主)로 먹는 음식(飲食)

그는 건강을 위하여 현미 잡곡밥을 주식으로 삼고 있다.

고구마를 주식으로 먹는 민족은 상대적으로 각종 호르몬 분비를 왕성
하게 한다고 한다.

주식 株式 〔그루 주, 법 식〕

회사의 자본을 구성하는 단위. '株'는 'stock'을 직역한 것이며, 그것으로 자
본을 모으는 방식(方式)이라는 뜻에서 '주식'이라는 용어가 만들어짐

경기 전망의 불투명으로 주식 가격 변동이 너무나 크다.

주식 투자는 투자자 자신의 판단과 책임하에 해야 한다.

주의 主義 〔주인 주, 옳을/뜻 의〕

주(主)된 뜻(義)이나 생각. 굳게 지키는 주장. 체계화된 이론이나 학설

너는 어쩌면 그렇게 편하게 살자 주의냐?

예전에는 어떤 주의나 정치 세력이 문학과 예술을 좌우하는 모습을 종
종 볼 수 있었다.

주의 注意 〔물댈/쏟을 주, 뜻 의〕

뜻(意)이나 마음을 쏟음(注). 마음에 새겨두고 조심함. 경고나 충고의 뜻으로
일깨워 주는 말

갓난아기를 키우는 일은 세심한 주의가 필요하다.

어제 무단결석한 일로 그는 선생님께 주의를 들었다.

주재 主宰 [주인 주, 재상/다스릴 재]

주요(主要) 책임을 지고 주관하여 처리함(宰)

국무총리 주재로 가뭄 대책회의가 열렸다.

이번 회의는 대통령이 직접 주재할 것이다.

주재 主材 [주인 주, 재목 재]

주요(主要) 재료(材料)

한옥의 주재는 나무와 흙이었다.

현대 건축물은 철근, 시멘트, 유리 등을 주재로 한다.

주재 駐在 [머무를 주, 있을 재]

직무상 파견된 일정한 곳에 머물러(駐) 있음(在)

수출입 관계 업무가 많은 외국 주재 상사원들은 외국어에 능통해야 한다.

그는 도쿄 주재 기자로 오랫동안 일했기 때문에 일본 사정에 밝은 편이다.

준수 遵守 [좇을 준, 지킬 수]

규칙이나 명령 등을 그대로 좇아서(遵) 지킴(守)

수영장에서는 안전 수칙을 준수해야 한다.

대통령은 법을 준수하고 국가를 보위할 것을 군민 앞에 맹세했다.

준수 俊秀 [뛰어날 준, 빼어날 수]

슬기가 뛰어나고(俊) 풍채가 빼어남(秀)

김 대리는 준수하게 생겼다.

그는 자신의 준수한 용모와 강건한 신체에 은근한 자부심을 품고 있었다.

중복 重複 〔무거울/거듭 중, 겹칠 복〕

같은 것이 두 번 이상 거듭(重)하여 겹침(複)

비과세 상품은 중복 가입을 하실 수 없습니다.

글을 쓸 때는 단어의 불필요한 중복을 피해야 한다.

중복 中伏 〔가운데 중, 엎드릴 복〕

삼복(三伏) 중 가운데(中) 있는 복(伏)날

쇠뿔도 녹이려는 뜨거운 중복이 지난 뒤 소나기가 내렸다.

대추꽃은 초복(初伏)과 중복, 말복(末伏)에 핀다고 한다.

중상 中傷 〔가운데 중, 상처 상〕

중간(中間)에서 터무니없는 말로 남을 헐뜯어 명예를 손상(損傷)시킴

남북은 서로 간의 비방과 중상을 중지해야 한다.

유권자들은 중상모략(－謀略)과 흑색선전이 난무하는 선거를 원하지 않는다.

* 모략(謀略): 남을 해치려고 꾸미는(謀) 계략(計略)

중상 重傷 〔무거울 중, 상처 상〕

심하게(重) 다침(傷). 또는 몹시 다친 상처 ↔ 경상(輕傷)

그는 어젯밤 괴한의 습격으로 중상을 입었다.

자동차와 트럭이 충돌했으나 에어백 덕분에 운전자가 중상을 면했다고 한다.

중지 中止 〔가운데 중, 그칠 지〕

하던 일을 중도(中途)에서 그만둠(止)

 시 당국은 건설회사에 공사 중지 명령과 함께 원상 복구 지시를 내렸다.
 필요하다고 판단되면 진행하던 일을 언제든 중지 또는 취소할 수 있다.

중지 衆智 〔무리 중, 지혜 지〕

여러 사람(衆)의 지혜(智慧)

 중지를 모아 문제를 해결하기 위해 많은 사람들이 모였다.
 국난 극복을 위해 온 국민이 중지를 모아 대처해 나가야 한다.

중지 中指 〔가운데 중, 가리킬/손가락 지〕

가운데(中) 있는 손가락(指). 장지(長指)

 그는 습관처럼 검지와 중지 사이에 볼펜을 끼워 돌렸다.
 삼촌은 검지와 중지 사이에 끼고 있던 담배를 내려놓았다.

중형 中型 〔가운데 중, 틀 형〕

크지도 작지도 않은 중간(中間)쯤 되는 모형(模型)

 중형차(--車)는 소형차에 비해 유지비가 많이 든다.

중형 重刑 〔무거울 중, 형벌 형〕

크고 무거운(重) 형벌(刑罰)

 그는 초범이기 때문에 중형을 선고받지는 않을 것이다.
 성폭행 및 성추행범들에 대해 잇따라 중형이 선고되었다.

지각 知覺 〔알 지, 깨달을 각〕

알게(知) 되고 깨닫게(覺) 됨. 깨달아 앎. 사물의 이치를 분별하는 능력

인간은 외부 세계의 **지각**을 위해 오감을 사용한다.

지각을 가진 사람들은 봄에 대한 느낌이 더욱 예민하고 다채롭다.

지각 遲刻 〔더딜 지, 새길/시각 각〕

정해진 시각(時刻)보다 늦음(遲)

내 동생은 아침잠이 많아 **지각**을 밥 먹듯이 한다.

그는 3년 내내 **지각** 한 번 하지 않은 모범생이다.

지각 地殼 〔땅 지, 껍질 각〕

땅(地)의 껍질(殼). 지구의 표층을 이루고 있는 단단한 부분

제주도의 아름답고 특이한 지형들은 대부분 **지각** 변동으로 형성되었다.

새 정부가 출범하면서 관가에 **지각** 변동이 예고되었다.

지대 至大 〔이를/지극할 지, 큰 대〕

지극히(至) 큼(大)

광고주들은 광고 효과에 **지대**한 관심을 보인다.

현대 서구 사상사에 **지대**한 영향을 미친 사상가들을 알아보자.

지대 地帶 〔땅 지, 띠 대〕

① 자연조건이 띠(帶) 모양을 이룬 지역(地域) ② 자연적 또는 인위적으로 한정된 일정한 구역

해안선을 따라 새로운 공업 **지대**가 형성되었다.

비무장 **지대**는 우리 민족의 한이 서려 있는 곳이다.

지도 地圖 〔땅 지, 그림 도〕

지구(地球) 표면의 일부나 전부를 일정한 축척(縮尺)에 따라 평면 위에 나타낸 그림(圖)

지도도 나침반도 없는 상황에서 길을 찾을 수는 없다.

지도 指導 〔가리킬 지, 이끌 도〕

가리켜(指) 주고 이끌어(導) 줌. 학습지도(學習指導)의 준말

선생님은 지금 학생들에게 글쓰기를 지도하고 있다.
우리는 교사로서 학생들을 지도하고 보호할 책임이 있다.

지방 地方 〔땅 지, 모 방〕

① 어느 방면(方面)의 땅(地) ② 한 나라 수도(首都)나 대도시 이외의 고장
↔ 중앙(中央)

그는 추운 지방 출신이라 추위를 타지 않는다.
정부는 중앙과 지방의 경제적 격차를 줄이기 위해 노력하고 있다.

지방 脂肪 〔비계 지, 비계 방〕

비계(脂=肪). 유지(油脂)가 상온(常溫)에서 고체를 이룬 것. 생물체의 중요한 에너지 공급원

다이어트를 하려면 지방이 많이 함유된 음식을 피해야 한다.

지방 紙榜 〔종이 지, 방붙일/패 방〕

제사(祭祀) 지낼 때 종이(紙)조각에 지방문을 써서 만든 신주 패(榜)

제사 때면 어머니는 나에게 지방을 준비하라고 말씀하신다.
제사를 지낸 후 아버지는 지방을 태우며 조상신에게 소원을 빌었다.

지성 知性 〔알 지, 성질 성〕

지적(知的) 품성(品性). 사물을 알고 생각하고 판단하는 능력

그는 우리 사회의 양심과 **지성**을 대표하는 사람이다.

지성 至誠 〔이를/지극할 지, 정성 성〕

지극(至極)히 정성(精誠)스러움. 또는 그러한 정성. 더없이 성실함

간호사는 환자를 **지성**으로 돌보았다.
그 며느리는 병든 시아버지를 **지성**으로 모셨다.

지연 遲延 〔더딜 지, 끌 연〕

정해진 때보다 늦어(遲) 일을 끎(延)

기술 개발의 **지연**으로 산업 발전에 많은 차질을 빚고 있다.
파업으로 인한 공사 **지연**으로 공사비 부담이 한층 증가하고 있다.

지연 地緣 〔땅 지, 인연 연〕

태어나거나 사는 지역(地域)을 근거로 하는 사회적 연고(緣故)

혈연이나 **지연**보다는 능력과 실력이 우선하는 사회를 만들어야 한다.
공적인 일을 할 때 **지연**과 학연에 얽매이는 것은 바람직하지 않다.

지원 支援 〔지탱할 지, 도울 원〕

지지(支持)해 주고 도와줌(援)

아낌없는 **지원**에 감사드립니다.
중소기업에 대한 정부의 자금 **지원**이 확대될 예정이다.

지원 志願 〔뜻 지, 바랄 원〕

어떤 일이나 조직에 뜻(志)을 두어 끼이길 바람(願)

지원서의 기재 내용이 사실과 다를 경우에는 합격이 취소된다.

입사 원서를 쓸 때는 지원의 동기를 구체적으로 밝히는 것이 좋다.

지원 支院 〔지탱할/갈릴 지, 집 원〕

지방 법원이나 가정 법원 등 따로 갈라져(支) 나온 하부 법원(法院). 분원(分院)

김 판사는 지원 근무를 자청했다.

지방에서 일어난 단순 사건은 지원에서 판결한다.

지장 支障 〔지탱할/버틸 지, 막을 장〕

앞에 버티고(支) 가로막고(障) 있어 방해됨

학교 근처 공사장 소음 때문에 수업에 지장을 받고 있다.

약 투여가 잘못된 환자가 있었지만 다행히 생명에는 지장이 없었다.

지장 指章 〔가리킬/손가락 지, 글/도장 장〕

손가락의 지문(指紋)으로 찍는 도장(圖章)

나는 도장이 없어서 대신 서류에 지장을 찍었다.

그는 해당란에 이것저것 적어 넣고 지장을 눌렀다.

지장 智將 〔지혜 지, 장수 장〕

지략(智略)이 뛰어난 장수(將帥)

강 장군은 군 내부에서 지장으로 치는 사람이다.

김 감독은 지장에 속하고 박 감독은 용장(勇將)에 속한다.

지주 支柱 〔지탱할/버틸 지, 기둥 주〕

어떠한 물건이 쓰러지지 아니하도록 버티는(支) 기둥(柱). '정신적·사상적으로 의지할 수 있는 근거나 힘'을 비유하여 이르는 말

아버지는 내 일생의 **지주**이셨다.
소크라테스는 서양 철학의 정신적 **지주**이다.

지주 地主 〔땅 지, 주인 주〕

토지(土地)의 주인(主人)

김 노인은 우리 마을 최대의 **지주**로 마을 논밭의 절반이 그의 땅이다.
조선 후기에 들어서는 **지주**의 착취가 극에 달했다.

지주 持株 〔가질 지, 그루터기/주식 주〕

어떤 회사의 주식(柱式)을 가지고(持) 있음. 소유하고 있는 주식

최근 **지주** 회사들의 주가(株價)가 많이 올랐다.

지표 地表 〔땅 지, 겉 표〕

지구(地球)의 표면(表面). 땅의 겉면. 지표면(地表面)의 준말

더운 열기가 **지표**를 뜨겁게 달구었다.

지표 指標 〔가리킬 지, 표시할 표〕

방향이나 목적, 기준 따위를 가리키는(指) 표지(標識)

정부는 올해의 주요 경제 **지표**의 수정이 불가피하다고 밝혔다.
나는 무슨 일이든 최선을 다하라는 말을 삶의 **지표**로 삼아 왔다.

* 識(알 식/기록할 지)은 '인식(認識)'이나 '상식(常識)' 같은 단어에서는 '알 식'으로 읽지만 '표지(標識)'는 '기록할 지'로 읽습니다.(통행금지 표지, 안내 표지 등 294쪽 참조).

진수 眞髓 〔참 진, 골수 수〕

진짜(眞) 중요한 골수(骨髓)가 되는 부분. 사물이나 현상의 가장 중요하고 본질적인 부분

석굴암은 불교 미술의 *진수*이다

한국 팀은 전반에 다섯 골을 넣어 공격 축구의 *진수*를 보여주었다.

진수 進水 〔나아갈 진, 물 수〕

물(水)로 나아가게(進) 함. 새로 만든 배를 처음으로 물에 띄움

이순신은 거북선의 장엄한 *진수*를 바라보았다.

국내 최초로 건조된 잠수함이 *진수*되었다.

진수 珍羞 〔보배 진, 부끄러울/음식 수〕

진귀(珍貴)하고 맛이 좋은 음식(羞)

요리사는 솜씨를 십분발휘하여 *진수*성찬을 만들었다.

* **진수성찬**(-- 盛饌)(-, -, 담을/성할 성, 반찬 찬): 진귀한 음식과 푸짐하게(盛) 차린 요리(饌)

진정 眞正 〔참 진, 바를 정〕

참되고(眞) 바르게(正). 거짓 없이 참으로. 정말

선생님을 뵙게 되어 *진정* 기쁩니다.

이렇게 와 주셔서 *진정* 감사합니다.

진정 眞情 〔참 진, 뜻/사정 정〕

참된(眞) 사정(事情). 참되고 애틋한 정이나 마음

그 일로 나는 그의 *진정*을 확인할 수 있었다.

진정 鎭靜 〔누를 진, 고요할 정〕

몹시 소란스럽고 어지러운 일을 가라앉혀(鎭靜) 조용하게(靜) 함. 격앙된 감정이나 아픔 따위를 가라앉힘

> 너무 화가 나서 도저히 진정할 수가 없다.
> 눈물은 진정하려 할수록 더욱 쏟아졌다.

진정 陳情 〔늘어놓을 진, 뜻/사정 정〕

사정(事情)을 늘어놓음(陳)

> 이재민들은 정부에 대책을 세워 달라고 진정했다.
> 상급 기관에 무고한 사람을 풀어 줄 것을 진정했다.

진통 陣痛 〔진칠/한바탕 진, 아플 통〕

한바탕(陣) 겪는 통증(痛). 아이를 낳을 때 주기적으로 되풀이되는(陣) 통증(痛症). 산통(産痛). 일이 성사되어 갈 무렵의 어려움

> 임산부가 진통을 시작하여 병원으로 옮겼다.
> 대부분 안건에 여야가 이견을 보여 심각한 진통이 예상된다.

진통 鎭痛 〔누를 진, 아플 통〕

아픔(痛)을 가라앉혀 멎게(鎭) 함

> 이 주사(注射)는 진통 효과가 있으니 통증이 가라앉을 겁니다.
> 환자는 간호사에게 통증을 호소하면서 진통제를 달라고 애원했다.

차관 借款 〔빌릴 차, 항목 관〕

빌린(借) 금액을 나타내는 항목(款). 정부가 외국으로부터 자금을 빌려옴

　국제 통화 기금은 세계 여러 국가에 **차관**을 제공한다.
　정부는 지하철 공사비를 만들기 위해 새로 **차관**을 도입했다.

차관 次官 〔버금 차, 벼슬 관〕

장관(長官)에 버금(次)가는 공무원. 소속 장관을 보좌하고 장관의 직무를 대행할 수 있는 국가 공무원

　차관이 물러난 장관의 후임에 내정되었다는 보도가 나왔다.
　정상 회담에 앞서서 일단 두 나라의 **차관**급이 접촉하기로 했다.

차례 次例 〔버금 차, 법식 례〕

① 등차(等次)나 순서에 따라 나열하는 법식(例)이나 관계. 또는 그 구분에 따라 각각에게 돌아오는 기회 ② 책이나 글 따위에서 벌여 적어 놓은 항목 ③ 일이 일어나는 횟수를 세는 단위

　나는 번호표를 뽑아 들고 **차례**를 기다렸다.
　책의 **차례**를 보면 그 책의 짜임을 알 수 있다.
　우리 회사의 전체 임원진 회의는 한 달에 두 **차례** 열린다.

차례 茶禮 〔차 차/다, 예도 례〕

① 차(茶)를 올리는 예(禮) ② 음력 매달 초하룻날 또는 보름날, 명절날, 조상 생일 등의 낮에 간단히 지내는 제사(祭祀). 다례(茶禮)

우리 가족은 **차례** 때 쓸 음식을 준비하였다.

처형 處刑 〔곳/처할 처, 형벌 형〕

형벌(刑罰)에 처함(處). 처벌(處罰). 극형에 처함

그는 흉악범으로 법에 따라 **처형**되었다.
조정에서는 그를 역적으로 내몰아 **처형**했다.

처형 妻兄 〔아내 처, 맏 형〕

아내(妻)의 언니(兄)

아내는 **처형**보다 5살 아래임에도 불구하고 나이가 더 들어 보인다.

천재 天才 〔하늘 천, 재주 재〕

하늘(天)이 준 재주(才). 태어날 때부터 갖춘 뛰어난 재주. 또는 그런 사람

그 과학자는 **천재**도 위대한 영웅도 아닌 아주 평범한 사람에 불과하다.

천재 天災 〔하늘 천, 재앙 재〕

하늘(天)이 내리는 재앙(災殃): 자연 현상으로 일어나는 재난(災難), 지진, 홍수 따위

이번 참사는 인재(人災)와 **천재**가 겹친 사고였다.
화재나 홍수 같은 **천재**로 화를 입은 사람들에게는 도움이 필요하다.

천직 天職 〔하늘 천, 벼슬/일 직〕

하늘(天)이 내려 준 직업(職業). 마땅히 해야 할 직분. 천성에 알맞은 직업

여행을 좋아했던 그에게 관광 통역사는 딱 맞는 **천직**이었다.

천직 賤職 〔천할 천, 벼슬/일 직〕

낮고 천한(賤) 직업(職業)

조선 시대 역졸(驛卒)은 관가의 일곱 가지 **천직** 가운데 하나였다.

청탁 清濁 〔맑을 청, 흐릴 탁〕

맑음(清)과 흐림(濁). 사리의 '옳고 그름' '착함과 악함'을 비유하여 이르는 말. '청주(清酒)'와 '탁주(濁酒)'를 아울러 이르는 말

술꾼들은 본래 **청탁**을 가리지 않는 법이오.

그는 돈이 되는 일이라면 **청탁**을 불문하고 맡아서 한다.

청탁 請託 〔청할 청, 부탁할 탁〕

무엇을 해 달라고 청하여(請) 부탁(付託)함

나는 출판사에서 원고 **청탁**을 받자마자 집필에 들어갔다.

청탁을 들어주고 그 대가로 돈을 받은 것이 김 의원의 몰락을 초래하였다.

체감 體感 〔몸 체, 느낄 감〕

몸(體)의 감각(感覺)

오늘은 강한 바람 때문에 **체감** 온도가 많이 떨어질 것이라고 했다.

정부의 말과 달리 시민들의 **체감** 경기는 여전히 좋지 않다.

체감 遞減 〔갈마들/번갈아들 체, 덜 감〕

번갈아(遞) 가며 차례로 조금씩 줄어듦(減)

경제학 수업 시간에 한계 효용 **체감**의 법칙을 공부했다.

한계 효용 **체감**이란 처음에는 맛있던 빵이 자꾸 먹을수록 점차 맛없게 느껴지는 것을 말하는 거야.

초대 招待 〔부를 초, 기다릴/대접할 대〕

남을 초청(招請)하여 대접(待接)함

유럽 여행 중 우연히 독일인 가정에 **초대**받았다.

영화가 제작되었을 때, 나는 **초대**를 받아 시사회에 참석했다.

초대 初代 〔처음 초, 대신할/시대 대〕

어떤 계통의 첫(初) 번째 사람. 또는 그 사람의 시대(時代)

그는 우리 대학의 **초대** 총장을 지내신 분이다.

초동 初動 〔처음 초, 움직일 동〕

처음(初) 동작이나 행동(動)

부실한 **초동** 수사로 인해 사건이 미궁에 빠지게 되었다.

산불은 빈틈없는 예방 활동과 **초동** 진화에 힘써야 한다.

초동 樵童 〔나무할/땔나무 초, 아이 동〕

땔나무(樵)를 하는 아이(童)

산 중턱쯤에서 여남은 살밖에 안 되어 보이는 **초동**이 내려오고 있었다.

초상 肖像 〔닮을 초, 형상 상〕

닮은(肖) 모습(像). 그림이나 사진 따위에 나타낸 사람의 얼굴이나 모습

미안하지만 제 **초상** 하나 그려 주실 수 없을까요?

초상권은 자기의 초상이 허가 없이 촬영 또는 공표되지 않을 권리이다.

초상 初喪 〔처음 초, 죽을 상〕

처음(初) 치르는 상(喪). 사람이 죽은 뒤 장사(葬事) 지내기까지의 일

그는 **초상**집에 하얀 국화꽃 화환을 보냈다.

모친의 **초상** 때는 친구들이 와서 장례 절차를 도와주었다.

초연 初演 〔처음 초, 펼 연〕

음악이나 연극 따위의 첫(初) 번째 상연(上演)

초연이라 그런지 단원 모두가 긴장한 기색이다.

올해는 우리 학교 연극반이 셰익스피어의 작품을 **초연**할 예정이다.

초연 超然 〔넘을 초, 그럴 연〕

현실을 뛰어넘는(超) 그러한(然) 모양. 속세나 명리(名利) 따위에 연연하지 않음

그는 세속에 **초연**한 사람이다.

어느 누가 죽음 앞에 **초연**할 수 있을까?

초연 硝煙 〔초석/화약 초, 연기 연〕

화약(硝)의 연기(煙氣)

전투가 끝난 벌판에서는 **초연**이 자욱하였다.

최고 最高 〔가장 최, 높을 고〕

가장(最) 높음(高). 가장 나음 ↔ 최저(最低)

그는 자기 분야에서 국내 **최고**라고 자부한다.

이번 달 수출이 월별 실적으로는 사상 **최고**를 기록했다.

최고 最古 〔가장 최, 옛 고〕

가장(最) 오래됨(古) ↔ 최신(最新)

『직지심체요절』은 현존하는 세계 **최고**의 금속활자본이다.

최근에 북극 빙하 지대에서 세계 **최고**의 미라가 발굴되어 화제가 되고 있다.

최고 催告 〔재촉할 최, 알릴 고〕

재촉하는(催) 뜻을 알림(告). 상대편에게 일정한 행위를 하도록 독촉하는 통지를 하는 일

그는 은행에서 연체 대출금을 상환하라는 **최고**를 받고 불같이 화를 냈다.

최고장(--狀)이란 상대편에게 일정한 행위를 하도록 독촉하는 내용을 적은 서류를 말한다.

추상 抽象 〔뽑을 추, 코끼리/본뜰 상〕

바깥의 본뜬(象) 꼴을 뽑아내(抽) 버린 내적 속성. 여러 가지 사물이나 개념에서 공통되는 특성이나 속성 따위를 추출하여 파악하는 작용. 말이나 생각이 현실과 동떨어져 막연함 ↔ 구체(具體)

사랑을 개념화하기에는 너무 **추상**적이다.

이렇게 **추상**적으로 말하면 듣는 사람에게는 그리 실감이 나지 않을지도 모른다.

추상 追想 〔쫓을 추, 생각 상〕

지나간 일을 추적(追跡)하여 돌이켜 생각함(想). 추억(追憶). 회상(回想)

이 자리에 서기만 하면 지난날의 일들이 **추상**되어 마음이 무겁다.

추상 秋霜 〔가을 추, 서리 상〕

① 가을(秋)의 찬 서리(霜) ② 꾸중 따위가 기세등등하고 엄함을 비유적으로 이르는 말

어제 밤사이에 내린 **추상**에 뜰이 모두 하얗게 되었다.

장군의 **추상**과 같은 호령에 모두 사색(死色)이 되었다.

축전 祝典 〔빌 축, 법 전〕

축하(祝賀)하는 의식(儀式)이나 식전(式典)

그는 모교(母校)의 개교(開校) 기념 **축전**에 참석했다.

이번 대회를 세계 평화 **축전**으로 승화시키려면 시민의 협조가 절실하다.

축전 祝電 〔빌 축, 번개/전기 전〕

축하(祝賀)의 뜻을 나타낸 전보(電報)

그는 친구의 결혼을 축하하기 위해 **축전**을 띄웠다.

대통령은 한국 젊은이의 기개(氣槪)를 떨친 대표 선수단에 **축전**을 보냈다.

축전 蓄電 〔쌓을/모을 축, 번개/전기 전〕

전기(電氣)를 모아(蓄) 둠

앞으로 고성능 **축전**지가 자동차 개발에 크게 기여할 것이다.

＊ **축전지**(蓄電池)(-, 못 지): 전기 에너지를 화학 에너지로 바꾸어서 모아 두고(蓄電) 필요할 때 전기 에너지로 쓰는 전지(電池)

출연 出演〔날 출, 펼 연〕

영화나 방송 등에 나와(出) 연기(演技)함

그는 20여 편의 영화에 **출연**하면서 각종 영화제에서 수상한 경력이 있다.

출연 出捐〔날 출, 줄/기부할 연〕

금품을 내어(出) 기부함(捐)

회사는 '맞춤형 스마트 공장' 확산을 위한 협력 기금 30억 원을 **출연**했다.
교육부와 장학 재단은 사업의 성공적 추진을 위한 **출연** 협약을 체결했다.

충전 充電〔채울 충, 번개 전〕

전기(電氣)를 채움(充) ↔ 방전(放電)

조만간 국내에서 생산되는 모든 휴대 전화 **충전**기는 규격화될 전망이다.
전기 자동차는 한 번의 **충전**으로 달릴 수 있는 거리가 짧다.

충전 充塡〔채울 충, 메울 전〕

빈 곳이나 공간 따위를 채워서(充) 메움(塡). 교통카드 따위의 결제 수단을 사용하게 돈이나 그것에 해당하는 것을 채움. 화학 제품에 보강제를 쓰는 일

옷의 바탕이 문양으로 완전히 **충전**되었다.
나는 선불식 교통카드를 쓰기 때문에 월초마다 요금을 **충전**해야 한다.

취사 炊事〔불땔 취, 일 사〕

불을 때서(炊) 음식을 장만하는 일(事)

공원 안에서는 **취사**가 금지되어 있습니다.

취사 取捨 〔가질 취, 버릴 사〕

가질(取) 것과 버릴(捨) 것

*회의 안건의 **취사**는 의장이 결정하기로 했다.*

*요즘은 무엇보다 정보들을 **취사**선택(--選擇)할 수 있는 능력이 중요하다.*

치부 恥部 〔부끄러울 치, 나눌 부〕

남에게 알리고 싶지 않은 부끄러운(恥) 부분(部分). 남녀의 생식기. 음부(陰部)

*그는 자신의 **치부**까지 솔직히 말할 만큼 나를 신뢰했다.*

*그것은 옷이라기보다 태초 '이브'의 **치부**를 가렸던 나뭇잎과 비슷했다.*

치부 置簿 〔둘 치, 장부 부〕

장부(簿)를 적어 둠(置). 금전이나 물품의 출납을 적어둠. 마음속에 잊지 않고 새겨 두거나 그렇다고 여김

*우리는 그를 겁쟁이라고 **치부**하였다.*

*사람들은 흔히 구조적 문제를 개인적 차원의 문제로 **치부**해 버린다.*

치부 致富 〔이를 치, 부자 부〕

재물을 모아 부자(富者)가 됨(致)

*대기업들은 영화를 단순히 **치부** 수단으로 이용하지 말아야 한다.*

치사 恥事 〔부끄러울 치, 일 사〕

부끄러운(恥) 일(事). 행동이나 말 따위가 쩨쩨하고 남부끄러움

*에잇, 더럽고 **치사**해서 못 해 먹겠네.*

치사 致死 〔이를 치, 죽을 사〕

죽음(死)에 이르게(致) 함

그는 약물 과용으로 **치사**할 뻔했다.

과실의 의한 **치사**인지 아니면 고의에 의한 것인지 우선 밝혀져야 한다.

치사 致辭 〔이를 치, 말씀 사〕

행사에 앞서 특별히 말씀(辭)을 함(致). 남을 칭찬하는 말을 함. 또는 그런 말

그는 광복 70주년 기념식 **치사**에서 다시 한번 통일의 중요성을 강조했다.

여러분의 가정에 행운이 가득하기 바라는 것으로 **치사**를 갈음합니다.

치열 熾熱 〔불활활탈 치, 더울/세찰 열〕

세력이 활활 타는(熾) 불처럼 맹렬(猛烈)함

두 방송사 간 시청률 경쟁이 **치열**하다.

4차 산업 혁명 시대를 맞이하여 기업 간의 생존경쟁이 더 **치열**해졌다.

치열 齒列 〔이 치, 벌일/줄 열〕

이(齒)가 죽 박혀 있는 줄(列)의 생김새

그는 가지런한 **치열**을 드러내며 웃었다.

언니는 울퉁불퉁한 **치열** 때문에 남들 앞에서 잘 웃으려 하지 않는다.

침구 寢具 〔잠잘 침, 갖출 구〕

잠자는(寢) 데 쓰는 기구(器具). 이부자리나 베개 따위. 금침(衾枕)

쾌적한 수면을 위해서는 좋은 **침구**를 사용해야 한다.

침구 鍼灸 〔바늘/침놓을 침, 뜸 구〕

침(鍼)질과 뜸(灸)질을 아울러 이르는 말

한의사는 혈을 귀신처럼 짚어 **침구**를 놓았다.

그녀는 **침구**과 간판이 걸려 있는 한의원으로 들어갔다.

침식 寢食 〔잠잘 침, 먹을 식〕

잠자는(寢) 일과 먹는(食) 일. 숙식(宿食)

나는 요즘 가게에서 **침식**하며 지낸다.

그는 일주일 동안 **침식**을 거르고 이 문제에 몰두해 있었다.

침식 侵蝕 〔침입할 침, 좀먹을 식〕

침입(侵入)으로 좀먹힘(蝕). 외부의 영향으로 세력이나 범위 따위가 점점 줄어듦

국적 불명의 외래문화에 우리의 전통문화가 **침식**당하고 있다.

이것은 외국 제품의 국내 시장 **침식**에 대응할 만한 상품이다.

침식 浸蝕 〔잠길/스며들 침, 좀먹을 식〕

스며들고(浸) 좀먹어(蝕) 줄어듦. 지표(地表)가 자연현상에 의해 깎이는 일

북쪽 해안 기슭은 파도에 **침식**되어 가팔랐다.

강물에 의한 **침식** 작용은 강바닥의 기울기가 급할수록 빠르게 일어난다.

타율 他律 〔다를 타, 법 률〕

다른(他) 규율(規律). 자기의 의지가 아니라 남의 명령이나 구속에 따라 행동하는 일 ↔ 자율(自律)

*법은 **타율**적인 데 반해 도덕은 자율적이다.*

*정부의 긴급 조정권이 발동되어 노사문제가 **타율**로 결정되었다.*

타율 打率 〔칠 타, 비율 률〕

야구(野球)에서 공을 쳐서(打) 성공적으로 출루한 비율(比率)

*도루왕인 그는 **타율**도 높아서 팬들에게 인기가 높다.*

*우리 팀은 **타율**은 낮지만 몰아치는 응집력이 있다.*

탄성 彈性 〔탄알/튕길 탄, 성질 성〕

외부의 힘으로 변형된 것이 본디의 모양으로 튕겨(彈) 되돌아가려고 하는 성질(性質)

*판자로 놓은 다리는 얇지만 **탄성**이 좋아 울렁거리기는 해도 부러지지 않았다.*

*화장품을 과다하게 사용하면 피부에 **탄성**이 없어지면서 노화 현상이 빨리 온다.*

탄성 歎/嘆聲 〔탄식할 탄, 소리 성〕

탄식(歎/嘆息)하는 소리(聲). 감탄하는 소리

우리 팀이 첫 골을 뽑아내자 곳곳에서 **탄성**이 터져 나왔다.

산꼭대기에 오른 순간 멋진 풍광에 나도 모르게 **탄성**이 나왔다.

탈모 脫毛 〔벗을/빠질 탈, 털 모〕

털(毛)이 빠짐(脫). 빠진 털

요즘 젊은 사람 중에도 **탈모**로 고민하는 사람이 의외로 많다.

탈모 脫帽 〔벗을 탈, 모자 모〕

모자(帽子)를 벗음(脫)

강의실에서는 **탈모**가 예의이다.

더위에 지친 그들은 **탈모**도 하지 않은 채 물속으로 뛰어들었다.

탈취 奪取 〔빼앗을 탈, 가질 취〕

남의 것을 억지로 빼앗아(奪) 가짐(取)

경찰이 추적하자 범인들은 차량을 **탈취**하여 도주했다.

민주 정권의 수립과 함께 총칼로 권력을 **탈취**하던 시대는 끝났다.

탈취 脫臭 〔벗을 탈, 냄새 취〕

냄새(臭)를 뺌(脫)

쓰고 난 녹차 티백을 냉장고 안에 넣어 두면 **탈취** 효과가 난다.

어제 입고 나간 외투에 불쾌한 냄새가 배어 **탈취**제를 뿌렸다.

통화 通話 〔통할 통, 말씀 화〕

전화 따위로 말(話)을 서로 주고받음(通)

　중요한 말을 하고 있었는데 갑자기 **통화**가 뚝 끊겼다.

통화 通貨 〔통할 통, 재화 화〕

한 나라 안에서 통용(通用)되고 있는 화폐(貨幣)를 통틀어 이르는 말

　통화 증가율과 물가 상승률은 정비례한다.
　정부는 경제 안정을 위해 추가로 **통화**를 공급하겠다고 밝혔다.

투기 投機 〔던질 투, 기계/기회 기〕

기회(機會)를 틈타 큰 이익을 얻고자 투자(投資)하는 일

　정부는 부동산 **투기**를 막기 위해서 극약 처방을 내렸다.
　전문적인 땅 **투기**는 국민 경제에 심각한 타격을 줄 수 있다.

투기 投棄 〔던질 투, 버릴 기〕

내던져(投) 버림(棄)

　유독성 폐기물의 **투기**는 용서할 수 없는 범죄 행위이다.
　도로변 쓰레기 불법 **투기**로 관련 부처에서는 골머리를 앓고 있다.

투기 妬忌 〔시샘할 투, 꺼릴/시기할 기〕

시기(猜忌)함(妬=忌). 질투(嫉妬). 강샘

　조선 시대 **투기**는 칠거지악(七去之惡) 중의 하나였다.
　그녀는 사극(史劇)에서 **투기**를 일삼는 첩(妾)의 역할을 맡았다.

투기 鬪技 〔싸울 투, 재주 기〕

우열(優劣)을 가리기 위해 재주(技)나 힘 따위를 겨룸(鬪). 선수끼리 맞붙어 싸우는 방식의 경기를 통틀어 이르는 말

한국은 올림픽에서 전통적으로 투기 종목에 강한 면을 보였다.

이종 격투기는 서로 다른 무술을 하는 사람끼리 격투(格鬪)를 벌여 승패를 가리는 경기이다.

* 이종격투기(異種格--)(다를 이, 씨/종류 종, 격식/겨룰 격,-): 서로 다른 무술을 하는 사람끼리 격투를 벌여 승패를 가리는 경기

특사 特使 〔특별할 특, 하여금/부릴 사〕

특별(特別)히 무엇을 시킴(使). 또는 그것을 맡은 사람. 특별한 임무를 띠고 파견하는 외교 사절을 두루 일컫는 말

대통령은 그를 특사로 미국에 파견하였다.

양국은 이 일을 해결하기 위해 특사를 교환하기로 하였다.

특사 特赦 〔특별할 특, 용서할 사〕

특별(特別)히 사면(赦免)해 줌. 특별사면(特別赦免)의 준말

그는 이번 성탄절에 특사로 석방되었다.

정부는 광복절 특사에 100명 정도 석방하기로 결정했다.

특수 特需 〔특별할 특, 구할 수〕

특별(特別)한 수요(需要)

유난히 더운 여름이어서 에어컨 상품 특수가 일어났다.

반도체, 자동차 등 일부 수출 품목의 특수가 올해 경제 성장률을 높였다.

특수 特殊 〔특별할 특, 다를 수〕

다른 것과 비교하여 특별(特別)히 다른(殊) 것

이 영화는 특수 효과 기술의 결정판이라고 할 수 있다.
어떤 사회나 어떤 분야든 나름대로 다 특수 사정이 있는 법이다.

파문 波紋 〔물결 파, 무늬 문〕

물결(波) 모양의 무늬(紋). 수면에 이는 물결. 어떤 일이 다른 데 미치는 영향

그 선수는 스카우트 파문에 휩싸여 대회에 출전하지 못했다.
좌중에 퍼지는 웃음의 파문 속에 그간의 갈등이 소리 없이 사라졌다.

파문 破門 〔깨드릴 파, 문 문〕

스승의 문하(門下)에서 내쫓음(破)

그는 10년 전에 종단에서 파문된 파계승(破戒僧)이다.

파장 波長 〔물결 파, 긴/길이 장〕

물결(波) 사이의 길이(長). 충격적인 일이 끼치는 영향. 또는 그 영향이 미치는
정도나 동안을 비유적으로 이르는 말

이번 사건은 사회적·경제적·정치적으로 엄청난 파장을 몰고 왔다.

파장 罷場 〔그만둘 파, 마당 장〕

장(場)을 마침(罷). 섰던 장이 끝남. 여럿이 함께하던 판이 끝남. 또는 끝날 무렵

소나기 때문에 백일장(白日場)은 일찍 **파장**되었다.

동네 사람들의 술판도 이제 거의 **파장**에 이르렀다.

편재 遍在 〔두루 편, 있을 재〕

두루(遍) 퍼져 있음(在). 널리 존재함

그의 사상은 그가 남긴 100여 편의 시문(詩文)에 **편재**되어 있다.

이러한 현상은 어느 지역만의 문제가 아니라 전국적으로 **편재**해 있다.

편재 偏在 〔치우칠 편, 있을 재〕

어떤 곳에 치우쳐(偏) 있음(在)

부와 소득의 **편재** 현상은 시급히 고쳐야 한다.

편집 編輯 〔엮을 편, 모을 집〕

모은(輯) 것을 엮음(編). 책이나 신문, 영화 필름이나 녹음테이프 등을 일정한
방법으로 모아 정리함

오늘 촬영한 내용은 **편집** 후에 모레 방송될 예정이다.

편집 偏執 〔치우칠 편, 잡을 집〕

편견(偏見)을 고집(固執)하고 남의 말을 듣지 않음

그의 **편집**은 아무도 꺾을 사람이 없다.

통계적으로 연쇄 살인범은 대체로 **편집광**(--狂)적 성격을 지니고 있다.

포기 抛棄〔던질 포, 버릴 기〕

하던 일을 도중에 내던지고(抛) 그만두어 버림(棄). 자기의 권리나 자격을 내버려 쓰지 않음

*건강이 좋지 않아 여행 가는 것을 **포기**했다.*

*사장은 회사 부도의 책임을 지겠다며 재산권 **포기** 각서를 썼다.*

포기 暴棄〔사나울/해칠 포, 버릴 기〕

해치고(暴) 버림(棄). 절망에 빠져 자신을 스스로 돌아보지 아니함. 자포자기(自暴自棄)의 준말

*깊은 절망으로 그는 모든 걸 **포기**하였다.*

*아무리 힘든 시련이 닥쳐도 인생을 **포기**해서는 안 된다.*

포경 捕鯨〔잡을 포, 고래 경〕

고래(鯨)를 잡음(捕)

*바닷가에서 태어난 소년은 **포경**선(--船)의 선장을 꿈꾸었다.*

*최근 고래의 수가 급격히 줄어들고 있다는 보고를 받은 정부는 **포경**을 전면 금지하기로 했다.*

포경 包莖〔쌀 포, 줄기 경〕

줄기(莖)를 감싸고(包) 있는 것. 남성 성기의 끝이 껍질에 쌓여 있는 것. 또는 그런 성기

*철수는 겨울 방학 때 귀두를 덮은 살가죽을 잘라 내는 **포경** 수술을 받았다.*

***포경** 수술을 '고래를 잡는다.'라고 하는 것은 한자(漢字)는 다르지만 발음이 같기 때문이다.*

포진 布陣 〔펼 포, 진칠 진〕

전쟁이나 경기를 하기 위하여 진(布)을 침(陣)

우리 팀은 외야에 발 빠른 선수들이 **포진**해 있다.

그 스포츠 센터는 시설이 좋고 잘 훈련된 전문 강사들이 **포진**하고 있다.

포진 疱疹 〔물집 포, 홍역 진〕

피부에 물집(疱)이 생겨 앓는(疹) 증세

포진이 발생한 부위에 아기의 입이 닿지 않도록 주의하십시오.

대상**포진**에 걸리면 몸의 좌우 중 어느 한쪽으로 일정한 부위가 아프고 따가우며 가려워진다.

＊ **대상포진**(帶狀--)(띠 대, 모양 상,-): 띠(帶)처럼 좁고 길게 생긴 모양(狀)으로 피부에 물집 (疱)이 생겨 앓는(疹) 증세

폭음 暴飮 〔사나울/지나칠 폭, 마실 음〕

술을 지나치게(暴) 많이 마심(飮)

형은 연이은 **폭음**으로 간이 나빠졌다고 한다.

요즈음에도 그는 일주일에 한두 번씩 **폭음**한다.

폭음 爆音 〔터질 폭, 소리 음〕

폭발(爆發)할 때 나는 큰 소리(音). 폭발음

지축(地軸)을 흔드는 **폭음**과 함께 건물이 무너져 내렸다.

폭탄이 터지자 **폭음**이 울리고 파편이 사방으로 날았다.

폭주 暴走 〔사나울 폭, 달릴 주〕

매우 빠른 속도로 난폭(亂暴)하게 달림(走)

　우리나라에는 폭주할 만한 도로가 없다.

　사람들은 오토바이의 폭주를 불안한 눈으로 바라보고 있었다.

폭주 輻輳 〔바큇살/모일 폭, 모일 주〕

바큇살(輻)처럼 한데 모여듦(輳)

　상담 전화의 폭주로 업무가 마비될 지경이다.

　주문량이 폭주하여 상품을 공급할 수가 없었다.

표지 表紙 〔겉 표, 종이 지〕

겉(表)면의 종이(紙). 책의 겉장

　이 책은 표지만 보아서는 어떤 내용인지 도무지 알 수가 없다.

표지 標識 〔표시할 표, 알 식/기록할 지〕

표시(標示)나 특징으로 어떤 사물을 다른 것과 구별하도록 적음(識)

　통행금지 표지를 무시하고 달리던 자동차가 강으로 추락했다.

　고속도로를 한참 달려가자 휴게소를 알리는 안내 표지가 눈에 들어왔다.

풍속 風俗 〔바람/풍속 풍, 풍속 속〕

한 사회의 풍물(風物)과 습속(習俗). 옛날부터 그 사회에 전해 오는 생활 전반에 걸친 습관. 그 시대의 유행과 습관

　이웃끼리 서로 돕는 것은 우리 민족의 아름다운 풍속이다.

풍속 風速 〔바람 풍, 빠를 속〕

바람(風)의 속도(速度)

오늘 순간 최대 풍속이 초당 7m나 되었다.

피로 疲勞 〔지칠 피, 수고로울/고달플 로〕

몸이나 정신이 지치고(疲) 고달픔(勞). 또는 그런 상태

피로 회복에는 충분한 휴식이 최고다.

피로가 쌓일수록 일의 효율은 떨어지기 마련이다.

피로 披露 〔열 피, 이슬/드러낼 로〕

열어서(披) 일반인에게 널리 드러냄(露)

예식장 맞은편의 식당에서 결혼식 피로연을 베풀 예정이다.

* 피로연(--宴)(-, 잔치 연): 결혼이나 출생 따위의 기쁜 일을 사람들에게 널리 알리기 위하여 베푸는 잔치(宴)

필적 筆跡 〔붓 필, 자취 적〕

손수 쓴(筆) 글씨나 그림의 형적(形跡)

필적을 보니 그 사람이 쓴 것이 분명하다.

범인의 필적을 둘러싸고 검찰 측과 변호인 측이 팽팽히 맞섰다.

필적 匹敵 〔짝 필, 원수/겨룰 적〕

상대(匹)의 재주나 힘 따위가 엇비슷하여 서로 견줄(敵) 만함

이 분야에서 그를 필적할 만한 사람은 없다.

함정 陷穽 〔빠질 함, 함정 정〕

짐승이 빠지도록(陷) 파 놓은 구덩이(穽). 벗어날 수 없는 곤경이나 계략

동네 사람들이 파 놓은 **함정**에 멧돼지가 잡혔다.

그는 아무리 노력해도 빠져나올 수 없는 **함정**에 갇혀 있는 느낌이 들었다.

함정 艦艇 〔싸움배 함, 거룻배 정〕

큰 군함(軍艦)과 작은 거룻배(艇)

우리 해군 **함정** 한 척이 기관 고장을 일으켰다.

유엔군의 **함정**이 해안선을 철통같이 봉쇄하고 있었다.

항구 港口 〔항구 항, 입 구〕

뱃길(港)의 어귀(口). 배가 드나들도록 바닷가에 부두 따위를 설비한 곳

부산은 우리나라 최대의 **항구** 도시이다.

우리는 배를 타기 위해 **항구**에 도착했다.

항구 恒久 〔항상/늘 항, 오랠 구〕

늘(恒) 변하지 않음(久). 영구(永久)

해마다 되풀이되는 홍수에 대한 **항구**적 대책을 마련해야 한다.

진리라고 인정되는 그 어떤 것도 **항구**적 가치를 지니지는 못한다.

해독 害毒 〔해칠 해, 독 독〕

해(害)를 끼치는 독소(毒素). 나쁜 영향을 끼치는 요소

그는 욕심이 많고 이기적이라서 세상에 **해독**만 끼칠 사람이다.

술의 **해독**은 잘 압니다만 백해무익이라는 말씀은 좀 지나친 것 같습니다.

해독 解毒 〔풀 해, 독 독〕

독기(毒氣)를 풀어서(解) 없앰

몸속 독소를 빼주는 '**해독** 주스'가 화제다.

뱀에 물린 아이를 위해 **해독**에 필요한 약을 급하게 구하러 다녔다.

해독 解讀 〔풀 해, 읽을 독〕

알기 쉽도록 풀어서(解) 읽음(讀). 암호처럼 알 수 없는 것을 읽어서 알아냄

그는 암호문을 **해독**하여 옮겨 쓰고 있었다.

해산 解散 〔풀/가를 해, 흩어질 산〕

갈리어(解) 흩어짐(散). 모였던 사람이 흩어짐. 또는 흩어지게 함. 집단, 조직, 단체 따위가 해체하여 없어짐. 또는 없어지게 함

경찰은 농성 중인 시위대를 **해산**했다.

본부에서는 모든 사조직을 즉각 **해산**할 것을 명령했다.

해산 解産 〔풀 해, 낳을 산〕

몸을 풀어(解) 아이를 낳음(産). 분만(分娩)

아내가 병원에서 옥동자를 **해산**했다.

어제 새벽에 진통(陣痛)이 시작되면서 **해산** 기미가 보였습니다.

행사 行事 〔다닐/행할 행, 일 사〕

일(事)을 행함(行). 또는 그 일

대회 주최 측은 다채로운 **행사**를 마련하였다.

행사 行使 〔다닐/행할 행, 하여금/부릴 사〕

부려서(使) 행함(行). 권리나 권력, 힘 따위를 실제로 사용하는 일

파업이 진행 중인 회사에 공권력이 **행사**되었다.

그는 폭력 **행사**를 통해 상인들에게서 돈을 받았다고 시인했다.

향수 香水 〔향기 향, 물 수〕

향기(香氣)가 나는 물(水). 향료를 알코올 따위에 풀어서 만든 액체 화장품의 한 가지

몸에 **향수**를 살짝 뿌렸다.

향수 鄕愁 〔시골 향, 근심 수〕

고향(故鄕)을 그리워하는 마음이나 시름(愁). 사물이나 추억에 대한 그리움

이 음식은 가난했던 시절에 대한 **향수**를 불러일으킨다.

그 옛날 흑백 영화는 내게 과거에 대한 **향수**를 불러일으켰다.

현상 現狀 〔나타날/지금 현, 모양 상〕

현재(現在)의 상태(狀態). 지금의 형편. 현황(現況)

이대로 나가다가는 **현상** 유지도 어려울 것 같다.

현상을 파악해서 즉시 보고하라는 지시가 내려왔다.

현상 現象 〔나타날 현, 코끼리/본뜰 상〕

나타난(現) 대상(對象). 지각(知覺)할 수 있는 사물의 모양이나 상태

지구 온난화로 인해 기후에 이상 현상이 일어나고 있다.
현상에 집착하다 보면 미래에 대한 새로운 비전을 도출해 낼 수 없다.

현상 現像 〔나타날 현, 형상 상〕

사진기 따위로 형상(像)을 나타나게(現) 함. 또는 그 형상. 사진술에서 촬영한 필름이나 인화지 따위를 약품으로 처리하여 영상이 드러나게 하는 일

영환은 사진관에 필름 현상을 맡겼다.

현상 懸賞 〔매달 현, 상줄 상〕

어떤 목적으로 조건을 붙여 상금(賞金)이나 상품을 내거는(懸) 일

3천만 원의 현상금(--金)을 걸고 회사 로고를 공모하였다.
천만 원이나 되는 현상에 연택이는 응모해 보아야겠다고 결심했다.

혈전 血戰 〔피 혈, 싸움 전〕

피(血)를 흘리며 싸움(戰). 생사를 헤아리지 않고 매우 격렬하게 싸움. 또는 그 전투

우리는 혈전을 벌인 끝에 마침내 고지를 점령했다.
두 후보의 지지도가 엇비슷해 이번 선거는 혈전이 예상된다.

혈전 血栓 〔피 혈, 나무못/빗장 전〕

혈관(血管)을 막는 빗장(栓) 같은 덩어리. 혈관 안에서 피가 엉기어 굳은 덩어리

할아버지는 혈압이 높아 아침마다 혈전 용해제를 드신다.

호구 戸口 〔집 호, 입 구〕

호적(戸籍)상 집(戸)의 수효와 식구(食口)의 수

  관청에서는 호구 조사를 바탕으로 부역에 나갈 장정들을 선발했다.

  정부는 효과적인 세금 납부를 위해 전국적인 호구 조사를 시행했다.

호구 虎口 〔범 호, 입 구〕

① 범(虎)의 아가리(口) ② 매우 위태한 경우나 지경을 이르는 말 ③ 바둑에서 석 점의 같은 색 돌로 둘러싸이고 한쪽만 트인 한 눈의 자리를 이르는 말

  순순히 널 따른다고 나를 호구로 아니?

  그는 나를 무슨 호구로 아는 듯 초면인데도 함부로 말하고 예의 없이 굴었다.

호구 糊口 〔풀칠할 호, 입 구〕

① 입(口)에 풀칠함(糊) ② 간신히 끼니만 이으며 사는 일을 비유하여 이르는 말

  이 월급으로는 우리 다섯 식구 호구도 어렵습니다.

  그는 사업을 하던 사람이었지만 지금은 목수 일을 호구지책으로 삼는 처지가 되었다.

* 호구지책(--之策): 입에 풀칠할 방책(方策)

혼수 婚需 〔혼인할 혼, 구할 수〕

혼인(婚姻)에 수요(需要)되는 물품 또는 비용

  그는 혼수 문제를 대수롭지 않게 여긴다.

  어머니는 시집올 때 혼수로 해 온 이불을 지금까지도 간직하고 계신다.

혼수 昏睡 〔저물 혼, 졸/잠잘 수〕

정신없이 혼혼(昏昏)이 잠든(睡) 상태. 의식을 잃고 인사불성이 됨

환자가 **혼수**상태(--狀態)로 들어가더니 깨어나질 않는다.

화장 化粧 〔될 화, 단장할 장〕

변화(變化)되도록 단장(丹粧)함. 화장품을 바르거나 문질러 얼굴을 곱게 꾸밈

나이가 어린 그녀에게 진한 **화장**은 어울리지 않았다.

아무리 화려한 치장과 고운 **화장**을 했어도 그녀는 꽤 나이가 들어 보였다.

화장 火葬 〔불 화, 장사지낼 장〕

시신을 불살라(火) 장사(葬事) 지내는 일

돌아가신 분의 뜻을 존중하여 그분의 유언대로 **화장**했습니다.

봉분 돌볼 자식도 없는데 매장(埋葬)을 해서 뭐 해, **화장**하는 낫지.

환기 換氣 〔바꿀 환, 기운 기〕

공기(空氣)를 바꿈(換). 탁한 공기를 맑은 공기로 바꿈

온실에서는 겨울철 난방과 더불어 여름철 **환기**도 중요하다.

실내의 통풍과 **환기**를 위해서 공기청정기를 사용하는 가정이 늘었다.

환기 喚起 〔부를 환, 일어날 기〕

관심이나 생각, 여론 따위를 불러(喚)일으킴(起)

당국은 새 정책에 대한 여론의 **환기**를 위해 홍보 행사를 마련했다.

'문화의 달'은 문화 예술에 대한 국민의 관심을 **환기**시키기 위함이다.

환영 歡迎 〔기뻐할 환, 맞이할 영〕

기쁘게(歡) 맞이함(迎)

역 광장은 **환영** 인파로 발 디딜 틈도 없었다.

정부의 이번 발표에 대해 해당 지역 주민들은 일단 **환영**의 뜻을 나타냈다.

환영 幻影 〔허깨비 환, 그림자 영〕

허깨비(幻) 그림자(影). 눈앞에 없는 것이 있는 것처럼 보이는 것

환자는 죽은 이의 **환영**에 시달려 잠을 이루지 못했다.

회의 會議 〔모일 회, 의논할 의〕

여럿이 모여(會) 의논(議論)함. 또는 그런 모임

큰누나의 결혼 문제로 가족**회의**를 열었다.

부서장들은 간부**회의**에서 결정된 사안을 부원들에게 통보하였다.

회의 懷疑 〔품을 회, 의심할 의〕

의심(疑心)을 품음(懷). 또는 그 의심

나는 최근 들어 부쩍 삶의 **회의**를 느낀다.

그들의 비관적인 내면에는 삶에 대한 깊은 **회의**가 깔린 것으로 보인다.

효시 嚆矢 〔울릴 효, 화살 시〕

소리를 내며 우는(嚆) 화살(矢). 개전(開戰)의 신호로 우는 화살을 먼저 쏘았다는 데서 사물이 비롯된 '맨 처음'을 비유하여 이르는 말

우리나라 근대소설의 **효시**는 이광수의 『무정』이라는 게 학계의 정설이다.

효시 梟示 〔목베어달 효, 보일 시〕

죄인의 목을 베어 높은 곳에 매달아(梟示) 놓아 뭇사람에게 보임(示)

적장의 목이 효시되어 성문 앞에 걸려 있었다.

예전에는 죽을죄를 지은 사람을 처형한 후 나무에 효시하기도 하였다.

후사 厚謝 〔두터울 후, 사례할 사〕

두텁게(厚) 사례(謝禮)함

지갑을 습득하신 분께서는 후사하겠으니 연락주시기 바랍니다.

후사 後嗣 〔뒤 후, 이을 사〕

뒤(後)를 잇는(嗣) 자식

박 씨는 후사가 없어 양자를 들여 대를 이었다.

그 부부는 결혼한 지 10년이 넘도록 후사를 보지 못하였다.

훈장 訓長 〔가르칠 훈, 긴/어른 장〕

글을 가르쳐(訓) 주는 어른(長). 글방의 선생

우리 마을 훈장님은 매우 박식하여 마을 사람들의 존경을 받았다.

훈장 勳章 〔공 훈, 글 장〕

훈공(勳功)이 있는 사람에게 내리는 휘장(徽章)

전쟁 중 다쳐 불구가 된 늙은 병사의 가슴에는 금빛 훈장이 달려 있었다.

순직 소방관에게 훈장이 추서되었다.

* 추서(追敍)〔따를 추, 차례/줄 서〕: 죽은 뒤 추후(追後)로 관등을 올리거나 훈장을 줌(敍)

ㄱ
ㄴ
ㄷ
ㄹ
ㅁ
ㅂ
ㅅ
ㅇ
ㅈ
ㅊ
ㅋ
ㅌ
ㅍ
ㅎ

소리가 비슷해서 본래 의미를 혼동하기 쉬운
단어들을 모았습니다. 발음이 비슷해 확실한
뜻을 모르고 있으면 문장의 전체 흐름을 놓
치기 쉽습니다. 단어의 의미를 정확하게 파
악해 혼동하는 일이 없도록 합시다.

비슷한
소리를 내지만
다른 뜻을
가진 말

간과 看過〔볼 간, 지날 과〕

대강 보아(看) 넘김(過). 관심 없이 예사로이 보아 내버려 둠

살아가면서 정직이 최선이라는 소박한 진리를 **간과**하기 쉽다.

어느 한 측면에 대한 일만적 강조는 다른 측면에 대한 **간과**로 이어지게
된다.

간파 看破〔볼 간, 깨뜨릴 파〕

보아서(看) 속사정을 꿰뚫어(破) 알아차림

경찰은 범인들의 도주로를 미리 **간파**하고 있다.

나는 세월이 지남과 함께 사실의 전모를 어렴풋이나마 **간파**할 수 있었다.

개발 開發〔열 개, 필/드러날 발〕

열어서(開) 드러나게(發) 함. 개척하여 유용하게 함. 지식이나 재능 따위를 발
달하게 함. 새로운 물건이나 생각 따위를 만듦

고속도로 건설은 국토 **개발**의 일환이다.

많은 과학자들이 첨단 기술 **개발**에 노력하고 있다.

계발 啓發〔문열/일깨울 계, 필/밝힐 발〕

일깨워(啓) 주고 밝혀(發) 줌. 재능이나 사상 따위를 일깨워 줌

교사는 학생의 잠재된 창의성이 **계발**되도록 충분한 기회를 주어야 한다.

평평소에 자기 **계발**을 계속한 사람은 좋은 기회가 왔을 때 그것을 잡을
수 있다.

개재 介在 〔끼일 개, 있을 재〕

사이에 끼어(介) 있음(在)

이번 협상에는 수많은 변수가 **개재**되어 있다.
그 사건은 권력 기관의 **개재**로 더욱 복잡하게 꼬여 갔다.

게재 揭載 〔높이들 게, 실을 재〕

신문이나 잡지 등에 글이나 그림 따위를 올려(揭) 실음(載)

그의 칼럼을 일주일에 한 번 신문에 **게재**하기로 했다.
이 잡지는 권위 있는 평론만을 **게재**하는 것으로 유명하다.

계제 階梯 〔층계 계, 사다리 제〕

층계(層階)와 사다리(梯). 일이 되어 가는 순서나 절차. 어떤 일을 할 수 있게 된 형편

이번 **계제**에 아예 집을 옮길 생각이다.

결백 潔白 〔깨끗할 결, 흰 백〕

깨끗하고(潔) 흼(白). 행동이나 마음이 조촐하여 얼룩이나 허물이 없음

피의자는 자신의 **결백**을 강력하게 주장했다.
그는 성격이 물처럼 맑고 **결백**하여 욕심이 없는 사람이다.

결벽 潔癖 〔깨끗할 결, 버릇 벽〕

남달리 깨끗함(潔)을 좋아하는 성벽(性癖). 부정이나 악 따위를 극단적으로 미워하는 성질

승호는 **결벽**증(--症)에 가까울 정도로 샤워를 자주 한다.
그녀는 **결벽**증이 심해 남이 쓰던 물건은 만지지도 않는다.

경신 更新 [고칠 경, 새로울 신]

고쳐(更) 새롭게(新) 함. 종전의 기록을 깨뜨려 새로운 기록을 세움

이번 올림픽 대회는 어느 해보다도 기록 경신이 두드러졌다.

국제 수지 적자가 연일 사상 최대치 기록을 경신하고 있다.

갱신 更新 [다시 갱, 새로울 신]

다시(更) 새롭게(新) 함. 법률관계의 존속 기간이 끝났을 때 기간을 연장함

우리는 이번에 임대 계약을 갱신했다.

자동차 보험이 만기가 되어 보험 갱신을 했다.

* 更(고칠 경/다시 갱)은 '丙(밝을 병)'과 '攵(칠 복)'이 합쳐지고 획 줄임 되어, 밝게 되라고 쳐서 고치니 '고칠 경' 또 고쳐져서 다시 새로워지니 '다시 갱'으로 '경'과 '갱'의 두 가지 음(音)이 있는 글자입니다. 따라서 '고치다'의 뜻으로 쓰인 '경신(更新)' '변경(變更)(변할 변. 고칠 경: 바꾸어 고침)'은 '경'으로 읽고, '다시'의 뜻으로 쓰인 '갱신(更新)' '갱지(更紙)(다시 갱. 종이 지: 폐지를 다시 활용하여 만든 종이)' '갱생(更生)(다시 갱. 날 생: 다시 살아남)'은 '갱'으로 읽습니다.

개시 開始〔열 개, 처음 시〕

열어서(開) 시작(始作)함. 행동이나 일 따위를 시작함

청문회는 내달 초쯤 개시될 예정이다.

우리는 중대장의 명령에 따라 사격을 개시했다.

게시 揭示〔높이들 게, 보일 시〕

내붙이거나 내걸어(揭) 두루 보게(示) 함

합격자 명단이 과 사무실 알림판에 게시되었다.

이번 사건에 대한 많은 의견이 게시판(--板)에 올라왔다.

계시 啓示〔문열 계, 보일 시〕

열어(啓) 보여(示) 줌. 사람의 지혜로는 알 수 없는 진리를 신(神)이 영감(靈感)으로 알려 줌

창조론은 성서의 계시로부터 출발한다.

결재 決裁〔결정할 결, 옷마를/결단할 재〕

결정(決定)하거나 결단(決斷)을 내림. 부하가 제출한 안건을 상관이 검토하여 허가하거나 승인함

복잡한 결재 절차를 단순화하여 일의 효율을 높였다.

중요한 결재 사항인데도 불구하고 대충 훑어보고 서류에 서명했다.

결제 決濟〔결정할 결, 건널 제〕

일을 처리하여(決) 끝을 냄(濟). 매매(賣買) 당사자 간의 거래 관계를 끝맺는 일

그는 물품 대금을 언제나 신용카드로 결제했다.

만기 어음을 결제하지 못하면 부도로 처리된다.

관개 灌漑 〔물댈 관, 물댈 개〕

농사에 필요한 물을 논밭에 끌어대는(灌=漑) 일. 관수(灌水)

　정부에서는 가뭄에 대비해 **관개** 사업을 벌이기로 했다.
　그 농장의 **관개용수**(--用水) 하천 바닥에 판 우물로부터 공급되고 있다.

관계 關係 〔빗장 관, 이을 계〕

서로 떨어져 있는 관문(關門)을 이어(係) 연결해 줌. 둘 이상이 서로 관련이 있음

　돈과 권력의 **관계**는 불가분적이다.
　두 나라의 **관계**가 악화 일로에 있다.

노출 露出 〔이슬/드러낼 로, 날 출〕

겉으로 드러(露)냄(出). 사진을 찍을 때 셔터를 열어 필름에 빛을 비춤

　이 목소리는 제보의 신원을 **노출**하지 않기 위해 음성 변조를 한 것입니다.
　밝은 곳에서 사진을 찍을 때는 **노출**을 줄여야 한다.

누출 漏出 〔샐 루, 날 출〕

기체나 액체, 정보 따위가 새어(漏) 나옴(出)

　원전 사고가 발생하여 방사능 **누출**이 염려된다.
　개인 신상 정보의 **누출**로 인한 피해가 잇따르고 있다.

막역 莫逆 〔없을 막, 거스를/허물 역〕

뜻이 맞아 서로 허물(逆)이 없음(莫)

그들은 어렸을 때부터 **막역**하게 지내왔다.

우리 두 사람은 30년 가까이 **막역**하게 지내고 있다.

막연 漠然 〔사막/넓을 막, 그럴 연〕

아주 넓어(漠) 아득한 모양(然). 똑똑하지 못하고 어렴풋함

그는 앞으로 살아갈 길이 **막연**했다.

막연한 기대만으로 새로운 사업을 시작할 수는 없었다.

모사 模寫 〔본뜰 모, 베낄 사〕

사물을 그대로 본떠(模) 베낌(寫). 또는 그런 그림. 어떤 그림의 본을 떠서 똑같이 그림

화가는 자연을 그대로 옮기는 **모사**에 반발해 독창적 화풍을 개척했다.

내 동생의 특기는 유명 연예인의 성대 **모사**(聲帶--)이다.

묘사 描寫 〔그릴 묘, 베낄 사〕

그림을 그리듯(描) 글을 씀(寫). 사물을 있는 그대로 그림

묘사는 추상적인 대상을 구체적으로 보여주는 방법이다.

그 소설은 주인공의 성격 **묘사**가 뛰어나다.

* 자신의 목소리로 다른 사람의 목소리나 짐승들의 소리를 흉내 내는 것은 성대모사(聲帶模寫)이고, 문학 작품에서 등장인물의 성격을 그려내는 일을 성격 묘사(性格描寫)라고 하고, 소설 따위에서 작중 인물의 심리 상태나 변화를 그려내는 일을 하는 것을 심리 묘사(心理描寫)라고 합니다.

반증 反證 〔돌이킬/반대할 반, 증거 증〕

반대(反對)되는 근거를 들어 증명(證明)함. 어떤 사실과 반대되는 것 같지만 그것을 증명한다고 볼 수 있는 사실

남의 의견을 논박할 때는 충분한 **반증**의 자료를 확보해야 한다,

그의 승진은 더 이상 학력이 인사에서 걸림돌이 되지 않는다는 **반증**입니다.

방증 傍證 〔곁 방, 증거 증〕

직접적인 증거는 되지 않지만 곁(傍)의 상황 등을 통하여 간접적으로 증명이 되는 증거(證據)

이 자료로 인해 그가 무죄임이 **방증**된 것 아닌가요?

이 책은 그가 우리 역사 연구의 독보적인 존재라는 하나의 **방증**이 된다.

분리 分離 〔나눌 분, 떠날/떼어놓을 리〕

따로 나뉘어(分) 떨어짐(離). 또는 따로 떼어냄

쓰레기 더미에서 재활용될 것들을 **분리**했다.

문학은 현실 생활과 **분리**할 수 없는 관계에 있다.

불리 不利 〔아니 불, 이로울 리〕

이롭지(利) 아니함(不) ↔ 유리(有利)

상황이 **불리**했지만 그는 쉽사리 물러서지 않았다.

이번 시험은 변별성이 없어서 상위권 학생들에게 **불리**했다.

비고 備考 〔갖출 비, 생각할/참고할 고〕

참고(參考)하기 위해 갖추어(備) 둠. 어떤 내용에 참고가 될 만한 사항을 덧붙여 적음. 또는 덧붙인 사항

비고란(--欄)은 그냥 비워 두어도 됩니다.

지원서 비고란에 웅변대회 수상 경력을 적어 놓았다.

비교 比較 〔견줄 비, 견줄 교〕

둘 이상의 사물을 대비(對比)하여 견주어(較) 봄.

여러 물건의 가격을 꼼꼼히 비교해 보고 물품을 구매했다.

자식에 대한 어머니의 헌신적 사랑은 그 무엇과도 비교할 수 없다.

상영 上映 〔위 상, 비출 영〕

필름에 빛을 비추어(映) 스크린 위(上)로 쏨. 극장 등에서 영화를 영사(映寫)하여 공개함

이번에 새로 개봉되는 영화는 여러 극장에서 동시에 상영된다.

누나는 영화가 상영되는 시간 내내 울더니 결국 눈이 퉁퉁 부었다.

상연 上演 〔위 상, 펼 연〕

연극 같은 공연(公演)을 무대에 올림(上)

희곡은 무대 상연을 전제로 하는 문학이다.

한 달간 상연된 그 연극은 관객에게 큰 감명을 주었다.

연애 戀愛 〔사모할 련, 사랑 애〕

사모하여(戀) 사랑함(愛)

　사람들은 **연애**할 때 흔히 로맨틱한 장소를 찾는다.
　그들은 10년간의 오랜 **연애**끝에 부부가 되었다.

연예 演藝 〔펼 연, 재주 예〕

기예(技藝)를 폄(演). 대중 앞에서 음악, 무용, 쇼 따위를 공연함. 또는 그런 재주

　요즘은 커서 **연예**인이 되고 싶다는 청소년이 많다.
　주말의 쇼에는 인기 **연예**인이 총출연한다.

연역 演繹 〔펼 연, 풀어낼 역〕

펴서(演) 풀어냄(繹) ↔ 귀납(歸納)

　변증법적 모순이나 역설은 **연역** 논리적 오류로만 말할 수 없다.
　연역된 결론에 대해 실험적 검증을 하는 것이 과학이 할 일이다.

연혁 沿革 〔내려갈/따를 연, 가죽/바꿀 혁〕

따르거나(沿) 바꿈(革). 변천하여 온 과정. 발자취

　우리 회사의 **연혁**을 잠시 소개하겠습니다.
　관광객들이 사찰의 **연혁**이 적힌 안내판 앞에 서 있다.

가죽 관련 부수 '皮(가죽 피)' '革(가죽 혁)' '韋(다룸가죽 위)'

'皮(가죽 피)'는 '짐승의 가죽을 손으로 벗겨낸 모양'으로 '털과 기름이 제거되지 않은 1차 가죽'입니다. 피혁(皮革), 피부(皮膚), 피상적(皮相的) 등에 쓰입니다.

'革(가죽 혁)'은 '가죽의 털을 뽑고 있는 모습'으로 '털과 기름이 제거한 2차 가죽'이라고 보면 됩니다. 피혁(皮革)은 '가죽 피, 가죽 혁'이고, 혁대(革帶)는 '가죽 혁, 띠 대'입니다. 이 가죽의 털을 뽑고 기름을 제거했다 하여 '고치다' '바꾸다'는 뜻으로 의미가 확대됩니다. 혁명(革命)[바꿀 혁, 목숨 명]은 '천명(天命)을 바꾸어(革) 고친다'는 뜻입니다. 혁신(革新)[바꿀 혁, 새로울 신], 개혁(改革)[고칠 개, 고칠 혁], 변혁(變革)[변할 변, 고칠 혁] 등으로 쓰여 '가죽/바꿀/고칠 혁'이 됩니다.

'韋(다룸가죽 위)'는 털과 기름을 제거한 가죽을 '염료 통에 넣고 발로 밟아가며 무두질하다'라는 뜻으로 '잘 다루다' '잘 지키다' 그리고 '어긋나다'의 의미가 있는 글자입니다. '偉(클 위)'는 '잘 다루어진(韋) 사람(亻)'이고, '衛(지킬 위)'는 '돌아다니며(行) 잘 지키다(韋)'라는 뜻이고, '違(어긋날 위)'는 '서로 어긋나게(韋) 길을 간다(辶)'는 의미입니다.

잘 알다시피 '韓(한국 한)'은 '해 돋는(倝) 쪽에 나라 잘 지키는(韋)' 대한민국(大韓民國)을 가리키는 글자입니다.

우열 優劣 〔넉넉할 우, 못할 렬〕

나음(優)과 못함(劣)

　두 사람의 영어 실력은 **우열**을 가리기가 어렵다.

　어느 민족을 막론하고 그 문화는 개성의 차이로서 각기 특성이 있을 뿐 **우열**은 없다.

우월 優越 〔넉넉할/뛰어날 우, 넘을 월〕

뛰어나(優) 훨씬 넘어섬(越)

　항상 일등만 하는 그는 **우월**의식에 빠지고 말았다.

　지식인 가운데에서도 외국 문화가 무조건 **우월**하다고 믿는 사람들이 많다.

유래 由來 〔말미암을 유, 올 래〕

어떤 것에 연유(緣由)하여 일어남(來). 사물의 내력

　이 민족 행사의 **유래**는 삼국 시대로 거슬러 올라간다.

　마라톤은 승리의 소식을 전하려고 쉬지 않고 달렸던 한 병사의 이야기에서 **유래**한 것이다.

＊ **연유**(緣由)(인연 연, 말미암을/까닭 유): 인연(因緣)과 이유(理由). 어떤 일의 까닭

유례 類例 〔무리/비슷할 류, 법식 례〕

같거나 비슷한(類) 예(例). 전례(前例)

　그 영화에는 사상 **유례** 없는 제작비가 투입되었다.

　그들의 잔혹한 통치 정책은 세계에서 **유례**를 찾기 힘든 것이다.

인세 印稅 〔도장 인, 세금 세〕

인지(印紙)를 붙여 내는 세금(稅金). 저작물의 출판과 발매를 조건으로 출판사로부터 저작권자에게 지불하는 사용료

출판사에서 **인세**의 일부를 선금으로 내놓았다.

송 교수는 월급 외에 강연료, **인세** 등의 수입도 엄청나다.

인쇄 印刷 〔도장/찍을 인, 인쇄할/박을 쇄〕

글이나 그림 따위를 종이, 천 따위에 찍거나(印) 박아(刷) 냄

약속한 대로 이 원고를 이달 말에 **인쇄**에 부치기로 했다.

청첩장에는 신랑과 신부 두 사람의 사진이 **인쇄**되어 있었다.

재고 再考 〔두/다시 재, 생각할 고〕

한번 정한 일을 다시(再) 한번 생각함(考)

그 계획은 **재고**할 여지가 있다.

행사 순서를 좀 **재고**해 보는 게 어떻겠습니까?

제고 提高 〔끌/들 제, 높을 고〕

쳐들어(提) 높임(高). 높게 함. 높임

세계적인 경제 전쟁에서 살아남기 위해 국가 경쟁력이 **제고**되어야 한다.

대부분 기업들은 이미지 **제고**와 상품 판촉을 위해 일찍부터 스포츠를 이용해 왔다.

재물 財物 〔재물 재, 물건 물〕

재산(財産)이 될 만한 물건(物件)

*재물*에 너무 인색하게 굴지 마라.

권력을 이용하여 *재물*을 쌓은 자는 어디에나 있다.

제물 祭物 〔제사 제, 물건 물〕

제사(祭祀)에 쓰이는 음식물(飮食物). 제수(祭需). 어떤 것을 위해 목숨이나 명예 등을 빼앗긴 대상을 비유적으로 이르는 말

햇과일과 곡식으로 *제물*을 정성스럽게 마련했다.

권력을 가진 자들은 그를 희생의 *제물*로 삼아 당에서 축출했다.

지양 止揚 〔그칠/멈출 지, 떨칠/오를 양〕

멈추었다(止)가 다시 올라감(揚). 더 높은 단계에 오르기 위하여 어떠한 것을 하지 아니함. 어떤 것을 그 자체로는 부정하면서 오히려 한층 더 높은 단계에서 이것을 긍정하는 일

우리 아이들을 하나의 틀에 고정 시키는 교육은 *지양*해야 한다.

국회의원들은 이제 장외 투쟁을 *지양*하고 국회로 대화로 문제를 풀어어야 한다.

지향 指向 〔가리킬 지, 향할 향〕

방향(方向)을 가리킴(指). 지정된 방향으로 나아감

의료 복지는 보편주의와 평등주의를 *지향*해야 한다.

요즘 젊은이들은 미래에 대한 진지한 고민 없이 단순히 출세만을 *지향*하는 경향이 있다.

齋(재계할 재)와 祭(제사 제)

···

"염불에는 관심이 없고 (잿밥 or 젯밥)에만 마음이 있다더니…"

잿밥인지 젯밥인지 헷갈리는 경우가 종종 있습니다. 이는 齋(재계할 재)와 祭(제사 제)를 명확하게 구분하지 못하기 때문입니다.

齋(재계할 재)는 齊(가지런할 제)와 示(보일 시)가 합쳐진 글자로 목욕재계(沐浴齋戒)와 같이 몸과 마음을 깨끗이 하며 부정한 일을 가까이하지 않는 일을 뜻하는 글자입니다. 또 서재(書齋)와 같이 책을 갖추어 두고 글을 읽거나 쓰는 방을 가리키어 공부방의 뜻도 있습니다. 이 글자는 주로 불교 문화권에서 천도재(薦度齋)나 사십구재(齋)처럼 죽은 이의 영혼을 극락(極樂)으로 보내기 위해 치르는 불교의식에 쓰이는 글자입니다.

祭(제사 제)는 月〔육달 월: 肉(고기 육의 변형)〕에 又(오른손 우)와 示(보일 시)가 합쳐진 글자로 고기들을 손으로 제단에 올려 놓고 제사(祭祀)를 지낸다는 뜻의 글자입니다. 주로 유교(儒教) 문화권에서 조상(祖上)에게 음식을 제공하고, 후손들에게 정기적인 제사를 받은 조상들은 그 보답으로 음덕(陰德)을 내려 준다는 의미를 담고 있습니다. 이 글자의 본래 발음은 '좨'였습니다. 그러던 것이 일제 강점기 초기 무렵 점차 '제'로 바뀌어 표준말이 되었습니다. 하지만 지금도 제사를 주관하는 분을 좨주(祭酒)라고 부릅니다.

참고로 인도 문화권에서 발달한 불교의 윤회론과 내세관은 조상숭배의 명확한 입장이 없습니다. "죽은 사람의 영혼이 우리와 함께 존재하고 있는 것이 아니라, 다른 세계로 이동한다."라고 믿는 것입니다. 따라서 재(齋)는 '음식 제공'보다는 망자(亡者)의 '영혼을 맑게' 하는 것이 목적입니다.

천도(薦度)라는 말은 불보살의 힘으로 돌아가신 분의 영혼을 극락과 같이 좋은 곳으로 보내줄 것을 천거(薦擧)하는 법식(法式)을 뜻합니다. 특히 죽은 뒤 다음 생을 받기까지 머무는 49일 동안 7일마다 치르는 49재는 천도재의 핵심을 이룹니다. 반면에 동아시아 문화권의 제사(祭祀)는 돌아가신 조상신(祖上神)이

다른 세계로 가버리는 것이 아니라 우리 주변에 존재하고 있으니 음식물을 공양하는 것입니다.

따라서 불교에서는 제사 계열의 '제(祭)'가 아니고 '재(齋)'입니다. 하지만 고려 시대나 조선 초기만 해도 제사의 주된 장소는 집이 아니고 절이었습니다. 이는 단지 돌아가신 부모님의 명복(冥福)을 빌고자 하는 신도(信徒)가 사찰(寺刹)에 기제사(忌祭祀)를 위탁한 것일 뿐입니다. 이 지점에서 齋(재계할 재)와 부모에 대한 자식의 마지막 효도(孝道)로 祭(제사 제)가 자리 잡게 되어 개념적인 오류가 발생하고, 더욱이 비슷한 발음 때문에 헷갈리는 글자가 되었습니다. 특히 요즈음에는 불교를 믿지 않는 사람도 탈상(脫喪)을 위해 49재를 치르기도 하고, 집에서 제사를 지내기 힘든 사람들이 사찰에 의뢰하는 비율이 늘어나는 추세여서 중요도가 높아진 글자입니다.

그러니까 불공(佛供)드릴 때 부처 앞에 올리는 밥이니 잿밥입니다. 겉으로 내세우는 것과 상관없는 잇속이나 이익을 비유(譬喩)할 때도 많이 쓰입니다.

추돌 追突 〔따를 추, 부딪칠 돌〕

뒤따르던(追) 자동차나 기차 따위가 앞차를 들이받음(突)

화물차가 빗물에 미끄러져 앞서가는 승용차를 추돌했다.

빙판길에 안개까지 긴 고속도로에서 연쇄 추돌 사고가 났다.

충돌 衝突 〔부딪칠 충, 부딪칠 돌〕

서로 맞부딪침(衝=突). 의견이나 이해(利害)관계의 대립으로 서로 맞서서 싸움

마주 오던 버스와 승용차가 정면충돌(正面--)하여 많은 사상자가 발생했다.

쓸데없는 충돌을 피하려고 자세를 누그러뜨렸다.

타개 打開 〔칠 타, 열 개〕

두드려(打) 엶(開)

직원과 경영진이 힘을 합쳐 난국을 타개하였다.

정부는 수출 부진을 타개하기 위해 새로운 경기 부양책을 내놓았다.

타계 他界 〔다를 타, 지경 계〕

다른(他) 세계(世界). 어른이나 귀인의 죽음

지난해 타계한 작가의 소설이 올해 들어 새롭게 조명되고 있다

정정하시던 선생님의 갑작스러운 타계로 우리들은 큰 충격을 받았다..

한담 閑談 〔한가할 한, 말씀 담〕

한가(閑暇)해서 심심풀이로 하는 이야기(談). 그다지 긴요하지 않은 이야기

　우리는 오랜만에 편히 앉아서 **한담**을 나누었다.
　노인들이 그늘 밑에서 **한담**을 하거나 장기를 두고 있었다.

환담 歡談 〔기뻐할 환, 말씀 담〕

즐겁게(歡) 이야기함(談)

　신임 외국 대사가 대통령을 예방해 **환담**을 나누었다.
　가족들은 늘 식탁에 모여 앉아 **환담**을 나누면서 즐겁게 식사를 한다.

한심 寒心 〔찰 한, 마음 심〕

마음(心)에 열기가 없고 차가움(寒). 열정과 희망이 없고 딱함 ⟷ 열심(熱心)

　그의 상식 이하의 발언은 **한심**하다 못해 치졸했다.
　사내 녀석이 그깟 일로 눈물이나 줄줄 흘리다니 **한심**하구나!

환심 歡心 〔기뻐할 환, 마음 심〕

기뻐하는(歡) 마음(心)

　경쟁 회사들은 고객의 **환심**을 사기 위하여 온갖 지혜를 다 짜내고 있다.
　부지런하고 싹싹한 이웃집 여자는 이사 온 지 얼마 되지 않아 동네 사람들의 **환심**을 얻었다.

일요일의 여행

한국인의 99%가 헷갈려하는 동음이의어

초판 1쇄 발행 2020년 6월 30일

지은이 | 송호순
펴낸곳 | 페이스메이커
펴낸이 | 오운영
경영총괄 | 박종명
편집 | 최윤정 김효주 이광민 강혜지 이한나
디자인 | 윤지예
마케팅 | 송만석 문준영
등록번호 | 제2018-000146호(2018년 1월 23일)
주소 | 04091 서울시 마포구 토정로 222 한국출판콘텐츠센터 319호(신수동)
전화 | (02)719-7735   팩스 | (02)719-7736
이메일 | onobooks2018@naver.com   블로그 | blog.naver.com/onobooks2018
값 | 18,000원
ISBN 979-11-7043-102-2 03710

이 도서의 국립중앙도서관 출판예정도서목록(CIP)은 서지정보유통지원시스템 홈페이지(http://seoji.nl.go.kr)와 국가자료종합목록 구축시스템(http://kolis-net.nl.go.kr)에서 이용하실 수 있습니다. (CIP제어번호 : CIP2020023502)